普通高等教育基础课系列教材

线性代数

主　编　冯青华
副主编　郑　彬　范红玲
参　编　张　劲　栗　坤　尚德生

机 械 工 业 出 版 社

本书介绍了线性代数的主要内容，包括行列式、矩阵、向量和向量空间、线性方程组、矩阵的特征值与二次型、线性空间与线性变换等. 本书的特色是：突出以“矩阵为载体，变换为工具”的主线，使初等变换的基本思想贯穿全书内容，同时优化编排顺序和内容体系；对部分线性代数抽象概念和理论的阐述，遵循从低维具体的现象到高维抽象的过程，将数字、符号与图形有机结合，循序渐进地处理难点内容；突出分层次应用，增加应用型例子，将习题分层次；增加课程思政内容及计算机软件交叉应用；融入配套的数字资源，在相应的位置设置二维码，学生可以通过扫码以微课的形式听取重点、难点内容的讲解和重点习题的分析等，通过更直观的方式提升学生的学习效果，并配置相应电子课件等资源.

本书可作为普通高等学校理工科和经管类本科生“线性代数”课程的教材.

图书在版编目（CIP）数据

线性代数／冯青华主编. --北京：机械工业出版社，2024. 11（2025. 6 重印）. --（普通高等教育基础课系列教材）. --ISBN 978-7-111-76380-2

Ⅰ. O151. 2

中国国家版本馆 CIP 数据核字第 2024YZ2146 号

机械工业出版社（北京市百万庄大街 22 号　邮政编码 100037）

策划编辑：汤　嘉　　　　责任编辑：汤　嘉

责任校对：张爱妮　宋　安　　封面设计：张　静

责任印制：单爱军

北京盛通印刷股份有限公司印刷

2025 年 6 月第 1 版第 2 次印刷

184mm×260mm · 11. 5 印张 · 265 千字

标准书号：ISBN 978-7-111-76380-2

定价：36. 00 元

电话服务　　　　网络服务

客服电话：010-88361066　　机　工　官　网：www. cmpbook. com

010-88379833　　机　工　官　博：weibo. com/cmp1952

010-68326294　　金　　书　　网：www. golden-book. com

封底无防伪标均为盗版　　机工教育服务网：www. cmpedu. com

前　言

“线性代数”是数学的一个分支，是普通高等学校理工科专业和经管类专业学生的公共基础必修课，主要内容包括行列式、矩阵、向量和向量空间、线性方程组、矩阵的特征值与二次型、线性空间与线性变换等. 学生学习该课程可以培养其良好的抽象分析能力和逻辑思维能力. 将抽象的知识具象化表示，一直是“线性代数”教学改革的目标. 为此，我们在广泛调研和充分论证的基础上，编写了本书.

本书的主要特色包括以下几个方面：

1. 优化了编排顺序和内容体系. 以介绍理论起源和问题驱动为导向，引入线性代数的基本概念与基本理论，突出以“矩阵为载体，变换为工具”的主线，使初等变换的基本思想贯穿全书内容，增强了知识的系统性和连贯性.

2. 优化了内容的逻辑推理体系. 把握“线性代数”课程的主题和最主要的内容，包括来龙去脉与思维过程，简化了某些复杂定理的证明，增加了对定理意义方面的阐述和说明.

3. 每一章后面增加了课程思政内容及利用 MATLAB 数学软件解决基本的线性代数问题.

4. 重点、难点部分以短视频的方式呈现.

5. 习题分层次. 每一节后面的习题属于基本题型；每一章后面的总习题属于难度稍大的题型.

本书编写分工：第 1 章由郑彬编写，第 2、3 章由冯青华编写，第 4 章由栗坤编写，第 5 章由张劲、尚德生编写，第 6 章由范红玲编写，全书由冯青华和郑滨统稿.

本书得到山东省本科教学改革研究项目（编号：M2023312）的资助支持，以及山东理工大学数学与统计学院领导和大学数学教学部全体老师的大力支持.

由于编者水平所限，书中难免有疏漏之处，敬请读者批评指正.

课程简介

编　者

2024 年 5 月

目　录

前言

第 1 章　行列式 …… 1

1.1　全排列与逆序数 …… 2

1.2　n 阶行列式 …… 4

1.3　行列式的性质 …… 12

1.4　行列式的计算 …… 16

1.5　克拉默法则 …… 23

总习题 1 …… 27

第 2 章　矩阵 …… 31

2.1　矩阵的基本概念 …… 32

2.2　矩阵的运算 …… 34

2.3　逆矩阵 …… 39

2.4　矩阵的初等变换和初等矩阵 …… 43

2.5　矩阵的秩 …… 55

2.6　分块矩阵 …… 58

总习题 2 …… 62

第 3 章　向量和向量空间 …… 68

3.1　n 维向量的概念 …… 69

3.2　向量组的线性相关性 …… 71

3.3　极大线性无关组 …… 77

3.4　向量组的秩 …… 80

总习题 3 …… 86

第 4 章　线性方程组 …… 89

4.1　线性方程组解的结构及解的判定定理 …… 90

4.2　齐次线性方程组的通解 …… 94

4.3　非齐次线性方程组的通解 …… 101

总习题 4 …… 107

第 5 章　矩阵的特征值与二次型 …… 110

5.1　向量的内积与向量组的正交 …… 111

5.2　方阵的特征值与特征向量 …… 115

5.3　相似矩阵与矩阵的对角化 …… 121

5.4　实对称矩阵的对角化 …… 126

5.5　二次型及其标准形 …… 131

5.6　正定二次型 …… 138

总习题 5 …… 141

第 6 章　线性空间与线性变换 …… 145

6.1　线性空间的相关概念 …… 146

6.2　基坐标与基变换 …… 150

6.3　线性变换及其矩阵表示 …… 156

总习题 6 …… 162

参考答案 …… 165

参考文献 …… 177

第1章 行列式

知识思维导图

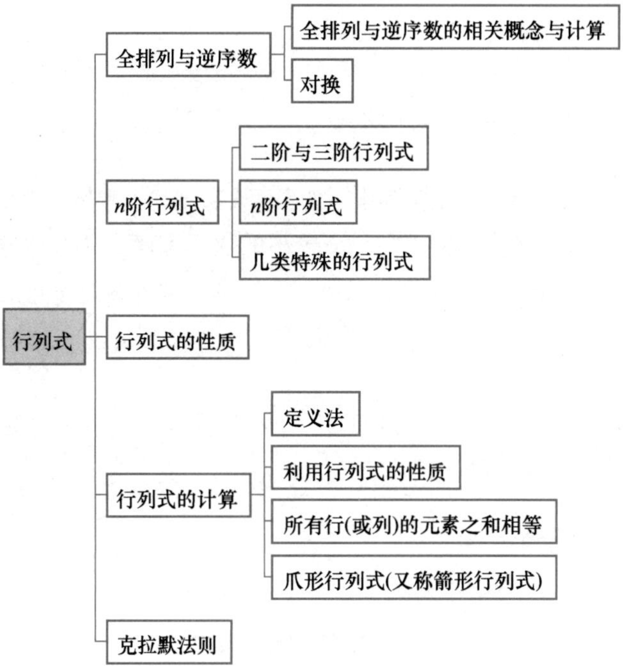

1.1 全排列与逆序数

第 1 章导学

一、全排列与逆序数的相关概念与计算

1. 全排列与逆序数的相关概念

定义 1.1.1 由 $1,2,\cdots,n$ 组成的一个有序数组称为一个 **n 阶全排列**(简称全排列).

例如，3412 是一个 4 阶全排列，231 是一个 3 阶全排列. 一般来说，n 阶全排列总共有 $n\times(n-1)\times\cdots\times1=n!$ 个. 例如，3 阶全排列的总数是 $3!=6$ 个，分别是：123, 132, 213, 231, 312, 321.

定义 1.1.2 在 n 阶全排列中，$12\cdots n$ 是按从小到大的自然顺序排列起来的，称为**标准排列**.

定义 1.1.3 在一个全排列中，如果两个数的排列顺序与自然顺序相反，即某个较大的数排在一个较小的数的前面，那么称这两个数构成一个**逆序**，一个全排列中，逆序的总数称为这个排列的**逆序数**. 一个全排列 $j_1 j_2\cdots j_n$ 的逆序数一般记作 $\tau(j_1 j_2\cdots j_n)$.

定义 1.1.4 逆序数为偶数的排列称为**偶排列**，逆序数为奇数的排列称为**奇排列**.

2. 逆序数的计算

方法 1：设所给排列为 $j_1 j_2\cdots j_n$，考虑 j_i，若排列中 j_i 的后面比 j_i 小的数为 τ_i 个，则这个排列的逆序数为 $\tau=\tau_1+\tau_2+\cdots+\tau_n$.

方法 2：设所给排列为 $j_1 j_2\cdots j_n$，考虑 j_i，若排列中 j_i 的前面比 j_i 大的数为 τ_i 个，则这个排列的逆序数为 $\tau=\tau_1+\tau_2+\cdots+\tau_n$.

例 1.1.1 求下列排列的逆序数：

(1) 315624； (2) $13\cdots(2n-1)24\cdots(2n)$.

解：(1) $\tau(315624)=2+0+2+2+0+0=6$.

(2)
$$\begin{aligned}&\tau(13\cdots(2n-1)24\cdots(2n))\\&=0+0+\cdots+0+(n-1)+(n-2)+\cdots+1+0\\&=\frac{n(n-1)}{2}.\end{aligned}$$

*二、对换

定义 1.1.5 在一个 n 阶全排列 $j_1\cdots j_s\cdots j_t\cdots j_n$ 中，将某两个数 j_s,j_t 对调，其余的数不动，得到另一个全排列 $j_1\cdots j_t\cdots j_s\cdots j_n$，称为排列的**对换**，记作 (j_s,j_t). 将相邻的两个数对换，称为**相邻对换**(或称为**邻换**).

定理 1.1.1 任意一个排列经过一次对换后，奇偶性发生改变.

证明：首先证明相邻对换的情形.

设排列为 $j_1\cdots j_{i-1}j_ij_{i+1}j_{i+2}\cdots j_n$，对换 j_i，j_{i+1} 两个数，那么排列变为 $j_1\cdots j_{i-1}j_{i+1}j_ij_{i+2}\cdots j_n$，除去 j_i,j_{i+1}，其他数 $j_1,\cdots j_{i-1}$，$j_{i+2},\cdots j_n$ 的逆序数经过对换并不改变. 若 $j_i<j_{i+1}$，经过对换后，$j_{i+1}j_i$ 是逆序，新排列的逆序数增加 1；若 $j_i>j_{i+1}$，经过对换后，$j_{i+1}j_i$ 不是逆序，新排列的逆序数减少 1. 所以排列 $j_1\cdots j_{i-1}j_ij_{i+1}j_{i+2}\cdots j_n$ 和 $j_1\cdots j_{i-1}j_{i+1}j_ij_{i+2}\cdots j_n$ 的逆序数相差 1，奇偶性发生了改变.

再证一般对换的情形.

设排列为 $j_1\cdots j_{i-1}j_ij_{i+1}\cdots j_{i+m}j_{i+m+1}j_{i+m+2}\cdots j_n$，将 j_i 往后连续做 m 次相邻对换，排列变成 $j_1\cdots j_{i-1}j_{i+1}\cdots j_{i+m}j_ij_{i+m+1}j_{i+m+2}\cdots j_n$，然后将 j_{i+m+1} 往前连续做 $m+1$ 次相邻对换，排列变成 $j_1\cdots j_{i-1}j_{i+m+1}j_{i+1}\cdots j_{i+m}j_ij_{i+m+2}\cdots j_n$，从而将 j_i 和 j_{i+m+1} 进行了对换，中间经过了 $2m+1$ 次相邻对换，排列的奇偶性发生了 $2m+1$ 次改变，因此两个排列的奇偶性相反. 证毕.

定理 1.1.2 由 n 个自然数 $(n>1)$ 所组成的 n 阶全排列中，奇偶排列各占一半.

证明：由定义 1.1.1 可知 n 阶全排列总共有 $n!$ 个，设其中奇排列有 a 个，偶排列有 b 个. 如果对每个奇排列都施以相同的对换，则由定理 1.1.1 可知，a 个奇排列均变为偶排列，因此 $a\leqslant b$；同理对每个偶排列都施以相同的对换，则由定理 1.1.1，b 个奇排列均变为奇排列，因此 $b\leqslant a$，从而 $a=b=\dfrac{n!}{2}$. 证毕.

习题 1.1

1. 求下列全排列的逆序数：
(1) 325146； (2) 236145； (3) 217689345.

2. 已知排列 $6i541j$ 为偶排列，则 i，j 的值分别是多少？

1.2 n 阶行列式

一、二阶与三阶行列式

引例 使用消元法求解二元一次方程组：

$$\begin{cases}a_{11}x+a_{12}y=b_1,\\a_{21}x+a_{22}y=b_2.\end{cases}$$

第一个式子 $\times a_{22}$ 加上第二个式子 $\times(-a_{12})$，得

$$(a_{11}a_{22}-a_{12}a_{21})x=a_{22}b_1-a_{12}b_2.$$

第二个式子 $\times a_{11}$ 加上第一个式子 $\times(-a_{21})$，得

$$(a_{11}a_{22}-a_{12}a_{21})y=a_{11}b_2-a_{21}b_1.$$

若 $a_{11}a_{22}-a_{12}a_{21}\neq 0$，得到

$$\begin{cases}x=\dfrac{a_{22}b_1-a_{12}b_2}{a_{11}a_{22}-a_{12}a_{21}},\\[2ex]y=\dfrac{a_{11}b_2-a_{21}b_1}{a_{11}a_{22}-a_{12}a_{21}}.\end{cases}$$

为了方便记忆，引入行列式符号

$$D=\begin{vmatrix}a_{11}&a_{12}\\a_{21}&a_{22}\end{vmatrix}=a_{11}a_{22}-a_{12}a_{21}.$$

定义 1.2.1 由 $a_{11},a_{12},a_{21},a_{22}$ 排成的两行两列的式子 $\begin{vmatrix}a_{11}&a_{12}\\a_{21}&a_{22}\end{vmatrix}$ 叫作**二阶行列式**，它的值等于 $a_{11}a_{22}-a_{12}a_{21}$.

在二阶行列式中，$a_{11},a_{12},a_{21},a_{22}$ 叫作二阶行列式的**元素**，横排称为行，竖排称为列. 元素 a_{ij} 的第一个下标 i 称为**行标**，表明该元素位于第 i 行，元素 a_{ij} 的第二个下标 j 称为**列标**，表明该元素位于第 j 列. 二阶行列式从左上角到右下角这条对角线称为行列式的**主对角线**，从右上角到左下角这条对角线称为行列式的**副对角线**. 二阶行列式的值等于主对角线上两个元素的乘积减去副对角线上两个元素的乘积. 这种计算的方法称为“对角线法则”，如图 1.1所示.

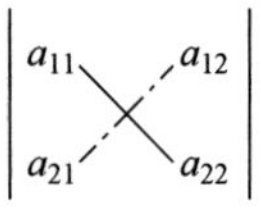

图 1.1

在引例中，如果记

$$D=\begin{vmatrix}a_{11}&a_{12}\\a_{21}&a_{22}\end{vmatrix},\qquad D_1=\begin{vmatrix}b_1&a_{12}\\b_2&a_{22}\end{vmatrix},\qquad D_2=\begin{vmatrix}a_{11}&b_1\\a_{21}&b_2\end{vmatrix},$$

当 $D\neq0$ 时，二元一次方程组的解可以写作

$$x=\frac{D_1}{D}=\frac{\begin{vmatrix}b_1 & a_{12}\\ b_2 & a_{22}\end{vmatrix}}{\begin{vmatrix}a_{11} & a_{12}\\ a_{21} & a_{22}\end{vmatrix}},\qquad y=\frac{D_2}{D}=\frac{\begin{vmatrix}a_{11} & b_1\\ a_{21} & b_2\end{vmatrix}}{\begin{vmatrix}a_{11} & a_{12}\\ a_{21} & a_{22}\end{vmatrix}}.$$

定义 1.2.2 由 9 个数 $a_{ij}(i,j=1,2,3)$ 排成的三行三列的式子 $\begin{vmatrix}a_{11} & a_{12} & a_{13}\\ a_{21} & a_{22} & a_{23}\\ a_{31} & a_{32} & a_{33}\end{vmatrix}$ 叫作**三阶行列式**，它的值等于

$a_{11}a_{22}a_{33}+a_{12}a_{23}a_{31}+a_{13}a_{21}a_{32}-a_{13}a_{22}a_{31}-a_{12}a_{21}a_{33}-a_{11}a_{23}a_{32}$，即

$$\begin{vmatrix}a_{11} & a_{12} & a_{13}\\ a_{21} & a_{22} & a_{23}\\ a_{31} & a_{32} & a_{33}\end{vmatrix}=a_{11}a_{22}a_{33}+a_{12}a_{23}a_{31}+a_{13}a_{21}a_{32}-a_{13}a_{22}a_{31}-a_{12}a_{21}a_{33}-a_{11}a_{23}a_{32}.$$

三阶行列式的计算方法：

（1）对角线法则，如图 1.2 所示.

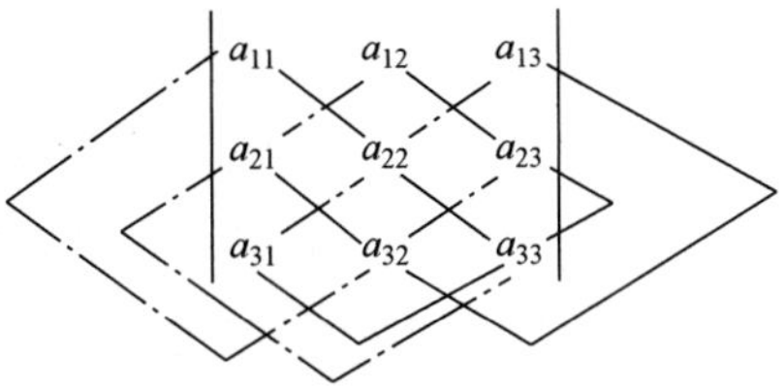

图 1.2

（2）沙路法则，如图 1.3 所示.

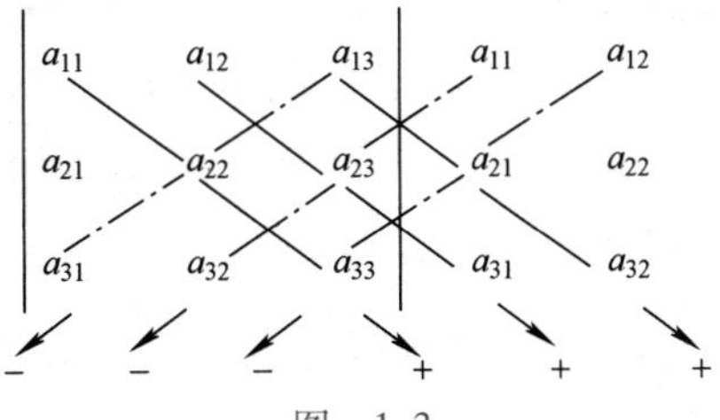

图 1.3

例 1.2.1 计算三阶行列式 $D=\begin{vmatrix}1 & 2 & 3\\ 2 & 4 & 6\\ -3 & 7 & -2\end{vmatrix}$.

解：由三阶行列式的对角线法则

$$\begin{aligned}D&=1\times4\times(-2)+2\times6\times(-3)+3\times2\times7-3\times4\times(-3)-1\times6\times7-2\times2\times(-2)\\&=-8-36+42-(-36)-42-(-8)\\&=0.\end{aligned}$$

二、n 阶行列式

定义 1.2.3 由 n^2 个数 $a_{ij}(i,j=1,2,3,\cdots,n)$ 排成的 n 行 n 列的式子

$$\begin{vmatrix}a_{11}&a_{12}&a_{13}&\cdots&a_{1n}\\a_{21}&a_{22}&a_{23}&\cdots&a_{2n}\\a_{31}&a_{32}&a_{33}&\cdots&a_{3n}\\\vdots&\vdots&\vdots&&\vdots\\a_{n1}&a_{n2}&a_{n3}&\cdots&a_{nn}\end{vmatrix}$$

叫作 ***n* 阶行列式**.

注 一阶行列式 $|a|=a$. 如 $|-5|=-5$. 这里与绝对值运算是不同的.

观察三阶行列式的展开式：

$$\begin{aligned}\begin{vmatrix}a_{11}&a_{12}&a_{13}\\a_{21}&a_{22}&a_{23}\\a_{31}&a_{32}&a_{33}\end{vmatrix}&=a_{11}a_{22}a_{33}+a_{12}a_{23}a_{31}+a_{13}a_{21}a_{32}-\\&\quad a_{13}a_{22}a_{31}-a_{12}a_{21}a_{33}-a_{11}a_{23}a_{32}\\&=a_{11}(a_{22}a_{33}-a_{23}a_{32})-a_{12}(a_{21}a_{33}-a_{23}a_{31})+\\&\quad a_{13}(a_{21}a_{32}-a_{22}a_{31})\\&=a_{11}\begin{vmatrix}a_{22}&a_{23}\\a_{32}&a_{33}\end{vmatrix}-a_{12}\begin{vmatrix}a_{21}&a_{23}\\a_{31}&a_{33}\end{vmatrix}+a_{13}\begin{vmatrix}a_{21}&a_{22}\\a_{31}&a_{32}\end{vmatrix}\end{aligned}$$

我们可以发现展开式最后的每一个二阶行列式都是原来的三阶行列式在划去前面相乘的那个元素所在的行和所在的列的元素后，由剩余元素按在原行列式中顺序组成的，这样的二阶行列式称为相应元素的余子式.

定义 1.2.4 在 n 阶行列式 $\begin{vmatrix}a_{11}&a_{12}&a_{13}&\cdots&a_{1n}\\a_{21}&a_{22}&a_{23}&\cdots&a_{2n}\\a_{31}&a_{32}&a_{33}&\cdots&a_{3n}\\\vdots&\vdots&\vdots&&\vdots\\a_{n1}&a_{n2}&a_{n3}&\cdots&a_{nn}\end{vmatrix}$ 中，划去

元素 a_{ij} 所在的第 i 行和第 j 列的元素后，剩余元素按照在原行列式中顺序排列所构成的 $n-1$ 阶行列式称为元素 a_{ij} 的**余子式**，记作 M_{ij}. 将 $A_{ij}=(-1)^{i+j}M_{ij}$ 称为元素 a_{ij} 的**代数余子式**.

因此，三阶行列式的展开式就可以写作：

$$\begin{vmatrix} a_{11} & a_{12} & a_{13} \\ a_{21} & a_{22} & a_{23} \\ a_{31} & a_{32} & a_{33} \end{vmatrix} = a_{11}\begin{vmatrix} a_{22} & a_{23} \\ a_{32} & a_{33} \end{vmatrix} - a_{12}\begin{vmatrix} a_{21} & a_{23} \\ a_{31} & a_{33} \end{vmatrix} + a_{13}\begin{vmatrix} a_{21} & a_{22} \\ a_{31} & a_{32} \end{vmatrix}$$

$$= a_{11}A_{11} + a_{12}A_{12} + a_{13}A_{13},$$

此时称为**三阶行列式按第一行展开**. 三阶行列式也可以按照其余两行或者任意一列展开.

n 阶行列式 $\begin{vmatrix} a_{11} & a_{12} & a_{13} & \cdots & a_{1n} \\ a_{21} & a_{22} & a_{23} & \cdots & a_{2n} \\ a_{31} & a_{32} & a_{33} & \cdots & a_{3n} \\ \vdots & \vdots & \vdots & & \vdots \\ a_{n1} & a_{n2} & a_{n3} & \cdots & a_{nn} \end{vmatrix}$ 也可以按照某一行或者某一列展开. 事实上，我们有如下定理：

定理 1.2.1(拉普拉斯展开定理) n 阶行列式 $D=\begin{vmatrix} a_{11} & a_{12} & \cdots & a_{1n} \\ a_{21} & a_{22} & \cdots & a_{2n} \\ \vdots & \vdots & & \vdots \\ a_{n1} & a_{n2} & \cdots & a_{nn} \end{vmatrix}$ 可以按照任意一行(或列)展开，行列式的值等于这一行(或列)的各元素与对应的代数余子式乘积之和，即

$$D = a_{i1}A_{i1} + a_{i2}A_{i2} + \cdots + a_{in}A_{in} = \sum_{j=1}^{n} a_{ij}A_{ij} \quad (i=1,2,\cdots,n),$$

或

$$D = a_{1j}A_{1j} + a_{2j}A_{2j} + \cdots + a_{nj}A_{nj} = \sum_{i=1}^{n} a_{ij}A_{ij} \quad (j=1,2,\cdots,n).$$

***证明**：我们分为以下两步证明行列式可以按照第 i 行展开.

(1) 先考虑行列式：$\begin{vmatrix} a_{11} & a_{12} & \cdots & a_{1j} & \cdots & a_{1n} \\ \vdots & \vdots & & \vdots & & \vdots \\ 0 & 0 & \cdots & a_{ij} & \cdots & 0 \\ \vdots & \vdots & & \vdots & & \vdots \\ a_{n1} & a_{n2} & \cdots & a_{nj} & \cdots & a_{nn} \end{vmatrix}$.

由本节后面的定义 1.2.5 得到，该行列式的值

$$= \sum_{j_1 j_2 \cdots j_{i-1} j_{i+1} \cdots j_n} (-1)^{\tau(j_1 j_2 \cdots j_{i-1} j j_{i+1} \cdots j_n)} a_{1j_1} a_{2j_2} \cdots a_{i-1 j_{i-1}} a_{ij} a_{i+1 j_{i+1}} \cdots a_{nj_n}$$

再由定理 1.1.1，将 a_{ij} 向前做 $i-1$ 次相邻对换，得到行列式的值

$$= \sum_{j_1 j_2 \cdots j_{i-1} j_{i+1} \cdots j_n} (-1)^{i-1} (-1)^{\tau(j j_1 j_2 \cdots j_{i-1} j_{i+1} j_n)} a_{ij} a_{1j_1} a_{2j_2} \cdots a_{i-1 j_{i-1}} a_{i+1 j_{i+1}} \cdots a_{nj_n}$$

$$= (-1)^{i-1+j-1} a_{ij} \sum_{j_1 j_2 \cdots j_{i-1} j_{i+1} \cdots j_n} (-1)^{\tau(j_1 j_2 \cdots j_{i-1} j_{i+1} j_n)} a_{1j_1} a_{2j_2} \cdots a_{i-1 j_{i-1}} a_{i+1 j_{i+1}} \cdots a_{nj_n}$$

$$= (-1)^{i+j-2} a_{ij} M_{ij} = a_{ij} (-1)^{i+j} M_{ij} = a_{ij} A_{ij} .$$

（2）原行列式

$$D = \begin{vmatrix} a_{11} & a_{12} & \cdots & a_{1n} \\ \vdots & \vdots & & \vdots \\ a_{i1} & a_{i2} & \cdots & a_{in} \\ \vdots & \vdots & \vdots & \vdots \\ a_{n1} & a_{n2} & \cdots & a_{nn} \end{vmatrix}$$

$$= \sum_{j_1 j_2 \cdots j_{i-1} j j_{i+1} \cdots j_n} (-1)^{\tau(j_1 j_2 \cdots j_{i-1} j j_{i+1} \cdots j_n)} a_{1j_1} a_{2j_2} \cdots a_{ij_{i-1}} a_{ij} a_{ij_{i+1}} \cdots a_{nj_n}$$

$$= \sum_j \left[\sum_{j_1 j_2 \cdots j_{i-1} j_{i+1} \cdots j_n} (-1)^{\tau(j_1 j_2 \cdots j_{i-1} j j_{i+1} \cdots j_n)} a_{1j_1} a_{2j_2} \cdots a_{ij_{i-1}} a_{ij} a_{ij_{i+1}} \cdots a_{nj_n} \right]$$

$$= \sum_j \begin{vmatrix} a_{11} & a_{12} & \cdots & a_{1j} & \cdots & a_{1n} \\ \vdots & \vdots & & \vdots & & \vdots \\ 0 & 0 & \cdots & a_{ij} & \cdots & 0 \\ \vdots & \vdots & & \vdots & & \vdots \\ a_{n1} & a_{n2} & \cdots & a_{nj} & \cdots & a_{nn} \end{vmatrix}$$

$$= \sum_j a_{ij} A_{ij} = a_{i1} A_{i1} + a_{i2} A_{i2} + \cdots + a_{in} A_{in}.$$

结论成立. 同理可证列的情形. 证毕.

推论 1.2.1 行列式中任意一行(或列)的元素与其他行(或列)的对应元素的代数余子式乘积之和等于零，即

$$a_{i1} A_{j1} + a_{i2} A_{j2} + \cdots + a_{in} A_{jn} = 0 \quad (i \neq j),$$

或

$$a_{1i} A_{1j} + a_{2i} A_{2j} + \cdots + a_{ni} A_{nj} = 0 \quad (i \neq j).$$

证明：将行列式按第 j 行展开，得

$$a_{j1} A_{j1} + a_{j2} A_{j2} + \cdots + a_{jn} A_{jn} = \begin{vmatrix} a_{11} & \cdots & a_{1n} \\ \vdots & & \vdots \\ a_{i1} & \cdots & a_{in} \\ \vdots & & \vdots \\ a_{j1} & \cdots & a_{jn} \\ \vdots & & \vdots \\ a_{n1} & \cdots & a_{nn} \end{vmatrix}.$$

在行列式中，某一行(或列)的元素的代数余子式与此行(或列)无关，因此在上式中，将第j行的元素换成第i行的元素，当$i\neq j$时，

$$a_{i1}A_{j1}+a_{i2}A_{j2}+\cdots+a_{in}A_{jn}=\begin{vmatrix} a_{11} & \cdots & a_{1n} \\ \vdots & & \vdots \\ a_{i1} & \cdots & a_{in} \\ \vdots & & \vdots \\ a_{i1} & \cdots & a_{in} \\ \vdots & & \vdots \\ a_{n1} & \cdots & a_{nn} \end{vmatrix}=0.$$

因此，行列式和代数余子式之间的关系如下：

$$\sum_{k=1}^{n} a_{ik}A_{jk}=\begin{cases} D, i=j, \\ 0, i\neq j. \end{cases} \quad \sum_{k=1}^{n} a_{ki}A_{kj}=\begin{cases} D, i=j, \\ 0, i\neq j. \end{cases}$$

例 1.2.2 已知四阶行列式中第2列元素依次为1,2,-1,3，它们的余子式的值依次为3,-4,-2,0，求行列式的值.

解：
$$\begin{aligned} D &= a_{12}A_{12}+a_{22}A_{22}+a_{32}A_{32}+a_{42}A_{42} \\ &= a_{12}(-1)^{1+2}M_{12}+a_{22}(-1)^{2+2}M_{22}+a_{32}(-1)^{3+2}M_{32}+ \\ &\quad a_{42}(-1)^{4+2}M_{42} \\ &= -(1\times 3)+[2\times(-4)]-[(-1)\times(-2)]+(3\times 0) \\ &= -13. \end{aligned}$$

下面我们讨论行列式的另一种计算方法. 观察三阶行列式的展开式：

$$\begin{vmatrix} a_{11} & a_{12} & a_{13} \\ a_{21} & a_{22} & a_{23} \\ a_{31} & a_{32} & a_{33} \end{vmatrix}=a_{11}a_{22}a_{33}+a_{12}a_{23}a_{31}+a_{13}a_{21}a_{32}-a_{13}a_{22}a_{31}-a_{12}a_{21}a_{33}-a_{11}a_{23}a_{32}.$$

展开式中的每一项都是由不同行、不同列的n个元素相乘所得，而且符号有所不同，如果将每一项的三个元素按照行标从小到大的顺序排列，例如$a_{12}a_{23}a_{31}$，看一下列标的逆序数，$\tau(231)=2$，是一个偶排列，此项前面带+号；再如$a_{13}a_{22}a_{31}$，看一下列标的逆序数，$\tau(321)=3$，是一个奇排列，此项前面带-号. 因此可以利用这个结论得到n阶行列式的展开式.

定义 1.2.5 n阶行列式$\begin{vmatrix} a_{11} & a_{12} & a_{13} & \cdots & a_{1n} \\ a_{21} & a_{22} & a_{23} & \cdots & a_{2n} \\ a_{31} & a_{32} & a_{33} & \cdots & a_{3n} \\ \vdots & \vdots & \vdots & & \vdots \\ a_{n1} & a_{n2} & a_{n3} & \cdots & a_{nn} \end{vmatrix}$等于所有取自不同行、不同列的$n$个元素的乘积的代数和

$$\sum_{j_1j_2\cdots j_n}(-1)^{\tau(j_1j_2\cdots j_n)}a_{1j_1}a_{2j_2}\cdots a_{nj_n}.$$

定义 1.2.5

例如，$\begin{vmatrix} 1 & 2 \\ 3 & 4 \end{vmatrix} = (-1)^{\tau(12)} \times 1 \times 4 + (-1)^{\tau(21)} \times 2 \times 3 = 4 - 6 = -2.$

由上述定义可以看出，当某项的行标按从小到大的顺序排列，列标的逆序数为偶排列时，该项前面带正号；当某项的行标按从小到大的顺序排列，列标的逆序数为奇排列时，该项前面带负号.

例 1.2.3 已知

$$D_1 = \begin{vmatrix} a_{11} & \cdots & a_{1n} \\ \vdots & & \vdots \\ a_{n1} & \cdots & a_{nn} \end{vmatrix},\ D_2 = \begin{vmatrix} b_{11} & \cdots & b_{1n} \\ \vdots & & \vdots \\ b_{n1} & \cdots & b_{nn} \end{vmatrix},$$

$$D = \begin{vmatrix} a_{11} & \cdots & a_{1n} & 0 & \cdots & 0 \\ \vdots & & \vdots & \vdots & & \vdots \\ a_{n1} & \cdots & a_{nn} & 0 & \cdots & 0 \\ e_{11} & \cdots & e_{1n} & b_{11} & \cdots & b_{1n} \\ \vdots & \cdots & \vdots & \vdots & & \vdots \\ e_{n1} & \cdots & e_{nn} & b_{n1} & \cdots & b_{nn} \end{vmatrix},$$

证明：$D = D_1 D_2$.

***证明**：
$$D = \sum_{j_1 j_2 \cdots j_n j_{n+1} j_{n+2} \cdots j_{2n}} [(-1)^{\tau(j_1 j_2 \cdots j_n j_{n+1} j_{n+2} \cdots j_{2n})} a_{1j_1} a_{2j_2} \cdots a_{nj_n} b_{1j_{n+1}} b_{2j_{n+2}} \cdots b_{nj_{2n}}]$$
$$= \sum_{j_1 j_2 \cdots j_n j_{n+1} j_{n+2} \cdots j_{2n}} [(-1)^{\tau(j_1 j_2 \cdots j_n)} a_{1j_1} a_{2j_2} \cdots a_{nj_n} (-1)^{\tau((j_{n+1}-n)(j_{n+2}-n)\cdots(j_{2n}-n))} b_{1j_{n+1}} b_{2j_{n+2}} \cdots b_{nj_{2n}}]$$
$$= \sum_{j_1 j_2 \cdots j_n} \left[(-1)^{\tau(j_1 j_2 \cdots j_n)} a_{1j_1} a_{2j_2} \cdots a_{nj_n} \sum_{j_{n+1} j_{n+2} \cdots j_{2n}} (-1)^{\tau((j_{n+1}-n)(j_{n+2}-n)\cdots(j_{2n}-n))} b_{1j_{n+1}} b_{2j_{n+2}} \cdots b_{nj_{2n}} \right]$$
$$= \left[\sum_{j_1 j_2 \cdots j_n} (-1)^{\tau(j_1 j_2 \cdots j_n)} a_{1j_1} a_{2j_2} \cdots a_{nj_n} \right] \left[\sum_{j_{n+1} j_{n+2} \cdots j_{2n}} (-1)^{\tau((j_{n+1}-n)(j_{n+2}-n)\cdots(j_{2n}-n))} b_{1j_{n+1}} b_{2j_{n+2}} \cdots b_{nj_{2n}} \right]$$
$= D_1 D_2$. 证毕.

三、几类特殊的行列式

1. 上三角行列式 $D = \begin{vmatrix} a_{11} & a_{12} & a_{13} & \cdots & a_{1n} \\ 0 & a_{22} & a_{23} & \cdots & a_{2n} \\ 0 & 0 & a_{33} & \cdots & a_{3n} \\ \vdots & \vdots & \vdots & & \vdots \\ 0 & 0 & 0 & \cdots & a_{nn} \end{vmatrix}$.

按照行列式的展开法则，可得

$$D=\begin{vmatrix} a_{11} & a_{12} & a_{13} & \cdots & a_{1n} \\ 0 & a_{22} & a_{23} & \cdots & a_{2n} \\ 0 & 0 & a_{33} & \cdots & a_{3n} \\ \vdots & \vdots & \vdots & & \vdots \\ 0 & 0 & 0 & \cdots & a_{nn} \end{vmatrix}=a_{11}a_{22}a_{33}\cdots a_{nn}.$$

2\. 下三角行列式 $D=\begin{vmatrix} a_{11} & 0 & 0 & \cdots & 0 \\ a_{21} & a_{22} & 0 & \cdots & 0 \\ a_{31} & a_{32} & a_{33} & \cdots & 0 \\ \vdots & \vdots & \vdots & & \vdots \\ a_{n1} & a_{n2} & a_{n3} & \cdots & a_{nn} \end{vmatrix}$.

按照行列式的展开法则，可得

$$D=\begin{vmatrix} a_{11} & 0 & 0 & \cdots & 0 \\ a_{21} & a_{22} & 0 & \cdots & 0 \\ a_{31} & a_{32} & a_{33} & \cdots & 0 \\ \vdots & \vdots & \vdots & & \vdots \\ a_{n1} & a_{n2} & a_{n3} & \cdots & a_{nn} \end{vmatrix}=a_{11}a_{22}a_{33}\cdots a_{nn}.$$

3\. 主对角行列式 $D=\begin{vmatrix} a_{11} & 0 & 0 & \cdots & 0 \\ 0 & a_{22} & 0 & \cdots & 0 \\ 0 & 0 & a_{33} & \cdots & 0 \\ \vdots & \vdots & \vdots & & \vdots \\ 0 & 0 & 0 & \cdots & a_{nn} \end{vmatrix}$.

由上三角行列式的值或下三角行列式的值可得，$D=a_{11}a_{22}a_{33}\cdots a_{nn}$.

4\. 反对角行列式 $D=\begin{vmatrix} 0 & 0 & \cdots & 0 & a_{1n} \\ 0 & 0 & \cdots & a_{2,n-1} & 0 \\ 0 & 0 & \cdots & 0 & 0 \\ \vdots & \vdots & & \vdots & \vdots \\ a_{n1} & 0 & \cdots & 0 & 0 \end{vmatrix}$.

按照行列式的展开法则，可得

$$D=\begin{vmatrix} 0 & 0 & \cdots & 0 & a_{1n} \\ 0 & 0 & \cdots & a_{2,n-1} & 0 \\ 0 & 0 & \cdots & 0 & 0 \\ \vdots & \vdots & & \vdots & \vdots \\ a_{n1} & 0 & \cdots & 0 & 0 \end{vmatrix}=(-1)^{\tau(n\cdots 321)}a_{1n}a_{2,n-1}\cdots a_{n1}$$

$$=(-1)^{\frac{n(n-1)}{2}}a_{1n}a_{2,n-1}\cdots a_{n-1,2}a_{n1}.$$

习题 1.2

1. 4 阶行列式中副对角线元素之积 $a_{14}a_{32}a_{41}a_{23}$ 的符号为____号.

2. 4 阶行列式的展开式中含有元素 a_{32} 的项有____个.

3. 函数 $f(x)=\begin{vmatrix} x & x & 1 & 0 \\ 1 & x & 2 & 3 \\ 2 & 3 & x & 2 \\ 1 & 1 & 2 & x \end{vmatrix}$ 中 x^3 的系数是________.

4. 计算下列行列式:

(1) $\begin{vmatrix} 1 & 4 \\ -5 & 2 \end{vmatrix}$; (2) $\begin{vmatrix} 1 & 2 & 0 \\ 2 & 3 & 5 \\ 5 & 8 & 0 \end{vmatrix}$; (3) $\begin{vmatrix} 1 & 4 & 3 \\ -5 & 2 & 1 \\ 3 & 6 & 1 \end{vmatrix}$.

1.3 行列式的性质

定义 1.3.1 将行列式 D 的行与列互换得到的行列式称为行列式 D 的**转置行列式**，记作 D^{T} 或 D'，即

$$D=\begin{vmatrix} a_{11} & a_{12} & a_{13} & \cdots & a_{1n} \\ a_{21} & a_{22} & a_{23} & \cdots & a_{2n} \\ a_{31} & a_{32} & a_{33} & \cdots & a_{3n} \\ \vdots & \vdots & \vdots & & \vdots \\ a_{n1} & a_{n2} & a_{n3} & \cdots & a_{nn} \end{vmatrix}, \quad D^{\mathrm{T}}=\begin{vmatrix} a_{11} & a_{21} & a_{31} & \cdots & a_{n1} \\ a_{12} & a_{22} & a_{32} & \cdots & a_{n2} \\ a_{13} & a_{23} & a_{33} & \cdots & a_{n3} \\ \vdots & \vdots & \vdots & & \vdots \\ a_{1n} & a_{2n} & a_{3n} & \cdots & a_{nn} \end{vmatrix}.$$

由行列式的定义和定理 1.2.1，容易得到如下性质.

性质 1.3.1 行列式的值与其转置行列式的值相等.

性质 1.3.2 交换行列式的两行(或列)，行列式的值变为相反的符号.

* **证明**：设交换行列式的第 i 行和第 j 行，根据行列式的展开法则

$$D=\begin{vmatrix} a_{11} & a_{12} & \cdots & a_{1n} \\ \vdots & \vdots & & \vdots \\ a_{i1} & a_{i2} & \cdots & a_{in} \\ \vdots & \vdots & & \vdots \\ a_{j1} & a_{j2} & \cdots & a_{jn} \\ \vdots & \vdots & & \vdots \\ a_{n1} & a_{n2} & \cdots & a_{nn} \end{vmatrix}=\sum_{p_1\cdots p_i\cdots p_j\cdots p_n}(-1)^{\tau(p_1\cdots p_i\cdots p_j\cdots p_n)}a_{1p_1}\cdots a_{ip_i}\cdots a_{jp_j}\cdots a_{np_n}$$

由定理1.1.1可知，互换一个排列的两个数，排列的奇偶性发生改变，因此交换行列式的两行，该项前面的符号发生改变，

$$D=\begin{vmatrix} a_{11} & a_{12} & \cdots & a_{1n} \\ \vdots & \vdots & & \vdots \\ a_{i1} & a_{i2} & \cdots & a_{in} \\ \vdots & \vdots & & \vdots \\ a_{j1} & a_{j2} & \cdots & a_{jn} \\ \vdots & \vdots & & \vdots \\ a_{n1} & a_{n2} & \cdots & a_{nn} \end{vmatrix}=\sum_{p_1\cdots p_i\cdots p_j\cdots p_n}(-1)^{\tau(p_1\cdots p_i\cdots p_j\cdots p_n)}a_{1p_1}\cdots a_{ip_i}\cdots a_{jp_j}\cdots a_{np_n}$$

$$=-\sum_{p_1\cdots p_j\cdots p_i\cdots p_n}(-1)^{\tau(p_1\cdots p_j\cdots p_i\cdots p_n)}a_{1p_1}\cdots a_{jp_j}\cdots a_{ip_i}\cdots a_{np_n}$$

$$=-\begin{vmatrix} a_{11} & a_{12} & \cdots & a_{1n} \\ \vdots & \vdots & & \vdots \\ a_{j1} & a_{j2} & \cdots & a_{jn} \\ \vdots & \vdots & & \vdots \\ a_{i1} & a_{i2} & \cdots & a_{in} \\ \vdots & \vdots & & \vdots \\ a_{n1} & a_{n2} & \cdots & a_{nn} \end{vmatrix}.$$ 证毕.

推论1.3.1 若行列式中有两行(或列)元素对应相等，行列式的值为零.

证明：交换元素对应相等的两行(或列)，根据性质1.3.2，$D=-D$，故 $D=0$. 证毕.

性质1.3.3 行列式的某一行(或列)中所有的元素有公因子常数 k，则 k 可以提到行列式外面，即

$$\begin{vmatrix} a_{11} & a_{12} & \cdots & a_{1n} \\ \vdots & \vdots & & \vdots \\ ka_{i1} & ka_{i2} & \cdots & ka_{in} \\ \vdots & \vdots & & \vdots \\ a_{n1} & a_{n2} & \cdots & a_{nn} \end{vmatrix}=k\begin{vmatrix} a_{11} & a_{12} & \cdots & a_{1n} \\ \vdots & \vdots & & \vdots \\ a_{i1} & a_{i2} & \cdots & a_{in} \\ \vdots & \vdots & & \vdots \\ a_{n1} & a_{n2} & \cdots & a_{nn} \end{vmatrix}.$$

推论1.3.2 行列式中若有某行(或列)的元素全为0，则行列式值为0.

推论1.3.3 行列式中若两行(或列)元素对应成比例，则行列式值为0.

证明：

$$D=\begin{vmatrix} a_{11} & a_{12} & \cdots & a_{1n} \\ \vdots & \vdots & & \vdots \\ a_{i1} & a_{i2} & \cdots & a_{in} \\ \vdots & \vdots & & \vdots \\ ka_{i1} & ka_{i2} & \cdots & ka_{in} \\ \vdots & \vdots & & \vdots \\ a_{n1} & a_{n2} & \cdots & a_{nn} \end{vmatrix}=k\begin{vmatrix} a_{11} & a_{12} & \cdots & a_{1n} \\ \vdots & \vdots & & \vdots \\ a_{i1} & a_{i2} & \cdots & a_{in} \\ \vdots & \vdots & & \vdots \\ a_{i1} & a_{i2} & \cdots & a_{in} \\ \vdots & \vdots & & \vdots \\ a_{n1} & a_{n2} & \cdots & a_{nn} \end{vmatrix}=0.$$ 证毕.

性质 1.3.4 若行列式的某一行(或列)的元素都是两数之和，形如

$$D=\begin{vmatrix} a_{11} & a_{12} & \cdots & a_{1n} \\ a_{21} & a_{22} & \cdots & a_{2n} \\ \vdots & \vdots & & \vdots \\ a_{i1}+a'_{i1} & a_{i2}+a'_{i2} & \cdots & a_{in}+a'_{in} \\ \vdots & \vdots & & \vdots \\ a_{n1} & a_{n2} & \cdots & a_{nn} \end{vmatrix},$$

那么行列式的值等于按此行(或列)拆成的两个行列式的和，即

$$D=\begin{vmatrix} a_{11} & a_{12} & \cdots & a_{1n} \\ a_{21} & a_{22} & \cdots & a_{2n} \\ \vdots & \vdots & & \vdots \\ a_{i1}+a'_{i1} & a_{i2}+a'_{i2} & \cdots & a_{in}+a'_{in} \\ \vdots & \vdots & & \vdots \\ a_{n1} & a_{n2} & \cdots & a_{nn} \end{vmatrix}=\begin{vmatrix} a_{11} & a_{12} & \cdots & a_{1n} \\ a_{21} & a_{22} & \cdots & a_{2n} \\ \vdots & \vdots & & \vdots \\ a_{i1} & a_{i2} & \cdots & a_{in} \\ \vdots & \vdots & & \vdots \\ a_{n1} & a_{n2} & \cdots & a_{nn} \end{vmatrix}+\begin{vmatrix} a_{11} & a_{12} & \cdots & a_{1n} \\ a_{21} & a_{22} & \cdots & a_{2n} \\ \vdots & \vdots & & \vdots \\ a'_{i1} & a'_{i2} & \cdots & a'_{in} \\ \vdots & \vdots & & \vdots \\ a_{n1} & a_{n2} & \cdots & a_{nn} \end{vmatrix}.$$

性质 1.3.5 把行列式的某一行(或列)的元素的 k 倍加到另一行(或列)的对应元素上，行列式的值不变.

证明： $$D=\begin{vmatrix} a_{11} & a_{12} & \cdots & a_{1n} \\ \vdots & \vdots & & \vdots \\ a_{i1} & a_{i2} & \cdots & a_{in} \\ \vdots & \vdots & & \vdots \\ a_{j1}+ka_{i1} & a_{j2}+ka_{i2} & \cdots & a_{jn}+ka_{in} \\ \vdots & \vdots & & \vdots \\ a_{n1} & a_{n2} & \cdots & a_{nn} \end{vmatrix}$$

$$
= \begin{vmatrix} a_{11} & a_{12} & \cdots & a_{1n} \\ \vdots & \vdots & & \vdots \\ a_{i1} & a_{i2} & \cdots & a_{in} \\ \vdots & \vdots & & \vdots \\ a_{j1} & a_{j2} & \cdots & a_{jn} \\ \vdots & \vdots & & \vdots \\ a_{n1} & a_{n2} & \cdots & a_{nn} \end{vmatrix} + \begin{vmatrix} a_{11} & a_{12} & \cdots & a_{1n} \\ \vdots & \vdots & & \vdots \\ a_{i1} & a_{i2} & \cdots & a_{in} \\ \vdots & \vdots & & \vdots \\ ka_{i1} & ka_{i2} & \cdots & ka_{in} \\ \vdots & \vdots & & \vdots \\ a_{n1} & a_{n2} & \cdots & a_{nn} \end{vmatrix}
$$

$$
= \begin{vmatrix} a_{11} & a_{12} & \cdots & a_{1n} \\ \vdots & \vdots & & \vdots \\ a_{i1} & a_{i2} & \cdots & a_{in} \\ \vdots & \vdots & & \vdots \\ a_{j1} & a_{j2} & \cdots & a_{jn} \\ \vdots & \vdots & & \vdots \\ a_{n1} & a_{n2} & \cdots & a_{nn} \end{vmatrix}.
$$
证毕.

例 1.3.1 求方程 $\begin{vmatrix} 1 & 1 & 2 & 3 \\ 1 & 2-x^2 & 2 & 3 \\ 2 & 3 & 1 & 5 \\ 2 & 3 & 1 & 9-x^2 \end{vmatrix}=0$ 的根.

解法一：由性质 1.3.5，将方程左边行列式第一行的 -1 倍加到第二行上去，将第三行的 -1 倍加到第四行上去，方程变为

$$
\begin{vmatrix} 1 & 1 & 2 & 3 \\ 0 & 1-x^2 & 0 & 0 \\ 2 & 3 & 1 & 5 \\ 0 & 0 & 0 & 4-x^2 \end{vmatrix}=0,
$$

将四阶行列式按第四行展开，得

$$
\begin{vmatrix} 1 & 1 & 2 & 3 \\ 0 & 1-x^2 & 0 & 0 \\ 2 & 3 & 1 & 5 \\ 0 & 0 & 0 & 4-x^2 \end{vmatrix} = (4-x^2)(-1)^{4+4}\begin{vmatrix} 1 & 1 & 2 \\ 0 & 1-x^2 & 0 \\ 2 & 3 & 1 \end{vmatrix}
$$

$$
= (4-x^2)\begin{vmatrix} 1 & 1 & 2 \\ 0 & 1-x^2 & 0 \\ 2 & 3 & 1 \end{vmatrix},
$$

再将三阶行列式按第二行展开，得

$$(4-x^2)\begin{vmatrix}1&1&2\\0&1-x^2&0\\2&3&1\end{vmatrix}=(4-x^2)(1-x^2)(-1)^{2+2}\begin{vmatrix}1&2\\2&1\end{vmatrix}$$

$$=(4-x^2)(1-x^2)(-3),$$

要使得方程成立，则有 $4-x^2=0$，$1-x^2=0$，因此方程的解为 $x_1=-2,x_2=2,x_3=-1,x_4=1$.

解法二：由推论 1.3.1 可知，行列式中有两行元素相等时，行列式的值为0，观察方程左边行列式的前两行，可令 $2-x^2=1$，观察后两行，可令 $9-x^2=5$，因此方程的解为 $x_1=-2,x_2=2,x_3=-1,x_4=1$.

习题 1.3

1. 若行列式 $\begin{vmatrix}a_{11}&a_{12}&a_{13}\\a_{21}&a_{22}&a_{23}\\a_{31}&a_{32}&a_{33}\end{vmatrix}=2$，则 $\begin{vmatrix}a_{12}&a_{11}+3a_{13}&-2a_{13}\\a_{22}&a_{21}+3a_{23}&-2a_{23}\\a_{32}&a_{31}+3a_{33}&-2a_{33}\end{vmatrix}=$________.

2. 求方程

$$p(x)=\begin{vmatrix}1&a_1&a_2&\cdots&a_{n-1}\\1&a_1+x+1&a_2&\cdots&a_{n-1}\\1&a_1&a_2+x+1&\cdots&a_{n-1}\\\vdots&\vdots&\vdots&&\vdots\\1&a_1&a_2&\cdots&a_{n-1}+x+1\end{vmatrix}$$

$=0$ 的根，其中 $a_1,a_2,\cdots,a_{n-1}$ 是互不相同的实数.

1.4 行列式的计算

类型一：定义法，即按某行(或某列)展开

例 1.4.1 计算 $D=\begin{vmatrix}1&0&4&0&0\\-1&0&2&0&0\\0&1&0&2&3\\0&2&0&3&1\\0&3&0&2&1\end{vmatrix}$.

解：按第一列展开，得

$$D=\begin{vmatrix}1&0&4&0&0\\-1&0&2&0&0\\0&1&0&2&3\\0&2&0&3&1\\0&3&0&2&1\end{vmatrix}=1\times(-1)^{1+1}\begin{vmatrix}0&2&0&0\\1&0&2&3\\2&0&3&1\\3&0&2&1\end{vmatrix}+$$

$$(-1)\times(-1)^{2+1}\begin{vmatrix}0&4&0&0\\1&0&2&3\\2&0&3&1\\3&0&2&1\end{vmatrix}$$

$$=2\times(-1)^{1+2}\begin{vmatrix}1&2&3\\2&3&1\\3&2&1\end{vmatrix}+4\times(-1)^{1+2}\begin{vmatrix}1&2&3\\2&3&1\\3&2&1\end{vmatrix}=72.$$

类型二：利用行列式的性质

在行列式性质中，通常将互换第 i 行(列)和第 j 行(列)记为：$r_i\leftrightarrow r_j(c_i\leftrightarrow c_j)$，将第 i 行(列)的 k 倍加到第 j 行(列)记为：kr_i+r_j (kc_i+c_j)

例 1.4.2

计算 $D=\begin{vmatrix}1&2&3&2\\1&2&0&-5\\1&0&1&2\\4&3&1&2\end{vmatrix}$.

解法一：利用行列式的性质化行列式为上三角行列式或下三角行列式

$$D=\begin{vmatrix}1&2&3&2\\1&2&0&-5\\1&0&1&2\\4&3&1&2\end{vmatrix}\xlongequal{-r_1+r_2}\begin{vmatrix}1&2&3&2\\0&0&-3&-7\\1&0&1&2\\4&3&1&2\end{vmatrix}\xlongequal{-r_1+r_3}\begin{vmatrix}1&2&3&2\\0&0&-3&-7\\0&-2&-2&0\\4&3&1&2\end{vmatrix}$$

$$\xlongequal{-4r_1+r_4}\begin{vmatrix}1&2&3&2\\0&0&-3&-7\\0&-2&-2&0\\0&-5&-11&-6\end{vmatrix}\xlongequal{r_2\leftrightarrow r_3}-\begin{vmatrix}1&2&3&2\\0&-2&-2&0\\0&0&-3&-7\\0&-5&-11&-6\end{vmatrix}$$

$$=2\begin{vmatrix}1&2&3&2\\0&1&1&0\\0&0&-3&-7\\0&-5&-11&-6\end{vmatrix}\xlongequal{5r_2+r_4}2\begin{vmatrix}1&2&3&2\\0&1&1&0\\0&0&-3&-7\\0&0&-6&-6\end{vmatrix}\xlongequal{-2r_3+r_4}2\begin{vmatrix}1&2&3&2\\0&1&1&0\\0&0&-3&-7\\0&0&0&8\end{vmatrix}$$

$$=-48.$$

解法二：降阶法，在求解过程中按照某行展开降为低一阶的行列式

$$D=\begin{vmatrix}1&2&3&2\\1&2&0&-5\\1&0&1&2\\4&3&1&2\end{vmatrix}\xlongequal{-r_1+r_2}\begin{vmatrix}1&2&3&2\\0&0&-3&-7\\1&0&1&2\\4&3&1&2\end{vmatrix}\xlongequal{-r_1+r_3}\begin{vmatrix}1&2&3&2\\0&0&-3&-7\\0&-2&-2&0\\4&3&1&2\end{vmatrix}$$

$$\xlongequal{-4r_1+r_4}\begin{vmatrix}1&2&3&2\\0&0&-3&-7\\0&-2&-2&0\\0&-5&-11&-6\end{vmatrix}\xlongequal{\text{按第一列展开}}\begin{vmatrix}0&-3&-7\\-2&-2&0\\-5&-11&-6\end{vmatrix}$$

$$=-2\begin{vmatrix}0&-3&-7\\1&1&0\\-5&-11&-6\end{vmatrix}\xlongequal{5r_2+r_3}-2\begin{vmatrix}0&-3&-7\\1&1&0\\0&-6&-6\end{vmatrix}$$

$$\xlongequal{\text{按第一列展开}}(-2)\times(-1)^{2+1}\begin{vmatrix}-3&-7\\-6&-6\end{vmatrix}=-48.$$

例 1.4.3 设 $abcd=1$，计算行列式 $D=\begin{vmatrix}a^2+\frac{1}{a^2}&a&\frac{1}{a}&1\\b^2+\frac{1}{b^2}&b&\frac{1}{b}&1\\c^2+\frac{1}{c^2}&c&\frac{1}{c}&1\\d^2+\frac{1}{d^2}&d&\frac{1}{d}&1\end{vmatrix}$.

解：$D=\begin{vmatrix}a^2+\frac{1}{a^2}&a&\frac{1}{a}&1\\b^2+\frac{1}{b^2}&b&\frac{1}{b}&1\\c^2+\frac{1}{c^2}&c&\frac{1}{c}&1\\d^2+\frac{1}{d^2}&d&\frac{1}{d}&1\end{vmatrix}=\begin{vmatrix}a^2&a&\frac{1}{a}&1\\b^2&b&\frac{1}{b}&1\\c^2&c&\frac{1}{c}&1\\d^2&d&\frac{1}{d}&1\end{vmatrix}+\begin{vmatrix}\frac{1}{a^2}&a&\frac{1}{a}&1\\\frac{1}{b^2}&b&\frac{1}{b}&1\\\frac{1}{c^2}&c&\frac{1}{c}&1\\\frac{1}{d^2}&d&\frac{1}{d}&1\end{vmatrix}$.

从第一个行列式第一行到第四行分别提出 a，b，c，d；第二个行列式先互换一，二列，再对得到的行列式互换三，四列，最后对所得到的行列式互换二，三列，得到

$$D=abcd\begin{vmatrix}a&1&\frac{1}{a^2}&\frac{1}{a}\\b&1&\frac{1}{b^2}&\frac{1}{b}\\c&1&\frac{1}{c^2}&\frac{1}{c}\\d&1&\frac{1}{d^2}&\frac{1}{d}\end{vmatrix}+(-1)^3\begin{vmatrix}a&1&\frac{1}{a^2}&\frac{1}{a}\\b&1&\frac{1}{b^2}&\frac{1}{b}\\c&1&\frac{1}{c^2}&\frac{1}{c}\\d&1&\frac{1}{d^2}&\frac{1}{d}\end{vmatrix}=0.$$

类型三：所有行(或列)的元素之和相等

例 1.4.4 当 $n\geqslant 2$ 时，计算 n 阶行列式 $D_n=\begin{vmatrix} x & a & a & \cdots & a & a \\ a & x & a & \cdots & a & a \\ a & a & x & \cdots & a & a \\ \vdots & \vdots & \vdots & & \vdots & \vdots \\ a & a & a & \cdots & x & a \\ a & a & a & \cdots & a & x \end{vmatrix}$.

解：

$$D_n=\begin{vmatrix} x & a & a & \cdots & a & a \\ a & x & a & \cdots & a & a \\ a & a & x & \cdots & a & a \\ \vdots & \vdots & \vdots & & \vdots & \vdots \\ a & a & a & \cdots & x & a \\ a & a & a & \cdots & a & x \end{vmatrix} \xlongequal{c_i+c_1(i=2,3,\cdots,n)} \begin{vmatrix} x+(n-1)a & a & a & \cdots & a & a \\ x+(n-1)a & x & a & \cdots & a & a \\ x+(n-1)a & a & x & \cdots & a & a \\ \vdots & \vdots & \vdots & & \vdots & \vdots \\ x+(n-1)a & a & a & \cdots & x & a \\ x+(n-1)a & a & a & \cdots & a & x \end{vmatrix}$$

$$=[x+(n-1)a]\begin{vmatrix} 1 & a & a & \cdots & a & a \\ 1 & x & a & \cdots & a & a \\ 1 & a & x & \cdots & a & a \\ \vdots & \vdots & \vdots & & \vdots & \vdots \\ 1 & a & a & \cdots & x & a \\ 1 & a & a & \cdots & a & x \end{vmatrix} \xlongequal{-r_1+r_i(i=2,\cdots,n)}$$

$$=[x+(n-1)a]\begin{vmatrix} 1 & a & a & \cdots & a & a \\ 0 & x-a & 0 & \cdots & 0 & 0 \\ 0 & 0 & x-a & \cdots & 0 & 0 \\ \vdots & \vdots & \vdots & & \vdots & \vdots \\ 0 & 0 & 0 & \cdots & x-a & 0 \\ 0 & 0 & 0 & \cdots & 0 & x-a \end{vmatrix}=[x+(n-1)a](x-a)^{n-1}.$$

类型四：爪形行列式(又称箭形行列式)

一般行列式的形式为

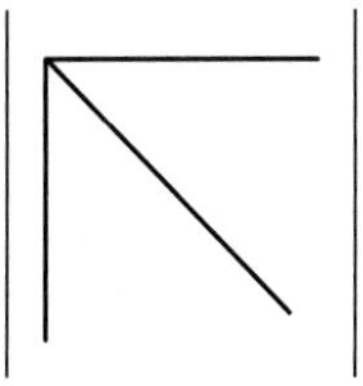

形式一

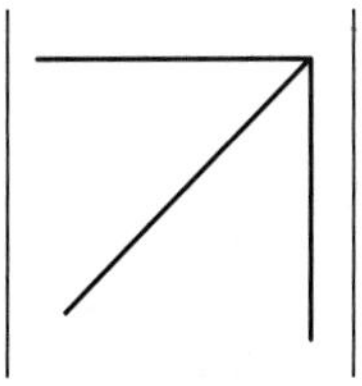

形式二

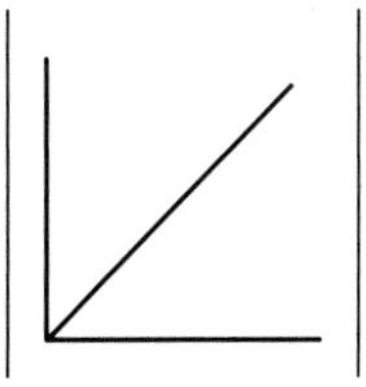

形式三

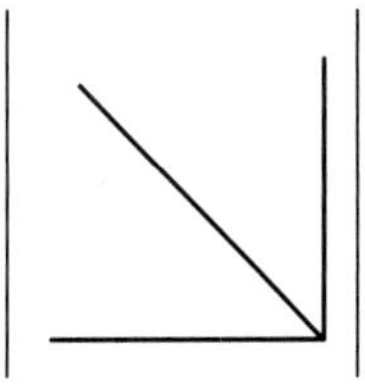

形式四

▣ 爪型行列式

即除第一行(或最后一行)、第一列(或最后一列)、主对角线元素(或副对角线元素)不全为 0 外，其他元素均为 0. 求解方法主要是化爪形行列式为上三角行列式或下三角行列式.

例 1.4.5 当 $n\geqslant 2$ 时，计算 n 阶行列式 $D_n=\begin{vmatrix} x_1 & 1 & 1 & \cdots & 1 \\ 1 & x_2 & 0 & \cdots & 0 \\ 1 & 0 & x_3 & \cdots & 0 \\ \vdots & \vdots & \vdots & & \vdots \\ 1 & 0 & 0 & \cdots & x_n \end{vmatrix}$ $(x_i\neq 0)$.

解：

$$D_n=\begin{vmatrix} x_1 & 1 & 1 & \cdots & 1 \\ 1 & x_2 & 0 & \cdots & 0 \\ 1 & 0 & x_3 & \cdots & 0 \\ \vdots & \vdots & \vdots & & \vdots \\ 1 & 0 & 0 & \cdots & x_n \end{vmatrix} \xlongequal{\left(-\frac{1}{x_2}\right)c_2+c_1} \begin{vmatrix} x_1-\frac{1}{x_2} & 1 & 1 & \cdots & 1 \\ 0 & x_2 & 0 & \cdots & 0 \\ 1 & 0 & x_3 & \cdots & 0 \\ \vdots & \vdots & \vdots & & \vdots \\ 1 & 0 & 0 & \cdots & x_n \end{vmatrix}$$

$$\xlongequal{\left(-\frac{1}{x_3}\right)c_3+c_1} \begin{vmatrix} x_1-\frac{1}{x_2}-\frac{1}{x_3} & 1 & 1 & \cdots & 1 \\ 0 & x_2 & 0 & \cdots & 0 \\ 0 & 0 & x_3 & \cdots & 0 \\ \vdots & \vdots & \vdots & & \vdots \\ 1 & 0 & 0 & \cdots & x_n \end{vmatrix}=\cdots$$

$$\xlongequal{\left(-\frac{1}{x_n}\right)c_n+c_1} \begin{vmatrix} x_1-\frac{1}{x_2}-\frac{1}{x_3}-\cdots-\frac{1}{x_n} & 1 & 1 & \cdots & 1 \\ 0 & x_2 & 0 & \cdots & 0 \\ 0 & 0 & x_3 & \cdots & 0 \\ \vdots & \vdots & \vdots & & \vdots \\ 0 & 0 & 0 & \cdots & x_n \end{vmatrix}$$

$$=\left(x_1-\frac{1}{x_2}-\frac{1}{x_3}-\cdots-\frac{1}{x_n}\right)x_2x_3\cdots x_n.$$

***类型五：递推法**

例 1.4.6 计算 n 阶行列式 $D_n=\begin{vmatrix} 2 & 1 & 0 & \cdots & 0 & 0 \\ 1 & 2 & 1 & \cdots & 0 & 0 \\ 0 & 1 & 2 & \cdots & 0 & 0 \\ \vdots & \vdots & \vdots & & \vdots & \vdots \\ 0 & 0 & 0 & \cdots & 2 & 1 \\ 0 & 0 & 0 & \cdots & 1 & 2 \end{vmatrix}$.

解：将行列式按第一列展开

$$D_n = \begin{vmatrix} 2 & 1 & 0 & \cdots & 0 & 0 \\ 1 & 2 & 1 & \cdots & 0 & 0 \\ 0 & 1 & 2 & \cdots & 0 & 0 \\ \vdots & \vdots & \vdots & & \vdots & \vdots \\ 0 & 0 & 0 & \cdots & 2 & 1 \\ 0 & 0 & 0 & \cdots & 1 & 2 \end{vmatrix} = 2\begin{vmatrix} 2 & 1 & \cdots & 0 & 0 \\ 1 & 2 & \cdots & 0 & 0 \\ \vdots & \vdots & & \vdots & \vdots \\ 0 & 0 & \cdots & 2 & 1 \\ 0 & 0 & \cdots & 1 & 2 \end{vmatrix}_{(n-1)\times(n-1)} - \begin{vmatrix} 1 & 0 & \cdots & 0 & 0 \\ 1 & 2 & \cdots & 0 & 0 \\ \vdots & \vdots & & \vdots & \vdots \\ 0 & 0 & \cdots & 2 & 1 \\ 0 & 0 & \cdots & 1 & 2 \end{vmatrix}_{(n-1)\times(n-1)}$$

$$= 2\begin{vmatrix} 2 & 1 & \cdots & 0 & 0 \\ 1 & 2 & \cdots & 0 & 0 \\ \vdots & \vdots & & \vdots & \vdots \\ 0 & 0 & \cdots & 2 & 1 \\ 0 & 0 & \cdots & 1 & 2 \end{vmatrix}_{(n-1)\times(n-1)} - \begin{vmatrix} 2 & \cdots & 0 & 0 \\ \vdots & & \vdots & \vdots \\ 0 & \cdots & 2 & 1 \\ 0 & \cdots & 1 & 2 \end{vmatrix}_{(n-2)\times(n-2)} = 2D_{n-1} - D_{n-2},$$

因此，$D_n - D_{n-1} = D_{n-1} - D_{n-2} = D_{n-2} - D_{n-3} = \cdots = D_2 - D_1$

$$= \begin{vmatrix} 2 & 1 \\ 1 & 2 \end{vmatrix} - 2 = 1,$$

$$D_n = 1 + D_{n-1} = 1 + 1 + D_{n-2} = \cdots = (n-1) + D_1 = n + 1.$$

***类型六：升阶法(又称加边法)**

例 1.4.7 计算行列式 $D = \begin{vmatrix} 1+x & 1 & 1 & 1 \\ 1 & 1-x & 1 & 1 \\ 1 & 1 & 1+y & 1 \\ 1 & 1 & 1 & 1-y \end{vmatrix} (xy \neq 0)$.

解：将行列式添加一行一列，但要保证行列式的值不变，得

$$D = \begin{vmatrix} 1+x & 1 & 1 & 1 \\ 1 & 1-x & 1 & 1 \\ 1 & 1 & 1+y & 1 \\ 1 & 1 & 1 & 1-y \end{vmatrix} = \begin{vmatrix} 1 & 1 & 1 & 1 & 1 \\ 0 & 1+x & 1 & 1 & 1 \\ 0 & 1 & 1-x & 1 & 1 \\ 0 & 1 & 1 & 1+y & 1 \\ 0 & 1 & 1 & 1 & 1-y \end{vmatrix}$$

$$\xlongequal{-r_1 + r_i(i=2,\ 3,\ 4,\ 5)} \begin{vmatrix} 1 & 1 & 1 & 1 & 1 \\ -1 & x & 0 & 0 & 0 \\ -1 & 0 & -x & 0 & 0 \\ -1 & 0 & 0 & y & 0 \\ -1 & 0 & 0 & 0 & -y \end{vmatrix} \xlongequal{\left(\frac{1}{x}\right)c_2 + c_1} \begin{vmatrix} 1+\frac{1}{x} & 1 & 1 & 1 & 1 \\ 0 & x & 0 & 0 & 0 \\ -1 & 0 & -x & 0 & 0 \\ -1 & 0 & 0 & y & 0 \\ -1 & 0 & 0 & 0 & -y \end{vmatrix}$$

$$\xlongequal{\left(-\frac{1}{x}\right)c_3 + c_1} \begin{vmatrix} 1 & 1 & 1 & 1 & 1 \\ 0 & x & 0 & 0 & 0 \\ 0 & 0 & -x & 0 & 0 \\ -1 & 0 & 0 & y & 0 \\ -1 & 0 & 0 & 0 & -y \end{vmatrix} \xlongequal{\left(\frac{1}{y}\right)c_4 + c_1} \begin{vmatrix} 1+\frac{1}{y} & 1 & 1 & 1 & 1 \\ 0 & x & 0 & 0 & 0 \\ 0 & 0 & -x & 0 & 0 \\ 0 & 0 & 0 & y & 0 \\ -1 & 0 & 0 & 0 & -y \end{vmatrix}$$

$$\xlongequal{\left(-\frac{1}{y}\right)c_5+c_1}\begin{vmatrix}1&1&1&1&1\\0&x&0&0&0\\0&0&-x&0&0\\0&0&0&y&0\\0&0&0&0&-y\end{vmatrix}=x^2y^2.$$

类型七：范德蒙德(Vandermonde)行列式

$$V_n=\begin{vmatrix}1&1&1&\cdots&1\\x_1&x_2&x_3&\cdots&x_n\\x_1^2&x_2^2&x_3^2&\cdots&x_n^2\\\vdots&\vdots&\vdots&&\vdots\\x_1^{n-1}&x_2^{n-1}&x_3^{n-1}&\cdots&x_n^{n-1}\end{vmatrix}=\prod_{1\leqslant j<i\leqslant n}(x_i-x_j).$$

* **证明**：使用数学归纳法. 当 $n=2$ 时，

$$V_2=\begin{vmatrix}1&1\\x_1&x_2\end{vmatrix}=x_2-x_1=\prod_{1\leqslant j<i\leqslant 2}(x_i-x_j).$$

假设 $n-1$ 阶范德蒙德行列式成立，下证 n 阶范德蒙德行列式成立.

$$V_n=\begin{vmatrix}1&1&1&\cdots&1\\x_1&x_2&x_3&\cdots&x_n\\x_1^2&x_2^2&x_3^2&\cdots&x_n^2\\\vdots&\vdots&\vdots&&\vdots\\x_1^{n-1}&x_2^{n-1}&x_3^{n-1}&\cdots&x_n^{n-1}\end{vmatrix}\xlongequal{\text{从第 }n\text{ 行起，将前一行的}(-x_1)\text{倍加到后一行}}$$

$$\begin{vmatrix}1&1&1&\cdots&1\\0&x_2-x_1&x_3-x_1&\cdots&x_n-x_1\\0&x_2(x_2-x_1)&x_3(x_3-x_1)&\cdots&x_n(x_n-x_1)\\\vdots&\vdots&\vdots&&\vdots\\0&x_2^{n-2}(x_2-x_1)&x_3^{n-2}(x_3-x_1)&\cdots&x_n^{n-2}(x_n-x_1)\end{vmatrix},$$

将此行列式按照第一列展开，并提取公因式，得

$$V_n=(x_2-x_1)(x_3-x_1)\cdots(x_n-x_1)\begin{vmatrix}1&1&\cdots&1\\x_2&x_3&\cdots&x_n\\x_2^2&x_3^2&\cdots&x_n^2\\\vdots&\vdots&&\vdots\\x_2^{n-2}&x_3^{n-2}&\cdots&x_n^{n-2}\end{vmatrix},$$

上述行列式是一个 $n-1$ 阶范德蒙德行列式，因此由归纳假设得

$V_n=(x_2-x_1)(x_3-x_1)\cdots(x_n-x_1)\prod\limits_{2\leqslant j<i\leqslant n}(x_i-x_j)$，故 $V_n=\prod\limits_{1\leqslant j<i\leqslant n}(x_i-x_j)$. 证毕.

习题1.4

求解下列行列式:

1. $D=\begin{vmatrix}1&2&3&0\\0&0&2&0\\3&0&4&5\\0&0&0&1\end{vmatrix}$;

2. $D_n=\begin{vmatrix}0&1&0&\cdots&0\\0&0&2&\cdots&0\\\vdots&\vdots&\vdots&&\vdots\\0&0&0&\cdots&n-1\\n&0&0&\cdots&0\end{vmatrix}$;

3. $D=\begin{vmatrix}x&y&x+y\\y&x+y&x\\x+y&x&y\end{vmatrix}(x+y\neq0)$;

4. $D=\begin{vmatrix}0&-1&-1&2\\1&-1&0&2\\-1&2&-1&0\\2&1&1&0\end{vmatrix}$;

5. $D=\begin{vmatrix}1&-1&2&0&0\\0&2&0&0&0\\3&-5&5&0&0\\1&2&3&2&-1\\5&3&7&3&2\end{vmatrix}$;

6. $D_n=\begin{vmatrix}0&a&\cdots&a\\a&0&\cdots&a\\\vdots&\vdots&&\vdots\\a&a&\cdots&0\end{vmatrix}$;

7. $D_n=\begin{vmatrix}1+a_1&1&\cdots&1\\1&1+a_2&\cdots&1\\\vdots&\vdots&&\vdots\\1&1&\cdots&1+a_n\end{vmatrix}$，$(a_i>0,\ i=1,2,\cdots,n)$.

1.5 克拉默法则

本节将利用 n 阶行列式研究含有 n 个未知量、n 个方程的线性方程组:

$$\begin{cases}a_{11}x_1+a_{12}x_2+\cdots+a_{1n}x_n=b_1,\\a_{21}x_1+a_{22}x_2+\cdots+a_{2n}x_n=b_2,\\\quad\vdots\\a_{n1}x_1+a_{n2}x_2+\cdots+a_{nn}x_n=b_n.\end{cases}\tag{1.1}$$

定理1.5.1(克拉默(Cramer)法则)　如果线性方程组(1.1)的系数行列式

$$D=\begin{vmatrix}a_{11}&a_{12}&\cdots&a_{1n}\\a_{21}&a_{22}&\cdots&a_{2n}\\\vdots&\vdots&&\vdots\\a_{n1}&a_{n2}&\cdots&a_{nn}\end{vmatrix}$$

不等于零，那么方程组有唯一解

$$x_1=\frac{D_1}{D},\ x_2=\frac{D_2}{D},\ \cdots,\ x_n=\frac{D_n}{D}. \tag{1.2}$$

其中 $D_i(i=1,\ 2,\ \cdots,\ n)$ 是把系数行列式中的第 i 列元素用方程组右端的常数项代替后所得到的 n 阶行列式，

$$D_i=\begin{vmatrix} a_{11} & \cdots & a_{1,\ i-1} & b_1 & a_{1,\ i+1} & \cdots & a_{1n} \\ a_{21} & \cdots & a_{2,\ i-1} & b_2 & a_{2,\ i+1} & \cdots & a_{2n} \\ \vdots & & \vdots & \vdots & \vdots & & \vdots \\ a_{n1} & \cdots & a_{n,\ i-1} & b_n & a_{n,\ i+1} & \cdots & a_{nn} \end{vmatrix}.$$

证明：首先证明(1.2)是方程组(1.1)的解.

方程组(1.1)可以记作 $\sum\limits_{j=1}^{n} a_{ij}x_j = b_i$，$i=1,\ 2,\ \cdots,\ n$.

将式(1.2)代入第 i 个方程，方程左边为

$$\sum_{j=1}^{n} a_{ij}\frac{D_j}{D} = \frac{1}{D}\sum_{j=1}^{n} a_{ij}D_j,$$

因为
$$D_j = b_1A_{1j}+b_2A_{2j}+\cdots+b_nA_{nj} = \sum_{s=1}^{n} b_sA_{sj},$$

又
$$\sum_{j=1}^{n} a_{ij}A_{sj} = \begin{cases} D, & s=i, \\ 0, & s\neq i, \end{cases}$$

故
$$\begin{aligned}\frac{1}{D}\sum_{j=1}^{n} a_{ij}D_j &= \frac{1}{D}\sum_{j=1}^{n} a_{ij}\sum_{s=1}^{n} b_sA_{sj} = \frac{1}{D}\sum_{j=1}^{n}\sum_{s=1}^{n} a_{ij}A_{sj}b_s \\ &= \frac{1}{D}\sum_{s=1}^{n}\sum_{j=1}^{n} a_{ij}A_{sj}b_s = \frac{1}{D}\sum_{s=1}^{n}\left(\sum_{j=1}^{n} a_{ij}A_{sj}\right)b_s = \frac{1}{D}Db_i = b_i.\end{aligned}$$

这就说明了式(1.2)能使得方程组中的每个方程都成立，因此是方程组的解.

下证解的唯一性. 设 $x_1=c_1,\ x_2=c_2,\ \cdots,\ x_n=c_n$ 是方程组(1.1)的任意一个解，由行列式的性质可得，

$$c_1D = \begin{vmatrix} a_{11}c_1 & a_{12} & \cdots & a_{1n} \\ a_{21}c_1 & a_{22} & \cdots & a_{2n} \\ \vdots & \vdots & & \vdots \\ a_{n1}c_1 & a_{n2} & \cdots & a_{nn} \end{vmatrix} = \begin{vmatrix} a_{11}c_1+a_{12}c_2+\cdots+a_{1n}c_n & a_{12} & \cdots & a_{1n} \\ a_{21}c_1+a_{22}c_2+\cdots+a_{2n}c_n & a_{22} & \cdots & a_{2n} \\ \vdots & \vdots & & \vdots \\ a_{n1}c_1+a_{n2}c_2+\cdots+a_{nn}c_n & a_{n2} & \cdots & a_{nn} \end{vmatrix}$$

$$= \begin{vmatrix} b_1 & a_{12} & \cdots & a_{1n} \\ b_2 & a_{22} & \cdots & a_{2n} \\ \vdots & \vdots & & \vdots \\ b_n & a_{n2} & \cdots & a_{nn} \end{vmatrix} = D_1. \text{ 故 } c_1=\frac{D_1}{D}.$$

同理可以证明 $c_2=\frac{D_2}{D},\cdots,c_n=\frac{D_n}{D}$. 则解的唯一性得证. 证毕.

例 1.5.1 用克拉默法则求解下列方程组

$$\begin{cases} \qquad\quad x_2 + 2x_3 = 1, \\ x_1 + x_2 + 4x_3 = 1, \\ 2x_1 - x_2 \qquad = 2. \end{cases}$$

解：

$$D = \begin{vmatrix} 0 & 1 & 2 \\ 1 & 1 & 4 \\ 2 & -1 & 0 \end{vmatrix} = 2 \neq 0,$$

因此可以使用克拉默法则.

$$D_1 = \begin{vmatrix} 1 & 1 & 2 \\ 1 & 1 & 4 \\ 2 & -1 & 0 \end{vmatrix} = 6, D_2 = \begin{vmatrix} 0 & 1 & 2 \\ 1 & 1 & 4 \\ 2 & 2 & 0 \end{vmatrix} = 8, D_3 = \begin{vmatrix} 0 & 1 & 1 \\ 1 & 1 & 1 \\ 2 & -1 & 2 \end{vmatrix} = -3,$$

故方程组的解为

$$x_1 = \frac{D_1}{D} = 3, x_2 = \frac{D_2}{D} = 4, x_3 = \frac{D_3}{D} = -\frac{3}{2}.$$

例 1.5.2 求解《九章算术》第 8 章“方程”问题：

今有上禾三秉，中禾二秉，下禾一秉，实三十九斗；上禾二秉，中禾三秉，下禾一秉，实三十四斗；上禾一秉，中禾二秉，下禾三秉，实二十六斗；问上、中、下禾实一秉各几何？

可译为：现有上等稻 3 捆、中等稻 2 捆、下等稻 1 捆，共打出 39 斗米；上等稻 2 捆、中等稻 3 捆、下等稻 1 捆，共打出 34 斗米；上等稻 1 捆、中等稻 2 捆、下等稻 3 捆，共打出 26 斗米. 问：上等稻、中等稻、下等稻 1 捆各能打出多少斗米？

解：假设一捆上中下等稻分别能打出 x_1, x_2, x_3 斗米，则可得线性方程组

$$\begin{cases} 3x_1 + 2x_2 + x_3 = 39, \\ 2x_1 + 3x_2 + x_3 = 34, \\ x_1 + 2x_2 + 3x_3 = 26. \end{cases}$$

$$D = \begin{vmatrix} 3 & 2 & 1 \\ 2 & 3 & 1 \\ 1 & 2 & 3 \end{vmatrix} = 12 \neq 0,$$ 因此可以使用克拉默法则.

$$D_1 = \begin{vmatrix} 39 & 2 & 1 \\ 34 & 3 & 1 \\ 26 & 2 & 3 \end{vmatrix} = 111, D_2 = \begin{vmatrix} 3 & 39 & 1 \\ 2 & 34 & 1 \\ 1 & 26 & 3 \end{vmatrix} = 51, D_3 = \begin{vmatrix} 3 & 2 & 39 \\ 2 & 3 & 34 \\ 1 & 2 & 26 \end{vmatrix} = 33,$$

可得 $x_1 = \frac{D_1}{D} = \frac{37}{4}$，$x_2 = \frac{D_2}{D} = \frac{17}{4}$，$x_3 = \frac{D_3}{D} = \frac{11}{4}$，即一捆上等稻可打

出$\frac{37}{4}$斗米，一捆中等稻可打出$\frac{17}{4}$斗米，一捆下等稻可打出$\frac{11}{4}$斗米.

注 在方程组(1.1)中，当 $b_1=b_2=\cdots=b_n=0$ 时，方程组变为

$$\begin{cases}a_{11}x_1+a_{12}x_2+\cdots+a_{1n}x_n=0,\\a_{21}x_1+a_{22}x_2+\cdots+a_{2n}x_n=0,\\\quad\vdots\\a_{n1}x_1+a_{n2}x_2+\cdots+a_{nn}x_n=0.\end{cases}\tag{1.3}$$

此时方程组称为**齐次线性方程组**.

定理 1.5.2 若齐次线性方程组(1.3)的系数行列式

$$D=\begin{vmatrix}a_{11}&a_{12}&\cdots&a_{1n}\\a_{21}&a_{22}&\cdots&a_{2n}\\\vdots&\vdots&&\vdots\\a_{n1}&a_{n2}&\cdots&a_{nn}\end{vmatrix}$$

不等于零，则方程组(1.3)只有零解.

定理 1.5.2 的结论可以由定理 1.5.1 推出.

定理 1.5.3 齐次线性方程组(1.3)有非零解的充分必要条件是方程组(1.3)的系数行列式

$$D=\begin{vmatrix}a_{11}&a_{12}&\cdots&a_{1n}\\a_{21}&a_{22}&\cdots&a_{2n}\\\vdots&\vdots&&\vdots\\a_{n1}&a_{n2}&\cdots&a_{nn}\end{vmatrix}$$

等于零.

定理 1.5.3 的必要性可以由定理 1.5.2 推出，充分性将在第 4 章给予证明.

例 1.5.3

已知齐次线性方程组 $\begin{cases}(3-\lambda)x_1+x_2+x_3=0,\\(2-\lambda)x_2-x_3=0,\\4x_1-2x_2+(1-\lambda)x_3=0\end{cases}$

有非零解，求 λ 的值.

解：齐次线性方程组有非零解，因此系数行列式一定为0，即

$$D=\begin{vmatrix}3-\lambda&1&1\\0&2-\lambda&-1\\4&-2&1-\lambda\end{vmatrix}\xlongequal{r_2+r_1}\begin{vmatrix}3-\lambda&3-\lambda&0\\0&2-\lambda&-1\\4&-2&1-\lambda\end{vmatrix}\xlongequal{-c_1+c_2}\begin{vmatrix}3-\lambda&0&0\\0&2-\lambda&-1\\4&-6&1-\lambda\end{vmatrix}$$

$$=(3-\lambda)(\lambda-4)(\lambda+1)=0,$$

解得 $\lambda=3$，$\lambda=4$ 或 $\lambda=-1$.

习题1.5

1. 用克拉默法则解下列方程组：

(1) $\begin{cases} x_1 - x_2 + x_3 = 2, \\ x_1 + 2x_2 = 2, \\ x_1 - x_3 = 4; \end{cases}$

(2) $\begin{cases} x_1 + x_2 + x_3 = 5, \\ 2x_1 + x_2 - x_3 + x_4 = 1, \\ x_1 + 2x_2 - x_3 + x_4 = 2, \\ x_2 + 2x_3 + 3x_4 = 3. \end{cases}$

2. 当 λ 满足什么条件时，线性方程组

$$\begin{cases} 2x_1 + \lambda x_2 - x_3 = 0, \\ \lambda x_1 - x_2 + x_3 = 0, \\ 4x_1 + 5x_2 - 5x_3 = 0 \end{cases}$$

有非零解？

总习题1

1. 4 阶行列式 $\begin{vmatrix} a_1 & 0 & 0 & b_1 \\ 0 & a_2 & b_2 & 0 \\ 0 & b_3 & a_3 & 0 \\ b_4 & 0 & 0 & a_4 \end{vmatrix}$ 的值等于(　　)

A. $a_1a_2a_3a_4 - b_1b_2b_3b_4$；

B. $a_1a_2a_3a_4 + b_1b_2b_3b_4$；

C. $(a_1a_2 - b_3b_4)(a_3a_4 - b_1b_2)$；

D. $(a_2a_3 - b_2b_3)(a_1a_4 - b_1b_4)$.

第1章总习题2

2. 方程 $f(x) = \begin{vmatrix} x-2 & x-1 & x-2 & x-3 \\ 2x-2 & 2x-1 & 2x-2 & 2x-3 \\ 3x-3 & 3x-2 & 4x-5 & 3x-5 \\ 4x & 4x-3 & 5x-7 & 4x-3 \end{vmatrix} = 0$ 的根的个数为(　　).

A. 1　　B. 2　　C. 3　　D. 4

3. 行列式 $\begin{vmatrix} 1 & a & 0 & 0 \\ 0 & 1 & a & 0 \\ 0 & 0 & 1 & a \\ a & 0 & 0 & 1 \end{vmatrix} =$ (　　)

A. $1+a^4$　　B. $1-a^3$　　C. $1-a^4$　　D. $1+a^3$

4. 若排列 $j_1 j_2 \cdots j_n$ 的逆序数为 k，则排列 $j_n j_{n-1} \cdots j_1$ 的逆序数是(　　)

A. k　　B. $n-k$

C. $\dfrac{n!}{2} - k$　　D. $\dfrac{n(n-1)}{2} - k$

5. 若 n 阶行列式中，等于0的元素的个数大于 $n^2 - n$ 个，则行列式的值为________.

6. 行列式 $\begin{vmatrix} a & 0 & 0 & e \\ 0 & b & f & 0 \\ 0 & g & c & 0 \\ h & 0 & 0 & d \end{vmatrix}$ 中元素 f 的代数余子式为________________.

7. 多项式 $f(x) = \begin{vmatrix} 1 & x & -1 & x^2 \\ x & 1 & x^2 & -1 \\ -1 & x^2 & 1 & x \\ x^2 & -1 & x & 1 \end{vmatrix}$ 的常数项是________.

8. 求下列全排列的逆序数：

(1) $n\ (n-1) \cdots 3\ \ 2\ \ 1$；

(2) $1\ \ 3 \cdots (2n-1)\ (2n)\ (2n-2) \cdots 2$.

9. 写出行列式 $D_4 = \begin{vmatrix} 5x & 1 & 2 & 3 \\ x & x & 1 & 2 \\ 1 & 2 & x & 3 \\ x & 1 & 2 & 2x \end{vmatrix}$ 的展开式中包含 x^3 和 x^4 的项.

10. 求解下列行列式：

(1) $D = \begin{vmatrix} 1 & 1+a & b \\ 1 & 1+a^2 & b^2 \\ 1 & 1+a^3 & b^3 \end{vmatrix}$；

(2) $D = \begin{vmatrix} 1 & 0 & -1 & -1 \\ 0 & -1 & -1 & 1 \\ a & b & c & d \\ 1 & -1 & -1 & 0 \end{vmatrix}$；

(3) $D_n = \begin{vmatrix} 1 & 1 & 1 & \cdots & 1 \\ 2 & 2^2 & 2^3 & \cdots & 2^n \\ 3 & 3^2 & 3^3 & \cdots & 3^n \\ \vdots & \vdots & \vdots & & \vdots \\ n & n^2 & n^3 & \cdots & n^n \end{vmatrix}$;

(4) $D_n = \begin{vmatrix} 0 & 1 & 2 & \cdots & n-2 & n-1 \\ 1 & 0 & 1 & \cdots & n-3 & n-2 \\ 2 & 1 & \ddots & \ddots & \vdots & \vdots \\ \vdots & \vdots & \ddots & \ddots & 1 & 2 \\ n-2 & n-3 & \cdots & 1 & 0 & 1 \\ n-1 & n-2 & \cdots & 2 & 1 & 0 \end{vmatrix}$.

11. 已知 $D = \begin{vmatrix} 1 & 2 & 3 & 4 & 5 \\ 5 & 5 & 5 & 3 & 3 \\ 3 & 2 & 5 & 4 & 2 \\ 2 & 2 & 2 & 1 & 1 \\ 4 & 6 & 5 & 2 & 3 \end{vmatrix}$，求

(1) $A_{51} + 2A_{52} + 3A_{53} + 4A_{54} + 5A_{55}$；(2) $A_{31} + A_{32} + A_{33}$，$A_{34} + A_{35}$.

12. 设 a,b,c 是一个三角形的三条边，证明：

$$D = \begin{vmatrix} 0 & a & b & c \\ a & 0 & c & b \\ b & c & 0 & a \\ c & b & a & 0 \end{vmatrix} < 0.$$

课程思政小课堂：行列式的发展历史

行列式起源于线性方程组的求解，它最早是一种速记的表达式，现在已经是数学和工程中的常用工具.

行列式的概念最早是在 17 世纪由日本数学家关孝和提出的. 他在 1683 年写的《解伏题之法》中对行列式的概念和它的展开已经有了比较清晰的叙述.

1693 年 4 月，莱布尼茨(Leibniz)在写给洛必达(L'Hôpital)的一封信中，使用并给出了行列式，并给出了方程组系数行列式为零的条件.

1750 年，瑞士数学家克拉默(Cramer)(1704—1752)在著作《线性代数分析导引》中对行列式的定义和展开法则进行了比较完整、明晰的阐述，并给出了解方程组的克拉默法则. 随后，数学家贝祖(Bézout)(1730—1783)将确定行列式每一项的符号进行了系统化，利用系数行列式概念指出了如何判断一个齐次线性方程组有非零解.

在行列式发展史上，第一个对行列式理论作出连贯的逻辑阐述，即把行列式理论和线性方程组求解相分离的人是法国数学家范德蒙德(Vandermonde)(1735—1796). 特别地，他提出了用二阶子式和它们的余子式来展开行列式的法则. 1772 年，拉普拉斯在一篇论文中证明了范德蒙德的一个规则，推广了他展开行列式的方法，这就是后来的“拉普拉斯定理”.

1815 年，柯西(Cauchy)在论文中给出了行列式第一个系统的、近乎近代的处理，主要结果是行列式的乘法定理，另外，他第一个把行列式元素排成方阵，采用双足标记法，引进了行列式特征方程的术语，给出了相似行列式的概念，来改进拉普拉斯行列式展开定理.

继柯西之后，詹姆士·西尔维斯特(James Sylvester)(1814—1894)、雅可比(Jacobi)(1804—1851)等数学家对行列式的进一步发展都做出了大量的贡献.

知识拓展：使用 MATLAB 计算行列式

MATLAB 简介：

MATLAB 是 matrix & laboratory 两个词的组合，意为矩阵工厂(**矩阵实验室**)，软件主要面对科学计算、可视化以及交互式程序设计的高科技计算环境. 它将数值分析、矩阵计算、科学数据可视化以及非线性动态系统的建模和仿真等诸多强大功能集成在一个易于使用的视窗环境中，为科学研究、工程设计以及必须进行有效数值计算的众多科学领域提供了一种全面的解决方案，并在很大程度上摆脱了传统非交互式程序设计语言(如 C、Fortran)的编辑模式.

MATLAB 和 Mathematica、Maple 并称为三大数学软件. 它在数学类科技应用软件中在数值计算方面首屈一指，包括行矩阵运算、绘制函数和数据、实现算法、创建用户界面、连接其他编程语言的程序等. MATLAB 的基本数据单位是矩阵，它的指令表达式与数学、工程中常用的形式十分相似，故用 MATLAB 来解算问题要比用 C、Fortran 等语言完成相同的事情简捷得多，并且 MATLAB 也吸收了 Maple 等软件的优点，使 MATLAB 成为一个强大的数学软件.

MATLAB 主要应用于数据分析、无线通信、深度学习、图像处理与计算机视觉、信号处理、量化金融与风险管理、机器人，控制系统等领域.

MATLAB 求解行列式：

在 MATLAB 中，求解行列式可以利用“det(A)”命令.

例1 计算行列式 $\begin{vmatrix} 2 & 1 & 2 \\ -4 & 3 & 1 \\ 2 & 3 & 5 \end{vmatrix}$.

```
>>A = [2, 1, 2; -4, 3, 1; 2, 3, 5]
A =
      2     1     2
     -4     3     1
      2     3     5
>>det(A)
ans =
   10.0000
```

例 2 计算行列式 $\begin{vmatrix} x & y & x+y \\ y & x+y & x \\ x+y & x & y \end{vmatrix}$.

```
>> syms x y
>>  A = [x, y, x + y; y, x + y, x; x + y, x, y];
>> det(A)

ans =

-2 * x^3 - 2 * y^3
```

第2章 矩阵

知识思维导图

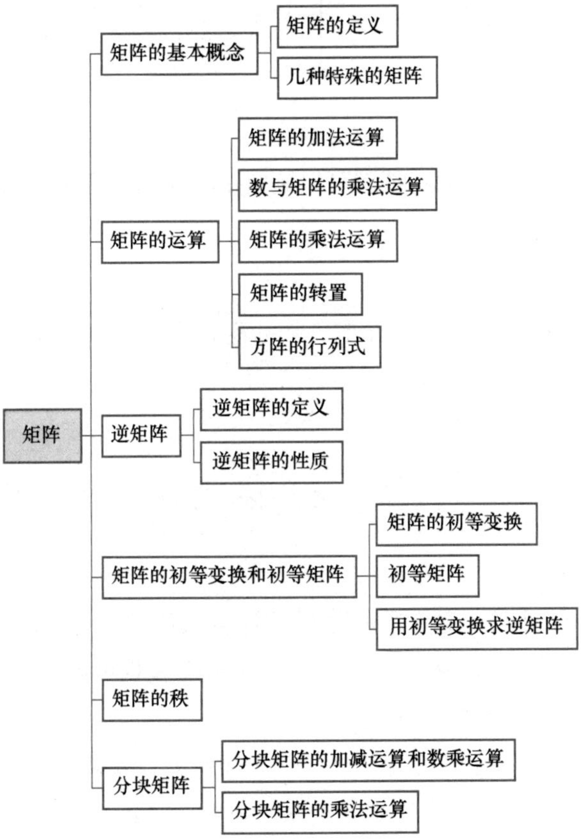

矩阵
矩阵的基本概念
矩阵的定义
几种特殊的矩阵
矩阵的运算
矩阵的加法运算
数与矩阵的乘法运算
矩阵的乘法运算
矩阵的转置
方阵的行列式
逆矩阵
逆矩阵的定义
逆矩阵的性质
矩阵的初等变换和初等矩阵
矩阵的初等变换
初等矩阵
用初等变换求逆矩阵
矩阵的秩
分块矩阵
分块矩阵的加减运算和数乘运算
分块矩阵的乘法运算

2.1 矩阵的基本概念

第2章导学

一、矩阵的定义

考虑线性方程组

$$\begin{cases} a_{11}x_1+a_{12}x_2+\cdots+a_{1n}x_n=b_1, \\ a_{21}x_1+a_{22}x_2+\cdots+a_{2n}x_n=b_2, \\ \qquad\vdots \\ a_{m1}x_1+a_{m2}x_2+\cdots+a_{mn}x_n=b_m. \end{cases} \tag{2.1}$$

若将未知量的系数记成一个表 $\begin{pmatrix} a_{11} & a_{12} & \cdots & a_{1n} \\ a_{21} & a_{22} & \cdots & a_{2n} \\ \vdots & \vdots & & \vdots \\ a_{m1} & a_{m2} & \cdots & a_{mn} \end{pmatrix}$，右端项记为 $\begin{pmatrix} b_1 \\ b_2 \\ \vdots \\ b_m \end{pmatrix}$，则该方程组的特征就可以确定了，从而引出矩阵的定义.

定义 2.1.1　给定 $m\times n$ 个数，按一定顺序排成一个 m 行 n 列的矩形数表

$\begin{pmatrix} a_{11} & a_{12} & \cdots & a_{1n} \\ a_{21} & a_{22} & \cdots & a_{2n} \\ \vdots & \vdots & & \vdots \\ a_{m1} & a_{m2} & \cdots & a_{mn} \end{pmatrix}$，该数表称为 m 行 n 列的**矩阵**，简称为 $m\times n$ 矩阵. 矩阵通常用大写字母 $\boldsymbol{A},\boldsymbol{B},\boldsymbol{C},\cdots$表示，也可记作 $\boldsymbol{A}=(a_{ij})_{m\times n}$，或 $\boldsymbol{A}=(a_{ij})$. $m\times n$ 矩阵 $\boldsymbol{A}$ 也可记为 $\boldsymbol{A}_{m\times n}$. 这 $m\times n$个数称为矩阵 $\boldsymbol{A}$ 的元素.

当 $m=n$ 时，$\boldsymbol{A}_{n\times n}$称为 n 阶方阵(或 n 阶矩阵)，也可记为 $\boldsymbol{A}_n$. 若矩阵元素 a_{ij}全为实(复)数，则称为实(复)矩阵.

注 1　矩阵记法里面的“(　)”可以换成“[　]”，但不能用行列式记号“|　|”.

注 2　矩阵是一个数表，而行列式是一个数值，二者本质不同.

注 3 在线性方程组(2.1)中，将矩阵 $\boldsymbol{A}=\begin{pmatrix} a_{11} & a_{12} & \cdots & a_{1n} \\ a_{21} & a_{22} & \cdots & a_{2n} \\ \vdots & \vdots & & \vdots \\ a_{m1} & a_{m2} & \cdots & a_{mn} \end{pmatrix}$

称为该线性方程组的**系数矩阵**，将矩阵 $\overline{\boldsymbol{A}}=\begin{pmatrix} a_{11} & a_{12} & \cdots & a_{1n} & b_1 \\ a_{21} & a_{22} & \cdots & a_{2n} & b_2 \\ \vdots & \vdots & & \vdots & \vdots \\ a_{m1} & a_{m2} & \cdots & a_{mn} & b_m \end{pmatrix}$

称为该线性方程组的**增广矩阵**. 可以看出，线性方程组与其增广矩阵之间建立了一一对应关系.

二、几种特殊的矩阵

只有一行的矩阵称为行矩阵，可记为$(a_1, a_2, \cdots, a_n)$.

只有一列的矩阵称为列矩阵，可记为$\begin{pmatrix} a_1 \\ a_2 \\ \vdots \\ a_n \end{pmatrix}$.

n 阶矩阵 $\boldsymbol{A}$ 的元素 $a_{ii}(i=1,2,\cdots,n)$称为主对角线元素.

1. 零矩阵，矩阵中的元素全为零的矩阵称为零矩阵，记为 $\boldsymbol{O}$.

2. 上三角矩阵$\begin{pmatrix} a_{11} & a_{12} & \cdots & a_{1n} \\ 0 & a_{22} & \cdots & a_{2n} \\ \vdots & \vdots & & \vdots \\ 0 & 0 & \cdots & a_{nn} \end{pmatrix}$，即主对角线下方元素全为零的矩阵.

3. 下三角矩阵$\begin{pmatrix} a_{11} & 0 & \cdots & 0 \\ a_{21} & a_{22} & \cdots & 0 \\ \vdots & \vdots & & \vdots \\ a_{n1} & a_{n2} & \cdots & a_{nn} \end{pmatrix}$，即主对角线上方元素全为零的矩阵.

4. 对角矩阵$\begin{pmatrix} a_{11} & 0 & \cdots & 0 \\ 0 & a_{22} & \cdots & 0 \\ \vdots & \vdots & & \vdots \\ 0 & 0 & \cdots & a_{nn} \end{pmatrix}$称为 n 阶对角矩阵，或记为

$\begin{pmatrix} a_{11} & & & \\ & a_{22} & & \\ & & \ddots & \\ & & & a_{nn} \end{pmatrix}$，或简记为 $\mathbf{diag}(a_{11}, a_{22}, \cdots, a_{nn})$.

特别地，当主对角线元素相同，即 $a_{ii}=a(i=1,2,\cdots,n)$ 时，称为**数量矩阵**，记为 $\begin{pmatrix} a & 0 & \cdots & 0 \\ 0 & a & \cdots & 0 \\ \vdots & \vdots & & \vdots \\ 0 & 0 & \cdots & a \end{pmatrix}$，或 $\begin{pmatrix} a & & & \\ & a & & \\ & & \ddots & \\ & & & a \end{pmatrix}$.

进一步，在数量矩阵中，$a=1$ 时，称为 ***n* 阶单位矩阵**，记作 $\boldsymbol{E}_n$，或简记为 $\boldsymbol{E}$. 即

$$\boldsymbol{E}=\begin{pmatrix} 1 & 0 & \cdots & 0 \\ 0 & 1 & \cdots & 0 \\ \vdots & \vdots & & \vdots \\ 0 & 0 & \cdots & 1 \end{pmatrix}, 或 \begin{pmatrix} 1 & & & \\ & 1 & & \\ & & \ddots & \\ & & & 1 \end{pmatrix}.$$

习题 2.1

1. 写出线性方程组 $\begin{cases} 3x_1+5x_2+8x_3=6, \\ x_1-2x_2+3x_3=3, \\ 6x_1+2x_2-5x_3=7. \end{cases}$ 的系数矩阵 $\boldsymbol{A}$ 和增广矩阵 $\overline{\boldsymbol{A}}$.

2.2 矩阵的运算

矩阵的运算包括矩阵的加法运算、数与矩阵的乘法运算、矩阵的乘法运算、矩阵的转置、方阵的行列式等运算. 这些运算可以作为理论研究和解决实际问题的基础工具.

对两个矩阵 $\boldsymbol{A}$ 与 $\boldsymbol{B}$，如果它们的行数和列数相等，则称它们为**同型矩阵**. 如果两个同型矩阵 $\boldsymbol{A}$ 与 $\boldsymbol{B}$ 对应位置的元素都相等，则称两个矩阵相等，记为 $\boldsymbol{A}=\boldsymbol{B}$.

一、矩阵的加法运算

定义 2.2.1 对两个 $m\times n$ 同型矩阵 $\boldsymbol{A}=(a_{ij})_{m\times n}$ 与 $\boldsymbol{B}=(b_{ij})_{m\times n}$，它们的和定义为$(a_{ij}+b_{ij})_{m\times n}$，记为 $\boldsymbol{A}+\boldsymbol{B}$，即

$$\boldsymbol{A}+\boldsymbol{B}=\begin{pmatrix} a_{11}+b_{11} & a_{12}+b_{12} & \cdots & a_{1n}+b_{1n} \\ a_{21}+b_{21} & a_{22}+b_{22} & \cdots & a_{2n}+b_{2n} \\ \vdots & \vdots & & \vdots \\ a_{m1}+b_{m1} & a_{m2}+b_{m2} & \cdots & a_{mn}+b_{mn} \end{pmatrix}.$$

可以看出，矩阵相加即为对应位置的元素相加. 矩阵的加法运算满足以下运算规律：

(1) 交换律 $A+B=B+A$;

(2) 结合律 $(A+B)+C=A+(B+C)$.

二、数与矩阵的乘法运算

定义 2.2.2 给定一个数 λ 与一个矩阵 $A=(a_{ij})_{m\times n}$，则 λ 与 A 的乘积定义为 $(\lambda a_{ij})_{m\times n}$，记为 λA，即

$$\lambda A=\begin{pmatrix}\lambda a_{11} & \lambda a_{12} & \cdots & \lambda a_{1n}\\ \lambda a_{21} & \lambda a_{22} & \cdots & \lambda a_{2n}\\ \vdots & \vdots & & \vdots\\ \lambda a_{m1} & \lambda a_{m2} & \cdots & \lambda a_{mn}\end{pmatrix}.$$

数与矩阵的乘法运算满足以下运算规律：

(1) 结合律 $(\lambda_1\lambda_2)A=\lambda_1(\lambda_2 A)=\lambda_2(\lambda_1 A)$;

(2) 分配律 $\begin{cases}(\lambda_1+\lambda_2)A=\lambda_1 A+\lambda_2 A,\\ \lambda(A+B)=\lambda A+\lambda B.\end{cases}$

对 $A=(a_{ij})_{m\times n}$，记 $-A=(-1)A$，称 $-A$ 为 A 的负矩阵. 则有 $A+(-A)=O$，并可以定义矩阵的减法运算为 $A-B=A+(-1)B$.

例 2.2.1 设矩阵 $A=\begin{pmatrix}2 & 3\\ 4 & 6\end{pmatrix}$，$B=\begin{pmatrix}1 & 0\\ 2 & 4\end{pmatrix}$，求 $A+B$ 及 $A-B$.

解：$A+B=\begin{pmatrix}3 & 3\\ 6 & 10\end{pmatrix}$，$A-B=\begin{pmatrix}1 & 3\\ 2 & 2\end{pmatrix}$.

例 2.2.2 设矩阵 $A=\begin{pmatrix}2 & 4 & 2\\ 6 & 0 & 4\end{pmatrix}$，$B=\begin{pmatrix}3 & 6 & 7\\ 9 & 2 & 8\end{pmatrix}$，且 $A+4X=2B$，求矩阵 X.

解：因为 $2B=\begin{pmatrix}6 & 12 & 14\\ 18 & 4 & 16\end{pmatrix}$，所以

$$X=\frac{1}{4}(2B-A)=\frac{1}{4}\begin{pmatrix}4 & 8 & 12\\ 12 & 4 & 12\end{pmatrix}=\begin{pmatrix}1 & 2 & 3\\ 3 & 1 & 3\end{pmatrix}.$$

三、矩阵的乘法运算

定义 2.2.3 设有两个矩阵 $A=(a_{ij})_{m\times s}$ 与 $B=(b_{ij})_{s\times n}$，它们的乘积定义为一个 $m\times n$ 矩阵 $C=(c_{ij})_{m\times n}$，记为 $C=AB$，读作 A 左乘 B，或 B 右乘 A. 规定

$$c_{ij}=a_{i1}b_{1j}+a_{i2}b_{2j}+\cdots+a_{is}b_{sj}(i=1,2,\cdots,m;j=1,2,\cdots,n).$$

如图 2.1 所示：

$$A=\begin{pmatrix} a_{11} & a_{12} & \cdots & a_{1s} \\ \vdots & \vdots & & \vdots \\ \boxed{a_{i1} \quad a_{i2} \quad \cdots \quad a_{is}} \\ \vdots & \vdots & & \vdots \\ a_{m1} & a_{m2} & \cdots & a_{ms} \end{pmatrix} \qquad B=\begin{pmatrix} b_{11} & \cdots & b_{1j} & \cdots & b_{1n} \\ b_{21} & \cdots & b_{2j} & \cdots & b_{2n} \\ \vdots & & \vdots & & \vdots \\ b_{s1} & \cdots & b_{sj} & \cdots & b_{sn} \end{pmatrix}$$

图 2.1

注 1 只有左矩阵 $\boldsymbol{A}$ 的列数等于右矩阵 $\boldsymbol{B}$ 的行数时，两个矩阵才可以相乘.

注 2 矩阵相乘的结果 $\boldsymbol{AB}$，其行数等于左矩阵 $\boldsymbol{A}$ 的行数，列数等于右矩阵 $\boldsymbol{B}$ 的列数，其第 i 行 j 列的元素等于 $\boldsymbol{A}$ 的第 i 行与 $\boldsymbol{B}$ 的第 j 列对应元素的乘积和.

例 2.2.3 设矩阵 $\boldsymbol{A}=\begin{pmatrix} a_1 \\ a_2 \\ a_3 \end{pmatrix}$，$\boldsymbol{B}=(b_1,b_2,b_3)$，求 $\boldsymbol{AB}$ 及 $\boldsymbol{BA}$.

解：因为 $\boldsymbol{A}$ 为一列，$\boldsymbol{B}$ 为一行，所以 $\boldsymbol{AB}$ 有意义，且 $\boldsymbol{AB}=\begin{pmatrix} a_1b_1 & a_1b_2 & a_1b_3 \\ a_2b_1 & a_2b_2 & a_2b_3 \\ a_3b_1 & a_3b_2 & a_3b_3 \end{pmatrix}$. 因为 $\boldsymbol{B}$ 为三列，$\boldsymbol{A}$ 为三行，所以 $\boldsymbol{BA}$ 也有意义，且 $\boldsymbol{BA}=a_1b_1+a_2b_2+a_3b_3$（这里，当运算结果是一行一列的矩阵时，也可以省略矩阵符号）.

由例 2.2.3 可以看出，一般情况下矩阵乘法不再满足交换律，即 $\boldsymbol{AB}$ 与 $\boldsymbol{BA}$ 不一定相等. 如果 $\boldsymbol{AB}=\boldsymbol{BA}$，则称 **$\boldsymbol{A}$ 与 $\boldsymbol{B}$ 可交换**.

例 2.2.4 设矩阵 $\boldsymbol{A}=\begin{pmatrix} 1 & -1 \\ 1 & -1 \end{pmatrix}$，$\boldsymbol{B}=\begin{pmatrix} 1 & 1 \\ 1 & 1 \end{pmatrix}$，$\boldsymbol{C}=\begin{pmatrix} 1 & 1 \\ 0 & 0 \end{pmatrix}$，求 $\boldsymbol{AB}$，$\boldsymbol{AC}$，$\boldsymbol{BC}$.

解：$\boldsymbol{AB}=\begin{pmatrix} 0 & 0 \\ 0 & 0 \end{pmatrix}=\boldsymbol{O}$，$\boldsymbol{AC}=\begin{pmatrix} 1 & 1 \\ 1 & 1 \end{pmatrix}$，$\boldsymbol{BC}=\begin{pmatrix} 1 & 1 \\ 1 & 1 \end{pmatrix}$.

由例 2.2.4 可以看出，两个非零矩阵的乘积可能为零矩阵；另外，当 $\boldsymbol{AC}=\boldsymbol{BC}$，且 $\boldsymbol{C}$ 为非零矩阵时，$\boldsymbol{A}$ 与 $\boldsymbol{B}$ 不一定相等.

在保证有意义的前提下，矩阵的乘法满足如下运算规律：

（1）结合律　$(\boldsymbol{AB})\boldsymbol{C}=\boldsymbol{A}(\boldsymbol{BC})$，$\lambda(\boldsymbol{AB})=(\lambda\boldsymbol{A})\boldsymbol{B}=\boldsymbol{A}(\lambda\boldsymbol{B})$；

（2）分配律　$\begin{cases} \boldsymbol{A}(\boldsymbol{B}+\boldsymbol{C})=\boldsymbol{AB}+\boldsymbol{AC}; \\ (\boldsymbol{B}+\boldsymbol{C})\boldsymbol{A}=\boldsymbol{BA}+\boldsymbol{CA}. \end{cases}$

对于单位矩阵 $\boldsymbol{E}$，容易验证 $\boldsymbol{E}_m\boldsymbol{A}_{m\times n}=\boldsymbol{A}_{m\times n}$，$\boldsymbol{A}_{m\times n}\boldsymbol{E}_n=\boldsymbol{A}_{m\times n}$，即任何矩阵与单位矩阵若能相乘，结果还是原矩阵本身．所以在矩阵乘法运算中，单位矩阵相当于实数运算中的数字1.

设 $\boldsymbol{A}$ 为 n 阶矩阵．根据矩阵乘法，可以定义 $\boldsymbol{A}$ 的 k 次幂：$\boldsymbol{A}^k=\underbrace{\boldsymbol{A}\boldsymbol{A}\cdots\boldsymbol{A}}_{k个}$（$k$ 为正整数）．规定 $\boldsymbol{A}^0=\boldsymbol{E}$．这里，只有方阵的 k 次幂才有意义，并且满足：

$\boldsymbol{A}^k\boldsymbol{A}^m=\boldsymbol{A}^{k+m}$，$(\boldsymbol{A}^k)^m=\boldsymbol{A}^{km}$（其中，$k,m$ 为正整数）.

例 2.2.5 若 $f(x)=2x^2+5$，$\boldsymbol{A}=\begin{pmatrix}1&-1\\1&1\end{pmatrix}$，求 $f(\boldsymbol{A})$.

解：$f(\boldsymbol{A})=2\boldsymbol{A}^2+5\boldsymbol{E}=\begin{pmatrix}0&-4\\4&0\end{pmatrix}+5\begin{pmatrix}1&0\\0&1\end{pmatrix}=\begin{pmatrix}5&-4\\4&5\end{pmatrix}$.

四、矩阵的转置

定义 2.2.4 设 $\boldsymbol{A}$ 为一个 $m\times n$ 矩阵．将 $\boldsymbol{A}$ 的行换成相应的列，得到的 $n\times m$ 新矩阵称为 $\boldsymbol{A}$ 的**转置矩阵**，记为 $\boldsymbol{A}^{\mathrm{T}}$（或 $\boldsymbol{A}'$）.

定义 2.2.5 设 $\boldsymbol{A}=(a_{ij})_{n\times n}$ 为 n 阶矩阵．若 $\boldsymbol{A}^{\mathrm{T}}=\boldsymbol{A}$，则称 $\boldsymbol{A}$ 为**对称矩阵**；若 $\boldsymbol{A}^{\mathrm{T}}=-\boldsymbol{A}$，则称 $\boldsymbol{A}$ 为**反对称矩阵**.

例如，若 $\boldsymbol{A}=\begin{pmatrix}1&2&4\\0&3&7\end{pmatrix}$，$\boldsymbol{B}=\begin{pmatrix}1&2&6\\2&3&8\\6&8&7\end{pmatrix}$，$\boldsymbol{C}=\begin{pmatrix}0&2&-6\\-2&0&8\\6&-8&0\end{pmatrix}$，

则 $\boldsymbol{A}'=\begin{pmatrix}1&0\\2&3\\4&7\end{pmatrix}$，$\boldsymbol{B}'=\begin{pmatrix}1&2&6\\2&3&8\\6&8&7\end{pmatrix}=\boldsymbol{B}$，$\boldsymbol{C}'=\begin{pmatrix}0&-2&6\\2&0&-8\\-6&8&0\end{pmatrix}=-\boldsymbol{C}$，

所以 $\boldsymbol{B}$ 为对称矩阵，$\boldsymbol{C}$ 为反对称矩阵.

矩阵的转置满足如下运算规律：

(1) $(\boldsymbol{A}^{\mathrm{T}})^{\mathrm{T}}=\boldsymbol{A}$；

(2) $(\boldsymbol{A}+\boldsymbol{B})^{\mathrm{T}}=\boldsymbol{A}^{\mathrm{T}}+\boldsymbol{B}^{\mathrm{T}}$；

(3) $(\lambda\boldsymbol{A})^{\mathrm{T}}=\lambda\boldsymbol{A}^{\mathrm{T}}$；

(4) $(\boldsymbol{A}\boldsymbol{B})^{\mathrm{T}}=\boldsymbol{B}^{\mathrm{T}}\boldsymbol{A}^{\mathrm{T}}$；

(5) $(\boldsymbol{A}^n)^{\mathrm{T}}=(\boldsymbol{A}^{\mathrm{T}})^n$.

证明：(1)～(3)很容易验证．对于(4)，设 $\boldsymbol{A}=(a_{ij})_{m\times s}$ 与 $\boldsymbol{B}=(b_{ij})_{s\times n}$，则 $(\boldsymbol{A}\boldsymbol{B})^{\mathrm{T}}$ 第 i 行 j 列的元素等于 $\boldsymbol{A}\boldsymbol{B}$ 的第 j 行 i 列的

元素，等于 $\boldsymbol{A}$ 的第 j 行与 $\boldsymbol{B}$ 的第 i 列对应元素的乘积和，等于 $\sum_{k=1}^{s} a_{jk}b_{ki}$；而 $\boldsymbol{B}^{\mathrm{T}}\boldsymbol{A}^{\mathrm{T}}$ 第 i 行 j 列的元素等于 $\boldsymbol{B}^{\mathrm{T}}$ 的第 i 行与 $\boldsymbol{A}^{\mathrm{T}}$ 的第 j 列对应元素的乘积和，等于 $\boldsymbol{B}$ 的第 i 列与 $\boldsymbol{A}$ 的第 j 行对应元素的乘积和，等于 $\sum_{k=1}^{s} b_{ki}a_{jk}$；所以 $(\boldsymbol{AB})^{\mathrm{T}}=\boldsymbol{B}^{\mathrm{T}}\boldsymbol{A}^{\mathrm{T}}$ 成立. 结论(5)可以由(4)推出. 证毕.

五、方阵的行列式

定义 2.2.6　由 n 阶矩阵 $\boldsymbol{A}$ 的元素构成的行列式(元素位置不变)称为方阵 $\boldsymbol{A}$ 的行列式，记为 $|\boldsymbol{A}|$，或 $\det\boldsymbol{A}$.

设 $\boldsymbol{A}=(a_{ij})$ 与 $\boldsymbol{B}=(b_{ij})$ 为 n 阶矩阵，λ 为数，则有如下结论成立：

(1) $|\boldsymbol{A}^{\mathrm{T}}|=|\boldsymbol{A}|$；

(2) $|\lambda\boldsymbol{A}|=\lambda^{n}|\boldsymbol{A}|$；

(3) $|\boldsymbol{AB}|=|\boldsymbol{A}||\boldsymbol{B}|$.

* **证明**：(1)，(2) 由行列式性质很容易推出. 对于(3)，考虑行列式

$$D=\begin{vmatrix} a_{11} & \cdots & a_{1n} & 0 & \cdots & 0 \\ \vdots & & \vdots & \vdots & & \\ a_{i1} & \cdots & a_{in} & 0 & \cdots & 0 \\ \vdots & & \vdots & \vdots & & \vdots \\ a_{n1} & \cdots & a_{nn} & 0 & \cdots & 0 \\ -1 & \cdots & 0 & b_{11} & \cdots & b_{1n} \\ \vdots & & \vdots & \vdots & & \vdots \\ 0 & \cdots & -1 & b_{n1} & \cdots & b_{nn} \end{vmatrix},$$

一方面由例 1.2.3，$D=|\boldsymbol{A}||\boldsymbol{B}|$，另一方面，若将 b_{kj} 乘以第 k 列 $(k=1,2,\cdots,n)$，加到第 $n+j$ 列 $(j=1,2,\cdots,n)$，得到

$$D=\begin{vmatrix} a_{11} & \cdots & a_{1n} & c_{11} & \cdots & c_{1n} \\ \vdots & & \vdots & \vdots & & \\ a_{i1} & \cdots & a_{in} & c_{i1} & \cdots & c_{in} \\ \vdots & & \vdots & \vdots & & \vdots \\ a_{n1} & \cdots & a_{nn} & c_{n1} & \cdots & c_{nn} \\ -1 & \cdots & 0 & 0 & \cdots & 0 \\ \vdots & & \vdots & \vdots & & \vdots \\ 0 & \cdots & -1 & 0 & \cdots & 0 \end{vmatrix},$$

其中 $AB = C = (c_{ij})$，且 $c_{ij} = \sum_{k=1}^{n} a_{ik}b_{kj}$. 再令第 m 行和第 $n+m$ 行互换($m=1,2,\cdots,n$)，即做变换 $r_m \leftrightarrow r_{n+m}$，结合例1.2.3，得到

$$D = (-1)^n \begin{vmatrix} -1 & \cdots & 0 & 0 & \cdots & 0 \\ \vdots & & \vdots & \vdots & & \vdots \\ 0 & \cdots & -1 & 0 & \cdots & 0 \\ a_{11} & \cdots & a_{1n} & c_{11} & \cdots & c_{1n} \\ \vdots & & \vdots & \vdots & & \vdots \\ a_{n1} & \cdots & a_{nn} & c_{n1} & \cdots & c_{nn} \end{vmatrix}$$

$= (-1)^n(-1)^n|AB| = |AB|$. 从而(3)成立.

由(3)容易看出，$|A^n| = |A|^n$.

例 2.2.6　二阶方阵 A 的行列式为5，求 $|A^3|$，$|3A|$.

解：$|A^3| = |AAA| = |A|^3 = 5^3 = 125$，$|3A| = 3^2|A| = 45$.

习题 2.2

1. 已知矩阵 $A = \begin{pmatrix} 2 & 1 & 0 \\ 5 & 4 & 3 \\ -1 & 6 & 2 \end{pmatrix}$，$B = \begin{pmatrix} 3 & 3 & 6 \\ 0 & 1 & 2 \\ 2 & 4 & 1 \end{pmatrix}$，求 $A+2B$.

2. 已知矩阵 $A = \begin{pmatrix} 2 \\ 5 \\ 1 \end{pmatrix}$，$B = (3,\ -1,\ 4)$，求 AB 及 BA.

3. 已知矩阵 $A = \begin{pmatrix} 2 & 1 \\ 3 & 4 \end{pmatrix}$，$B = \begin{pmatrix} 2 & 0 & 3 \\ 1 & -1 & 5 \end{pmatrix}$，求 $A^{\mathrm{T}}, B^{\mathrm{T}}, A^{\mathrm{T}}B, B^{\mathrm{T}}A$ 及 $|A|$，$|3A|$.

4. 已知 A，B 为三阶矩阵，$|A| = 4$，若 $A^2B^{\mathrm{T}} = 2E$，求 $|B|$.

2.3 逆矩阵

在求解一元一次方程 $ax = b$(a,b 为数，且 $a \neq 0$)时，易知 $x = a^{-1}b$. 那么，在求解矩阵方程 $AX = B$(A,X,B 为矩阵，且 X 未知)时，是否存在一个矩阵，使得 X 等于该矩阵乘以 B 呢？这就是本节要讨论的逆矩阵问题.

一、逆矩阵的定义

定义 2.3.1　对 n 阶矩阵 A，若存在 n 阶矩阵 B，使得 $AB = BA = E$，这里 E 为单位矩阵，则称方阵 A **可逆**，且称 B 为 A 的**逆矩阵**. 同时 A 也为 B 的逆矩阵.

可逆矩阵的逆矩阵是唯一的. 事实上，设方阵 A 可逆，B，C 都为其逆矩阵，则 $AB = BA = E$，$AC = CA = E$. 所以，$B = BE =$

$\boldsymbol{B}(\boldsymbol{AC})=(\boldsymbol{BA})\boldsymbol{C}=\boldsymbol{EC}=\boldsymbol{C}$.

注 因为逆矩阵是唯一的，所以把可逆矩阵 $\boldsymbol{A}$ 的逆矩阵记为 $\boldsymbol{A}^{-1}$. 即若满足 $\boldsymbol{AB}=\boldsymbol{BA}=\boldsymbol{E}$，则 $\boldsymbol{A}^{-1}=\boldsymbol{B}$. 即 $\boldsymbol{AA}^{-1}=\boldsymbol{A}^{-1}\boldsymbol{A}=\boldsymbol{E}$.

为求一个可逆矩阵的逆矩阵，我们首先给出伴随矩阵的定义.

定义 2.3.2 对 n 阶矩阵 $\boldsymbol{A}=(a_{ij})$，定义

$$\boldsymbol{A}^*=\begin{pmatrix} \boldsymbol{A}_{11} & \boldsymbol{A}_{21} & \cdots & \boldsymbol{A}_{n1} \\ \boldsymbol{A}_{12} & \boldsymbol{A}_{22} & \cdots & \boldsymbol{A}_{n2} \\ \vdots & \vdots & & \vdots \\ \boldsymbol{A}_{1n} & \boldsymbol{A}_{2n} & \cdots & \boldsymbol{A}_{nn} \end{pmatrix},$$

其中 $\boldsymbol{A}_{ij}$ 为行列式 $|\boldsymbol{A}|$ 中元素 a_{ij} 的代数余子式，则称 $\boldsymbol{A}^*$ 为 $\boldsymbol{A}$ 的伴随矩阵.

从上述定义可以看出，$\boldsymbol{A}^*$ 的第 i 行 j 列元素即为 $\boldsymbol{A}$ 的第 i 列 j 行元素的代数余子式.

定理 2.3.1 n 阶矩阵 $\boldsymbol{A}$ 可逆的充分必要条件是 $|\boldsymbol{A}|\neq 0$，且 $\boldsymbol{A}^{-1}=\dfrac{1}{|\boldsymbol{A}|}\boldsymbol{A}^*$.

证明：设 $\boldsymbol{A}=(a_{ij})=\begin{pmatrix} a_{11} & a_{12} & \cdots & a_{1n} \\ a_{21} & a_{22} & \cdots & a_{2n} \\ \vdots & \vdots & & \vdots \\ a_{n1} & a_{n2} & \cdots & a_{nn} \end{pmatrix}$，则

$$\boldsymbol{AA}^*=\begin{pmatrix} a_{11} & a_{12} & \cdots & a_{1n} \\ a_{21} & a_{22} & \cdots & a_{2n} \\ \vdots & \vdots & & \vdots \\ a_{n1} & a_{n2} & \cdots & a_{nn} \end{pmatrix}\begin{pmatrix} \boldsymbol{A}_{11} & \boldsymbol{A}_{21} & \cdots & \boldsymbol{A}_{n1} \\ \boldsymbol{A}_{12} & \boldsymbol{A}_{22} & \cdots & \boldsymbol{A}_{n2} \\ \vdots & \vdots & & \vdots \\ \boldsymbol{A}_{1n} & \boldsymbol{A}_{2n} & \cdots & \boldsymbol{A}_{nn} \end{pmatrix}$$

$$=\begin{pmatrix} |\boldsymbol{A}| & 0 & \cdots & 0 \\ 0 & |\boldsymbol{A}| & \cdots & 0 \\ \vdots & \vdots & & \vdots \\ 0 & 0 & \cdots & |\boldsymbol{A}| \end{pmatrix}=|\boldsymbol{A}|\boldsymbol{E},$$

$$\boldsymbol{A}^*\boldsymbol{A}=\begin{pmatrix} \boldsymbol{A}_{11} & \boldsymbol{A}_{21} & \cdots & \boldsymbol{A}_{n1} \\ \boldsymbol{A}_{12} & \boldsymbol{A}_{22} & \cdots & \boldsymbol{A}_{n2} \\ \vdots & \vdots & & \vdots \\ \boldsymbol{A}_{1n} & \boldsymbol{A}_{2n} & \cdots & \boldsymbol{A}_{nn} \end{pmatrix}\begin{pmatrix} a_{11} & a_{12} & \cdots & a_{1n} \\ a_{21} & a_{22} & \cdots & a_{2n} \\ \vdots & \vdots & & \vdots \\ a_{n1} & a_{n2} & \cdots & a_{nn} \end{pmatrix}$$

$$=\begin{pmatrix} |\boldsymbol{A}| & 0 & \cdots & 0 \\ 0 & |\boldsymbol{A}| & \cdots & 0 \\ \vdots & \vdots & & \vdots \\ 0 & 0 & \cdots & |\boldsymbol{A}| \end{pmatrix} = |\boldsymbol{A}|\boldsymbol{E}.$$

充分性. 若 $|\boldsymbol{A}|\neq 0$，有 $\boldsymbol{A}\left(\frac{1}{|\boldsymbol{A}|}\boldsymbol{A}^*\right)=\left(\frac{1}{|\boldsymbol{A}|}\boldsymbol{A}^*\right)\boldsymbol{A}=\boldsymbol{E}$，可得 $\boldsymbol{A}^{-1}=\frac{1}{|\boldsymbol{A}|}\boldsymbol{A}^*$. 从而 $\boldsymbol{A}$ 是可逆的.

必要性. 若 $\boldsymbol{A}$ 可逆，则 $\boldsymbol{A}\boldsymbol{A}^{-1}=\boldsymbol{A}^{-1}\boldsymbol{A}=\boldsymbol{E}$. 两边取行列式，可得 $|\boldsymbol{A}\boldsymbol{A}^{-1}|=|\boldsymbol{E}|=1$，即 $|\boldsymbol{A}||\boldsymbol{A}^{-1}|=1$，所以 $|\boldsymbol{A}|\neq 0$. 且由 $\boldsymbol{A}\left(\frac{1}{|\boldsymbol{A}|}\boldsymbol{A}^*\right)=\left(\frac{1}{|\boldsymbol{A}|}\boldsymbol{A}^*\right)\boldsymbol{A}=\boldsymbol{E}$，可得 $\boldsymbol{A}^{-1}=\frac{1}{|\boldsymbol{A}|}\boldsymbol{A}^*$. 证毕.

推论 2.3.1　对 n 阶矩阵 $\boldsymbol{A}$，若存在一个 n 阶矩阵 $\boldsymbol{B}$，使得 $\boldsymbol{AB}=\boldsymbol{E}$，则 $\boldsymbol{A}$，$\boldsymbol{B}$ 都可逆，且 $\boldsymbol{A}^{-1}=\boldsymbol{B}$，$\boldsymbol{B}^{-1}=\boldsymbol{A}$.

证明：由 $\boldsymbol{AB}=\boldsymbol{E}$，两边取行列式，可得 $|\boldsymbol{AB}|=|\boldsymbol{E}|=1$，即 $|\boldsymbol{A}||\boldsymbol{B}|=|\boldsymbol{E}|=1$，所以 $|\boldsymbol{A}|\neq 0$，$\boldsymbol{A}^{-1}$ 存在. 再由 $\boldsymbol{AB}=\boldsymbol{E}$，两边同时左乘 $\boldsymbol{A}^{-1}$，可得 $\boldsymbol{A}^{-1}\boldsymbol{AB}=\boldsymbol{A}^{-1}\boldsymbol{E}$，即 $\boldsymbol{EB}=\boldsymbol{A}^{-1}$，所以 $\boldsymbol{A}^{-1}=\boldsymbol{B}$. 类似地，$\boldsymbol{B}^{-1}$ 也存在，且两边同时右乘 $\boldsymbol{B}^{-1}$，可得 $\boldsymbol{B}^{-1}=\boldsymbol{A}$. 证毕.

例 2.3.1　若 n 阶方阵 $\boldsymbol{A}$ 满足 $\boldsymbol{A}^2-3\boldsymbol{A}-5\boldsymbol{E}=\boldsymbol{O}$，求 $\boldsymbol{A}^{-1}$ 及 $(\boldsymbol{A}+\boldsymbol{E})^{-1}$.

解：由 $\boldsymbol{A}^2-3\boldsymbol{A}-5\boldsymbol{E}=\boldsymbol{O}$ 得 $\boldsymbol{A}(\boldsymbol{A}-3\boldsymbol{E})=5\boldsymbol{E}$，所以 $\boldsymbol{A}\left(\frac{\boldsymbol{A}-3\boldsymbol{E}}{5}\right)=\boldsymbol{E}$. 故由推论 2.3.1 可知，$\boldsymbol{A}^{-1}=\frac{\boldsymbol{A}-3\boldsymbol{E}}{5}$.

再由 $\boldsymbol{A}^2-3\boldsymbol{A}-4\boldsymbol{E}=\boldsymbol{E}$，得 $(\boldsymbol{A}-4\boldsymbol{E})(\boldsymbol{A}+\boldsymbol{E})=\boldsymbol{E}$，所以 $(\boldsymbol{A}+\boldsymbol{E})^{-1}=\boldsymbol{A}-4\boldsymbol{E}$.

例 2.3.1

定义 2.3.3　对 n 阶矩阵 $\boldsymbol{A}$，若 $|\boldsymbol{A}|\neq 0$，则称 $\boldsymbol{A}$ 为**非奇异矩阵**；若 $|\boldsymbol{A}|=0$，则称 $\boldsymbol{A}$ 为**奇异矩阵**.

注　一个方阵 $\boldsymbol{A}$ 为可逆矩阵的充分必要条件是 $\boldsymbol{A}$ 为非奇异矩阵.

二、逆矩阵的性质

对 n 阶矩阵 $\boldsymbol{A},\boldsymbol{B}$，其逆矩阵满足下列性质：

(1) 若 $\boldsymbol{A}^{-1}$ 存在，则 $\boldsymbol{A}^{-1}$ 可逆，且 $(\boldsymbol{A}^{-1})^{-1}=\boldsymbol{A}$；

(2) 若 $\boldsymbol{A}^{-1}$ 存在，则 $\boldsymbol{A}^{\mathrm{T}}$ 可逆，且 $(\boldsymbol{A}^{\mathrm{T}})^{-1}=(\boldsymbol{A}^{-1})^{\mathrm{T}}$；

(3) 若 $\boldsymbol{A}^{-1}$存在，$\lambda \neq 0$ 为数，则$(\lambda \boldsymbol{A})^{-1} = \frac{1}{\lambda}\boldsymbol{A}^{-1}$；

(4) 若 $\boldsymbol{A}^{-1}$，$\boldsymbol{B}^{-1}$存在，则$(\boldsymbol{AB})^{-1} = \boldsymbol{B}^{-1}\boldsymbol{A}^{-1}$；

(5) 若 $\boldsymbol{A}^{-1}$存在，则$|\boldsymbol{A}^{-1}| = \frac{1}{|\boldsymbol{A}|}$；

(6) 对角矩阵 $\boldsymbol{A} = \begin{pmatrix} a_{11} & & & \\ & a_{22} & & \\ & & \ddots & \\ & & & a_{nn} \end{pmatrix}$，若 $a_{ii} \neq 0(i = 1, 2, \cdots, n)$，则 $\boldsymbol{A}^{-1} = \begin{pmatrix} a_{11}^{-1} & & & \\ & a_{22}^{-1} & & \\ & & \ddots & \\ & & & a_{nn}^{-1} \end{pmatrix}$.

证明：若 $\boldsymbol{A}^{-1}$存在. (1) 有 $\boldsymbol{A}^{-1}\boldsymbol{A} = \boldsymbol{E}$. 所以 $\boldsymbol{A}^{-1}$可逆，且$(\boldsymbol{A}^{-1})^{-1} = \boldsymbol{A}$.

(2) 对 $\boldsymbol{A}^{-1}\boldsymbol{A} = \boldsymbol{E}$ 等式两边取转置，得到$(\boldsymbol{A}^{-1}\boldsymbol{A})^{\mathrm{T}} = \boldsymbol{E}^{\mathrm{T}}$，即 $\boldsymbol{A}^{\mathrm{T}}(\boldsymbol{A}^{-1})^{\mathrm{T}} = \boldsymbol{E}$. 所以 $\boldsymbol{A}^{\mathrm{T}}$ 可逆，且$(\boldsymbol{A}^{\mathrm{T}})^{-1} = (\boldsymbol{A}^{-1})^{\mathrm{T}}$.

(3) 因为$(\lambda \boldsymbol{A})\left(\frac{1}{\lambda}\boldsymbol{A}^{-1}\right) = \lambda \frac{1}{\lambda}(\boldsymbol{AA}^{-1}) = \boldsymbol{AA}^{-1} = \boldsymbol{E}$，所以 $(\lambda \boldsymbol{A})^{-1} = \frac{1}{\lambda}\boldsymbol{A}^{-1}$.

(4) 因为$(\boldsymbol{AB})(\boldsymbol{B}^{-1}\boldsymbol{A}^{-1}) = \boldsymbol{A}(\boldsymbol{BB}^{-1})\boldsymbol{A}^{-1} = \boldsymbol{AEA}^{-1} = \boldsymbol{AA}^{-1} = \boldsymbol{E}$，所以$(\boldsymbol{AB})^{-1} = \boldsymbol{B}^{-1}\boldsymbol{A}^{-1}$.

(5) 对 $\boldsymbol{A}^{-1}\boldsymbol{A} = \boldsymbol{E}$ 等式两边取行列式，得到 $|\boldsymbol{A}^{-1}\boldsymbol{A}| = |\boldsymbol{E}|$，即$|\boldsymbol{A}^{-1}||\boldsymbol{A}| = 1$，所以 $|\boldsymbol{A}^{-1}| = \frac{1}{|\boldsymbol{A}|}$.

(6) 由逆矩阵的定义可得.

例 2.3.2　若 $\boldsymbol{A} = \begin{pmatrix} 2 & 1 & 5 \\ 1 & -1 & 1 \\ 4 & 1 & -4 \end{pmatrix}$，$\boldsymbol{B} = \begin{pmatrix} 1 \\ 2 \\ 16 \end{pmatrix}$，$\boldsymbol{X} = \begin{pmatrix} x_1 \\ x_2 \\ x_3 \end{pmatrix}$，且 $\boldsymbol{X}$ 未知，求 $\boldsymbol{A}^{-1}$，并解矩阵方程 $\boldsymbol{AX} = \boldsymbol{B}$.

解：$|\boldsymbol{A}| = 39 \neq 0$. 所以 $\boldsymbol{A}^{-1}$存在. 又因为代数余子式 $\boldsymbol{A}_{11} = 3, \boldsymbol{A}_{21} = 9, \boldsymbol{A}_{31} = 6$，$\boldsymbol{A}_{12} = 8, \boldsymbol{A}_{22} = -28, \boldsymbol{A}_{32} = 3, \boldsymbol{A}_{13} = 5, \boldsymbol{A}_{23} = 2, \boldsymbol{A}_{33} = -3$，所以 $\boldsymbol{A}$ 的伴随矩阵 $\boldsymbol{A}^* = \begin{pmatrix} 3 & 9 & 6 \\ 8 & -28 & 3 \\ 5 & 2 & -3 \end{pmatrix}$，进而得到

$$A^{-1}=\frac{1}{|A|}A^*=\frac{1}{39}\begin{pmatrix}3&9&6\\8&-28&3\\5&2&-3\end{pmatrix}=\begin{pmatrix}\frac{3}{39}&\frac{9}{39}&\frac{6}{39}\\\frac{8}{39}&\frac{-28}{39}&\frac{3}{39}\\\frac{5}{39}&\frac{2}{39}&\frac{-3}{39}\end{pmatrix}.$$

对矩阵方程 $AX=B$，两边同时左乘 A^{-1}，得到 $A^{-1}AX=A^{-1}B$，

即 $EX=A^{-1}B$，所以 $X=A^{-1}B=\begin{pmatrix}\frac{3}{39}&\frac{9}{39}&\frac{6}{39}\\\frac{8}{39}&\frac{-28}{39}&\frac{3}{39}\\\frac{5}{39}&\frac{2}{39}&\frac{-3}{39}\end{pmatrix}\begin{pmatrix}1\\2\\16\end{pmatrix}=\begin{pmatrix}3\\0\\-1\end{pmatrix}$.

习题 2.3

1. 设 $A=\begin{pmatrix}1&0&0\\6&3&0\\3&2&2\end{pmatrix}$，求 $|A|$，A^*，A^{-1}.

2. 已知矩阵 $A=\begin{pmatrix}1&2&2\\2&1&2\\2&2&1\end{pmatrix}$，求 $|A|$，$|2A^{-1}|$，$|(2A)^{-1}|$，$|2A^*|$.

3. 设 $A=\begin{pmatrix}0&3&4\\0&1&2\\2&0&0\end{pmatrix}$，求 A^{-1}，$(A^*)^{-1}$.

4. 已知 $A^2-3A-2E=O$，求 A^{-1}.

2.4 矩阵的初等变换和初等矩阵

考虑线性方程组

$$\begin{cases}2x_1+x_2+5x_3=1,\\x_1-x_2+x_3=2,\\4x_1+x_2-4x_3=16\end{cases}\tag{2.2}$$

的求解. 利用加减消元法，将式(2.2)中的第一个方程和第二个方程互换，得到

$$\begin{cases}x_1-x_2+x_3=2,\\2x_1+x_2+5x_3=1,\\4x_1+x_2-4x_3=16.\end{cases}\tag{2.3}$$

将式(2.3)中第一个方程的 -2 倍加到第二个方程上，第一个方程的 -4 倍加到第三个方程上，得到

$$\begin{cases} x_1 - x_2 + x_3 = 2, \\ 3x_2 + 3x_3 = -3, \\ 5x_2 - 8x_3 = 8. \end{cases} \tag{2.4}$$

将式(2.4)中第二个方程乘以$\frac{1}{3}$倍，得到

$$\begin{cases} x_1 - x_2 + x_3 = 2, \\ x_2 + x_3 = -1, \\ 5x_2 - 8x_3 = 8. \end{cases} \tag{2.5}$$

将式(2.5)中第二个方程的 -5 倍加到第三个方程上，得到

$$\begin{cases} x_1 - x_2 + x_3 = 2, \\ x_2 + x_3 = -1, \\ -13x_3 = 13. \end{cases} \tag{2.6}$$

将式(2.6)中第三个方程乘以$-\frac{1}{13}$倍，得到

$$\begin{cases} x_1 - x_2 + x_3 = 2, \\ x_2 + x_3 = -1, \\ x_3 = -1. \end{cases} \tag{2.7}$$

将式(2.7)中第三个方程的 -1 倍分别加到第二个方程和第一个方程上，得到

$$\begin{cases} x_1 - x_2 = 3, \\ x_2 = 0, \\ x_3 = -1. \end{cases} \tag{2.8}$$

最后，将式(2.8)中第二个方程的 1 倍加到第一个方程上，得到

$$\begin{cases} x_1 = 3, \\ x_2 = 0, \\ x_3 = -1. \end{cases} \tag{2.9}$$

由加减消元法可知，上述各个方程组是同解的. 我们把其中进行的三种变换：

(1) 交换两个方程的位置；

(2) 用一个非零常数乘以某一个方程；

(3) 将某一个方程乘以一个常数后，加到另一个方程上；称为**线性方程组的初等变换**.

由 2.1 节可知，线性方程组与其增广矩阵之间建立了一一对应关系. 因此，对线性方程组进行初等变换，就可以相应转化为对其增广矩阵进行相应的变换. 从而我们得到矩阵初等变换的定义.

一、矩阵的初等变换

定义 2.4.1　以下三种变换称为矩阵的**初等行变换**：

（1）交换矩阵的某两行（例如交换第 i 行与第 j 行，记为 $r_i \leftrightarrow r_j$）；

（2）用一个非零常数乘以矩阵的某一行（例如第 i 行乘以 k，记为 kr_i）；

（3）将矩阵的某一行乘以一个常数后，加到另一行上（例如第 i 行乘以 k，再加到第 j 行上，记为 $kr_i + r_j$）.

定义 2.4.2　以下三种变换称为矩阵的**初等列变换**：

（1）交换矩阵的某两列（例如交换第 i 列与第 j 列，记为 $c_i \leftrightarrow c_j$）；

（2）用一个非零常数乘以矩阵的某一列（例如第 i 列乘以 k，记为 kc_i）；

（3）将矩阵某一列乘以一个常数后，加到另一列上（例如第 i 列乘以 k，再加到第 j 列上，记为 $kc_i + c_j$）.

矩阵的初等行变换和初等列变换统称为矩阵的**初等变换**. 对于矩阵 $\boldsymbol{A}$，若经过有限次初等变换后得到矩阵 $\boldsymbol{B}$，则称 $\boldsymbol{A}$ 与 $\boldsymbol{B}$ **等价**，记为 $\boldsymbol{A} \sim \boldsymbol{B}$.

矩阵之间的等价并不代表相等. 容易看出，矩阵的等价关系有如下性质：

（1）反身性　$\boldsymbol{A} \sim \boldsymbol{A}$；

（2）对称性　若 $\boldsymbol{A} \sim \boldsymbol{B}$，则 $\boldsymbol{B} \sim \boldsymbol{A}$；

（3）传递性　若 $\boldsymbol{A} \sim \boldsymbol{B}$，$\boldsymbol{B} \sim \boldsymbol{C}$，则 $\boldsymbol{A} \sim \boldsymbol{C}$.

例如对称性，若 $\boldsymbol{A} \overset{r_i \leftrightarrow r_j}{\sim} \boldsymbol{B}$，则 $\boldsymbol{B} \overset{r_i \leftrightarrow r_j}{\sim} \boldsymbol{A}$；若 $\boldsymbol{A} \overset{kr_i}{\sim} \boldsymbol{B}$，则 $\boldsymbol{B} \overset{\frac{1}{k}r_i}{\sim} \boldsymbol{A}$；若 $\boldsymbol{A} \overset{kr_i + r_j}{\sim} \boldsymbol{B}$，则 $\boldsymbol{B} \overset{-kr_i + r_j}{\sim} \boldsymbol{A}$. 反身性可由 $\boldsymbol{A} \overset{r_i \leftrightarrow r_j}{\sim} \boldsymbol{B} \overset{r_i \leftrightarrow r_j}{\sim} \boldsymbol{A}$ 得到. 最后，由等价的定义，传递性是显然成立的.

由初等变换的定义可以看出，求解线性方程组时，可以先写出其对应的增广矩阵，然后对增广矩阵进行初等行变换化成较为简单的等价矩阵，再写出对应的同解线性方程组，从而求出原线性方程组的解，如图 2.2 所示.

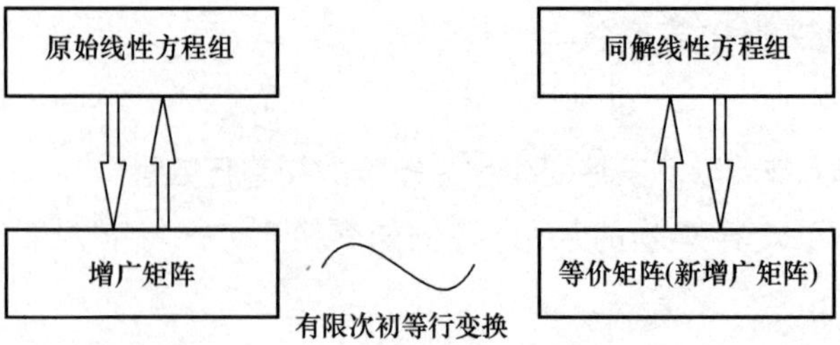

图　2.2

例 2.4.1　用初等行变换的方法求解线性方程组(2.2).

解：首先写出方程组(2.2)的增广矩阵

$$\overline{\boldsymbol{A}}=\begin{pmatrix}2&1&5&1\\1&-1&1&2\\4&1&-4&16\end{pmatrix}.$$

对 $\overline{\boldsymbol{A}}$ 进行初等行变换，有

$$\begin{pmatrix}2&1&5&1\\1&-1&1&2\\4&1&-4&16\end{pmatrix}\overset{r_1\leftrightarrow r_2}{\sim}\begin{pmatrix}1&-1&1&2\\2&1&5&1\\4&1&-4&16\end{pmatrix}\overset{\substack{-2r_1+r_2\\-4r_1+r_3}}{\sim}\begin{pmatrix}1&-1&1&2\\0&3&3&-3\\0&5&-8&8\end{pmatrix}\overset{\frac{1}{3}r_2}{\sim}$$

$$\begin{pmatrix}1&-1&1&2\\0&1&1&-1\\0&5&-8&8\end{pmatrix}\overset{-5r_2+r_3}{\sim}\begin{pmatrix}1&-1&1&2\\0&1&1&-1\\0&0&-13&13\end{pmatrix}\text{记为 }\boldsymbol{B}_1.$$

矩阵 $\boldsymbol{B}_1$ 对应的线性方程组为方程组(2.6). 对矩阵 $\boldsymbol{B}_1$ 进一步进行初等行变换，有

$$\begin{pmatrix}1&-1&1&2\\0&1&1&-1\\0&0&-13&13\end{pmatrix}\overset{-\frac{1}{13}r_3}{\sim}\begin{pmatrix}1&-1&1&2\\0&1&1&-1\\0&0&1&-1\end{pmatrix}\overset{\substack{-r_3+r_2\\-r_3+r_1}}{\sim}\begin{pmatrix}1&-1&0&3\\0&1&0&0\\0&0&1&-1\end{pmatrix}\overset{r_2+r_1}{\sim}$$

$$\begin{pmatrix}1&0&0&3\\0&1&0&0\\0&0&1&-1\end{pmatrix}\text{记为 }\boldsymbol{B}_2.$$ 矩阵 $\boldsymbol{B}_2$ 对应的线性方程组为

$$\begin{cases}x_1+0x_2+0x_3=3,\\0x_1+x_2+0x_3=0,\\0x_1+0x_2+x_3=-1.\end{cases}$$

即式(2.9). 这里式(2.9)、式(2.6)与原方程组(2.2)均为同解方程组. 所以线性方程组(2.2)的解为 $\begin{cases}x_1=3,\\x_2=0,\\x_3=-1.\end{cases}$

注　由矩阵的乘法运算可以看出，线性方程组(2.2)与

例 2.3.2 中的矩阵方程 $\boldsymbol{AX}=\boldsymbol{B}$ 是等价的，即

$$\boxed{\boldsymbol{AX}=\boldsymbol{B}}\Leftrightarrow\begin{cases}2x_1+x_2+5x_3=1,\\x_1-x_2+x_3=2,\\4x_1+x_2-4x_3=16.\end{cases}$$

所以，对线性方程组的求解，第 2.3 节和第 2.4 节介绍了三种方法：第一，加减消元法；第二，对增广矩阵进行初等行变换化为形式较为简单的矩阵，进而求解原方程组的同解方程组；第三，化为矩阵方程进行求解. 这三类方法中，当未知量的个数增多时，第一种和第三种方法运算量会增大很多，并且第三种方法仅适用于系数矩阵为可逆方阵的情况. 实际中用的最多的还是第二种方法.

例 2.4.1 中的矩阵 $\boldsymbol{B}_1$ 与 $\boldsymbol{B}_2$ 分别称为行阶梯形矩阵和行最简形矩阵.

定义 2.4.3　称一个矩阵为**行阶梯形矩阵**，如果具有以下特征：

(1) 非零行(元素不是全为零的行)的第一个非零元素，其列标随行标的增大而严格增大；

(2) 若有元素全为零的行，则位于非零行的下方.

定义 2.4.4　称一个矩阵为**行最简形矩阵**，如果具有以下特征：

(1) 是行阶梯形矩阵；

(2) 非零行的第一个非零元素为 1，并且它所在列的其余元素都为 0.

如 $\begin{pmatrix}2&4&8&2\\0&0&3&6\\0&0&0&0\end{pmatrix}$ 为行阶梯形矩阵；$\begin{pmatrix}1&5&0&8\\0&0&1&6\\0&0&0&0\end{pmatrix}$ 为行最简形矩阵.

例 2.4.2　用初等行变换将矩阵 $\boldsymbol{A}=\begin{pmatrix}2&4&8&2\\-4&-8&-13&2\\-6&-12&-18&6\end{pmatrix}$ 化为行阶梯形矩阵和行最简形矩阵.

解： $\begin{pmatrix}\boxed{2}&4&8&2\\-4&-8&-13&2\\-6&-12&-18&6\end{pmatrix}\overset{\substack{2r_1+r_2\\3r_1+r_3}}{\sim}\begin{pmatrix}2&4&8&2\\0&0&\boxed{3}&6\\0&0&6&12\end{pmatrix}\overset{-2r_2+r_3}{\sim}$

例 2.4.2

$\begin{pmatrix}2&4&8&2\\0&0&3&6\\0&0&0&0\end{pmatrix}$为行阶梯形矩阵. 进一步进行初等行变换,

$$\begin{pmatrix}2&4&8&2\\0&0&3&6\\0&0&0&0\end{pmatrix}\overset{\frac{1}{2}r_1,\frac{1}{3}r_2}{\sim}\begin{pmatrix}1&2&4&1\\0&0&\boxed{1}&2\\0&0&0&0\end{pmatrix}\overset{-4r_2+r_1}{\sim}\begin{pmatrix}1&2&0&-7\\0&0&1&2\\0&0&0&0\end{pmatrix}$$为行最简形矩阵.

对上述行最简形矩阵, 如果进一步施加初等列变换, 则有

$$\begin{pmatrix}1&2&0&-7\\0&0&1&2\\0&0&0&0\end{pmatrix}\overset{c_2\leftrightarrow c_3}{\sim}\begin{pmatrix}1&0&2&-7\\0&1&0&2\\0&0&0&0\end{pmatrix}\overset{\substack{-2c_1+c_3\\7c_1+c_4}}{\sim}\begin{pmatrix}1&0&0&0\\0&1&0&2\\0&0&0&0\end{pmatrix}\overset{-2c_2+c_4}{\sim}$$

$$\begin{pmatrix}1&0&0&0\\0&1&0&0\\0&0&0&0\end{pmatrix}$$, 所得到的矩阵称为标准形矩阵.

定义 2.4.5 称一个矩阵为**标准形矩阵**, 如果具有以下特征:

(1) 左上角为一个单位矩阵;

(2) 其余元素(如果有的话)全为零.

例如, $\begin{pmatrix}1&0&0&0\\0&0&0&0\\0&0&0&0\end{pmatrix}$, $\begin{pmatrix}1&0&0\\0&1&0\\0&0&0\end{pmatrix}$, $\begin{pmatrix}1&0&0\\0&1&0\\0&0&1\end{pmatrix}$都是标准形矩阵.

定理 2.4.1 对任一矩阵经过有限次初等行变换都可以化为**行阶梯形矩阵**和**行最简形矩阵**, 经过有限次初等变换都可以化为**标准形矩阵**.

证明: 我们只证化为行阶梯形矩阵. 考虑矩阵 $\boldsymbol{A}=\begin{pmatrix}\boxed{a_{11}}&a_{12}&\cdots&a_{1n}\\a_{21}&a_{22}&\cdots&a_{2n}\\\vdots&\vdots&&\vdots\\a_{m1}&a_{m2}&\cdots&a_{mn}\end{pmatrix}$, 若第一列元素不全为零(第一列元素全为零时就考虑后面列), 则不妨可以设 $a_{11}\neq0$(否则可以通过互换两行将第一列的非零元素换到第一行第一列的位置). 施加行变换: $-\frac{a_{i1}}{a_{11}}r_1+r_i(i=2,3,\cdots,n)$, 可将 a_{11} 所在列下方的元素化为0, 从

而 $\boldsymbol{A}$ 化为$\begin{pmatrix} a_{11} & a_{12} & \cdots & a_{1n} \\ 0 & \boxed{a_{22}^{(2)}} & \cdots & a_{2n}^{(2)} \\ \vdots & \vdots & & \vdots \\ 0 & a_{m2}^{(2)} & \cdots & a_{mn}^{(2)} \end{pmatrix}$.

再考虑以 $a_{22}^{(2)}$ 为起点的右下角部分. 与上述过程相同，如果第一列元素不全为零(第一列元素全为零时就考虑后面的列)，可通过初等行变换将 $a_{22}^{(2)}$ 下方元素化为 0，从而 $\boldsymbol{A}$ 进一步化为

$$\begin{pmatrix} a_{11} & a_{12} & \cdots & a_{1n} \\ 0 & a_{22}^{(2)} & \cdots & a_{2n}^{(2)} \\ \vdots & \vdots & & \vdots \\ 0 & 0 & \cdots & a_{mn}^{(3)} \end{pmatrix}.$$

反复进行上边的过程，最后总可以把 $\boldsymbol{A}$ 化为行阶梯形矩阵. 同样，遵循类似的证明过程，也可以把 $\boldsymbol{A}$ 经过初等行变换化为行最简型形矩阵. 同时，再经过有限次初等变换可以把 $\boldsymbol{A}$ 化为标准形矩阵. 证毕.

注　定理 2.4.1 中只是表明要将一个矩阵化为行阶梯形矩阵和行最简形矩阵，经过有限次初等行变换就足够达到目的了，并非只能进行初等行变换的意思.

如例 2.4.2 中，矩阵 $\boldsymbol{A}=\begin{pmatrix} 2 & 4 & 8 & 2 \\ -4 & -8 & -13 & 2 \\ -6 & -12 & -18 & 6 \end{pmatrix}$经过有限次初等行变换化为行阶梯形矩阵$\begin{pmatrix} 2 & 4 & 8 & 2 \\ 0 & 0 & 3 & 6 \\ 0 & 0 & 0 & 0 \end{pmatrix}$，但若继续对其施加初等列变换：$\overset{c_2\leftrightarrow c_3}{\sim}\begin{pmatrix} 2 & 8 & 4 & 2 \\ 0 & 3 & 0 & 6 \\ 0 & 0 & 0 & 0 \end{pmatrix}$，所得到的矩阵也为 $\boldsymbol{A}$ 的行阶梯形矩阵. 同样地，若对例 2.4.2 中的行最简形矩阵

$\begin{pmatrix} 1 & 2 & 0 & -7 \\ 0 & 0 & 1 & 2 \\ 0 & 0 & 0 & 0 \end{pmatrix}$继续施加初等列变换：$\overset{c_2\leftrightarrow c_3}{\sim}\begin{pmatrix} 1 & 0 & 2 & -7 \\ 0 & 1 & 0 & 2 \\ 0 & 0 & 0 & 0 \end{pmatrix}$，所得到的矩阵也为行最简形矩阵.

定理 2.4.1 说明，一个矩阵和它的行阶梯形矩阵、行最简形矩阵、标准形矩阵都是等价矩阵. 并且从上述分析可以看出，一个矩阵的行阶梯形矩阵和行最简形矩阵可能不是唯一的. 但标准形是唯一的. 另外，根据矩阵等价的对称性、传递性和标准形的唯一性，得到如下推论.

推论 2.4.1　两个矩阵等价的充分必要条件为它们具有相同的标准形矩阵.

由上述分析及定义可知，对线性方程组求解时，可以首先对其增广矩阵进行初等行变换化为行阶梯形矩阵或行最简形矩阵，然后转化为对应的同解线性方程组，从而求出原线性方程组的解，如图 2.3 所示.

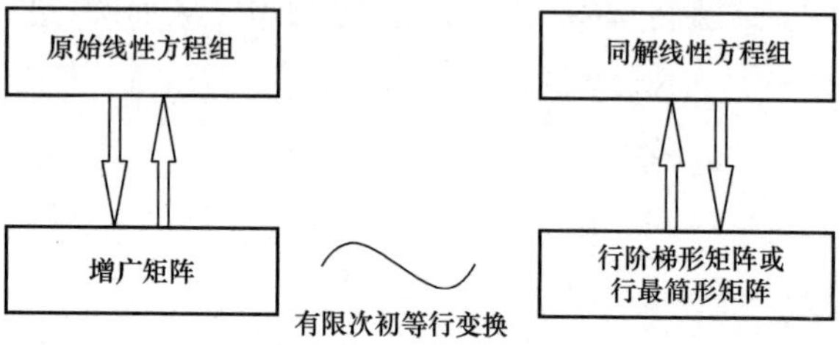

图　2.3

二、初等矩阵

定义 2.4.6　由 n 阶单位矩阵 $\boldsymbol{E}$ 经过一次初等变换后得到的矩阵，称为**初等矩阵**.

由于初等变换分三类，因此初等矩阵也分为三类：

(1) 交换单位矩阵 $\boldsymbol{E}$ 的第 i 行与第 j 行，得到初等矩阵

$$\boldsymbol{E}(i,\ j)=\begin{pmatrix}1 & & & & & & & & \\ & \ddots & & & & & & & \\ & & 1 & & & & & & \\ & & & 0 & \cdots & 1 & & & \\ & & & \vdots & \ddots & \vdots & & & \\ & & & 1 & \cdots & 0 & & & \\ & & & & & & 1 & & \\ & & & & & & & \ddots & \\ & & & & & & & & 1\end{pmatrix},$$

也表示交换第 i 列与第 j 列得到的初等矩阵；

(2) 用一个非零常数 k 乘以单位矩阵 $\boldsymbol{E}$ 的第 i 行，得到初等矩阵

$$\boldsymbol{E}(i(k))=\begin{pmatrix}1 & & & & & & \\ & \ddots & & & & & \\ & & 1 & & & & \\ & & & k & & & \\ & & & & 1 & & \\ & & & & & \ddots & \\ & & & & & & 1\end{pmatrix},$$

也表示用一个非零常数 k 乘以单位矩阵 $\boldsymbol{E}$ 的第 i 列得到的初等矩阵；

(3) 将单位矩阵 $\boldsymbol{E}$ 第 i 行乘以 k，再加到第 j 行上，得到初等矩阵

$$\boldsymbol{E}(i(k),\ j)=\begin{pmatrix}1 & & & & & & & \\ & \ddots & & & & & & \\ & & 1 & & & & & \\ & & & 1 & & & & \\ & & & \vdots & \ddots & & & \\ & & & k & \cdots & 1 & & \\ & & & & & & 1 & \\ & & & & & & & \ddots \\ & & & & & & & & 1\end{pmatrix},$$

也表示将单位矩阵 $\boldsymbol{E}$ 第 j 列乘以 k，再加到第 i 列后得到的初等矩阵.

设 $\boldsymbol{A}=(a_{ij})_{m\times n}$，根据矩阵乘法运算法则，容易验证以下结论：

(1) 若 $\boldsymbol{A}$ 经过初等行变换 $r_i\leftrightarrow r_j$ 后化为 $\boldsymbol{A}_1$，则 $\boldsymbol{A}_1=\boldsymbol{E}(i,\ j)\boldsymbol{A}$；

(2) 若 $\boldsymbol{A}$ 经过初等行变换 kr_i 后化为 $\boldsymbol{A}_2$，则 $\boldsymbol{A}_2=\boldsymbol{E}(i(k))\boldsymbol{A}$；

(3) 若 $\boldsymbol{A}$ 经过初等行变换 kr_i+r_j 后化为 $\boldsymbol{A}_3$，则 $\boldsymbol{A}_3=\boldsymbol{E}(i(k),\ j)\boldsymbol{A}$.

类似地，可以得到：

(4) 若 $\boldsymbol{A}$ 经过初等列变换 $c_i\leftrightarrow c_j$ 后化为 $\boldsymbol{B}_1$，则 $\boldsymbol{B}_1=\boldsymbol{A}\boldsymbol{E}(i,\ j)$；

(5) 若 $\boldsymbol{A}$ 经过初等列变换 kc_i 后化为 $\boldsymbol{B}_2$，则 $\boldsymbol{B}_2=\boldsymbol{A}\boldsymbol{E}(i(k))$；

(6) 若 $\boldsymbol{A}$ 经过初等列变换 kc_j+c_i 后化为 $\boldsymbol{B}_3$，则 $\boldsymbol{B}_3=\boldsymbol{A}\boldsymbol{E}(i(k),j)$.

从而得到下面的定理.

定理 2.4.2 对某矩阵 $\boldsymbol{A}$ 施加一次初等行(列)变换后得到的新矩阵，与对 $\boldsymbol{A}$ 左(右)乘一个对应的初等矩阵结果相等.

如 $\boldsymbol{A}=\begin{pmatrix}1 & 2\\3 & 8\end{pmatrix}\overset{-3r_1+r_2}{\sim}\begin{pmatrix}1 & 2\\0 & 2\end{pmatrix}=\boldsymbol{B}$，则 $\boldsymbol{B}=\boldsymbol{E}(1(-3),\ 2)\boldsymbol{A}=\begin{pmatrix}1 & 0\\-3 & 1\end{pmatrix}\begin{pmatrix}1 & 2\\3 & 8\end{pmatrix}$. 再比如 $\boldsymbol{C}_1=\begin{pmatrix}1 & 2\\3 & 8\end{pmatrix}\overset{3c_1+c_2}{\sim}\begin{pmatrix}1 & 5\\3 & 17\end{pmatrix}=\boldsymbol{C}_2$，则 $\boldsymbol{C}_2=\boldsymbol{C}_1\begin{pmatrix}1 & 3\\0 & 1\end{pmatrix}$.

推论 2.4.2 两个 $m\times n$ 矩阵 $\boldsymbol{A}$ 和 $\boldsymbol{B}$ 等价的充分必要条件是存在有限个初等矩阵 $\boldsymbol{P}_1,\boldsymbol{P}_2,\cdots,\boldsymbol{P}_l$($m$ 阶)和 $\boldsymbol{Q}_1,\boldsymbol{Q}_2,\cdots,\boldsymbol{Q}_s$($n$ 阶),使 $\boldsymbol{B}=\boldsymbol{P}_l\cdots\boldsymbol{P}_2\boldsymbol{P}_1\boldsymbol{A}\boldsymbol{Q}_1\boldsymbol{Q}_2\cdots\boldsymbol{Q}_s$.

推论 2.4.2 表示,矩阵 $\boldsymbol{A}$ 经过 l 次初等行变换和 s 次初等列变换后化为 $\boldsymbol{B}$.

由初等矩阵的定义,容易求出 $|\boldsymbol{E}(i,j)|=-1$, $|\boldsymbol{E}(i(k))|=k$, $|\boldsymbol{E}(i(k),j)|=1$. 由行列式非零,所以初等矩阵都是可逆的. 并且可以求出:

$$\boldsymbol{E}(i,j)^{-1}=\boldsymbol{E}(i,j),\boldsymbol{E}(i(k))^{-1}=\boldsymbol{E}\left(i\left(\frac{1}{k}\right)\right),\boldsymbol{E}(i(k),j)^{-1}=$$

$\boldsymbol{E}(i(-k),j)$,即初等矩阵的逆矩阵仍为初等矩阵. 又因为可逆矩阵的乘积仍为可逆矩阵,所以有下面的推论.

推论 2.4.3 两个 $m\times n$ 矩阵 $\boldsymbol{A}$ 和 $\boldsymbol{B}$ 等价的充分必要条件是:存在 m 阶可逆矩阵 $\boldsymbol{P}$ 和 n 阶可逆矩阵 $\boldsymbol{Q}$($\boldsymbol{P}$ 和 $\boldsymbol{Q}$ 为有限个初等矩阵的乘积),使 $\boldsymbol{B}=\boldsymbol{PAQ}$.

三、用初等变换求逆矩阵

逆矩阵的求解方法

定理 2.4.3 n 阶矩阵 $\boldsymbol{A}$ 可逆的充分必要条件是 $\boldsymbol{A}$ 的标准形为 n 阶单位矩阵 $\boldsymbol{E}$,即 $\boldsymbol{A}\sim\boldsymbol{E}$.

证明:设 $\boldsymbol{A}$ 的标准形为 $\boldsymbol{B}$,则 $\boldsymbol{A}\sim\boldsymbol{B}$. 由推论 2.4.3,存在 n 阶可逆方阵 $\boldsymbol{P}$, $\boldsymbol{Q}$,使 $\boldsymbol{A}=\boldsymbol{PBQ}$. 两边取行列式,得到 $|\boldsymbol{A}|=|\boldsymbol{PBQ}|=|\boldsymbol{P}||\boldsymbol{B}||\boldsymbol{Q}|$.

必要性. 若 $\boldsymbol{A}$ 可逆,则由定理 2.3.1, $|\boldsymbol{A}|\neq 0$. 又 $\boldsymbol{P}$, $\boldsymbol{Q}$ 可逆,所以 $|\boldsymbol{P}|\neq 0$, $|\boldsymbol{Q}|\neq 0$. 故 $|\boldsymbol{B}|\neq 0$,即 $\boldsymbol{B}$ 中没有全为零的行和列,所以 $\boldsymbol{B}=\boldsymbol{E}$,即 $\boldsymbol{A}\sim\boldsymbol{E}$.

充分性. 若 $\boldsymbol{A}\sim\boldsymbol{E}$,则 $|\boldsymbol{A}|=|\boldsymbol{P}||\boldsymbol{E}||\boldsymbol{Q}|=|\boldsymbol{P}||\boldsymbol{Q}|\neq 0$. 所以 $\boldsymbol{A}$ 可逆. 证毕.

由定理 2.4.3 和推论 2.4.2,得到如下推论.

推论 2.4.4 n 阶矩阵 $\boldsymbol{A}$ 可逆的充分必要条件是 $\boldsymbol{A}$ 可以表示成有限个初等矩阵的乘积,即存在 n 阶初等矩阵 $\boldsymbol{P}_1,\boldsymbol{P}_2,\cdots,\boldsymbol{P}_t$,使 $\boldsymbol{A}=\boldsymbol{P}_1\boldsymbol{P}_2\cdots\boldsymbol{P}_t$.

由 $\boldsymbol{A}=\boldsymbol{P}_1\boldsymbol{P}_2\cdots\boldsymbol{P}_t=\boldsymbol{P}_1\boldsymbol{P}_2\cdots\boldsymbol{P}_t\boldsymbol{E}$,得 $\boldsymbol{P}_t^{-1}\cdots\boldsymbol{P}_2^{-1}\boldsymbol{P}_1^{-1}\boldsymbol{A}=\boldsymbol{E}$. 因初

等矩阵的逆矩阵仍为初等矩阵，且根据定理2.4.2，初等矩阵左乘 $\boldsymbol{A}$ 相当于对 $\boldsymbol{A}$ 进行初等行变换，所以对 $\boldsymbol{A}$ 进行了有限次初等行变换(分别对应初等矩阵 $\boldsymbol{P}_1^{-1},\boldsymbol{P}_2^{-1},\cdots,\boldsymbol{P}_t^{-1}$)后可化为单位矩阵 $\boldsymbol{E}$.

另一方面，可以看出，$\boldsymbol{P}_t^{-1}\cdots\boldsymbol{P}_2^{-1}\boldsymbol{P}_1^{-1}=\boldsymbol{A}^{-1}$. 所以 $\boldsymbol{P}_t^{-1}\cdots\boldsymbol{P}_2^{-1}\boldsymbol{P}_1^{-1}\boldsymbol{E}=\boldsymbol{A}^{-1}$. 故对 $\boldsymbol{E}$ 施加同样的初等行变换(分别对应初等矩阵 $\boldsymbol{P}_1^{-1},\boldsymbol{P}_2^{-1},\cdots,\boldsymbol{P}_t^{-1}$)后，可以把 $\boldsymbol{E}$ 化为 $\boldsymbol{A}^{-1}$.

对初等列变换，也有与上述类似的分析. 从而有下面的定理.

定理2.4.4 n 阶矩阵 $\boldsymbol{A}$ 可逆的充分必要条件是对 $\boldsymbol{A}$ 进行有限次初等行变换(或列变换)后可以化为 n 阶单位矩阵 $\boldsymbol{E}$. 并且成立

$$(\boldsymbol{A},\boldsymbol{E})\overset{\text{初等行变换}}{\sim}(\boldsymbol{E},\boldsymbol{A}^{-1}) \tag{2.10}$$

$$\begin{pmatrix}\boldsymbol{A}\\ \boldsymbol{E}\end{pmatrix}\overset{\text{初等列变换}}{\sim}\begin{pmatrix}\boldsymbol{E}\\ \boldsymbol{A}^{-1}\end{pmatrix} \tag{2.11}$$

从式(2.10)容易看出，n 阶可逆方阵的行最简形矩阵和标准形矩阵都是 n 阶单位矩阵 $\boldsymbol{E}$.

例2.4.3 若 $\boldsymbol{A}=\begin{pmatrix}2&4\\3&5\end{pmatrix}$，求 $\boldsymbol{A}^{-1}$.

解法一：$|\boldsymbol{A}|=-2\neq0$，所以 $\boldsymbol{A}^{-1}$存在. 由式(2.10)，

$$(\boldsymbol{A},\ \boldsymbol{E})=\begin{pmatrix}2&4&1&0\\3&5&0&1\end{pmatrix}\overset{\frac{1}{2}r_1}{\sim}\begin{pmatrix}1&2&\frac{1}{2}&0\\3&5&0&1\end{pmatrix}\overset{-3r_1+r_2}{\sim}\begin{pmatrix}1&2&\frac{1}{2}&0\\0&-1&-\frac{3}{2}&1\end{pmatrix}\overset{-1r_2}{\sim}$$

$$\begin{pmatrix}1&2&\frac{1}{2}&0\\0&1&\frac{3}{2}&-1\end{pmatrix}\overset{-2r_2+r_1}{\sim}\begin{pmatrix}1&0&-\frac{5}{2}&2\\0&1&\frac{3}{2}&-1\end{pmatrix}=(\boldsymbol{E},\ \boldsymbol{A}^{-1}).$$

所以 $\boldsymbol{A}^{-1}=\begin{pmatrix}-\frac{5}{2}&2\\\frac{3}{2}&-1\end{pmatrix}$.

解法二：$\begin{pmatrix}2&4\\3&5\\1&0\\0&1\end{pmatrix}\overset{\frac{1}{2}c_1}{\sim}\begin{pmatrix}1&4\\\frac{3}{2}&5\\\frac{1}{2}&0\\0&1\end{pmatrix}\overset{-4c_1+c_2}{\sim}\begin{pmatrix}1&0\\\frac{3}{2}&-1\\\frac{1}{2}&-2\\0&1\end{pmatrix}\overset{-1c_2}{\sim}$

$$\begin{pmatrix} 1 & 0 \\ \frac{3}{2} & 1 \\ \frac{1}{2} & 2 \\ 0 & -1 \end{pmatrix} \overset{-\frac{3}{2}c_2+c_1}{\sim} \begin{pmatrix} 1 & 0 \\ 0 & 1 \\ -\frac{5}{2} & 2 \\ \frac{3}{2} & -1 \end{pmatrix} = \begin{pmatrix} \boldsymbol{E} \\ \boldsymbol{A}^{-1} \end{pmatrix}.$$

所以$\boldsymbol{A}^{-1}=\begin{pmatrix} -\frac{5}{2} & 2 \\ \frac{3}{2} & -1 \end{pmatrix}$.

式(2.10)的推导过程可以用于求解某些矩阵方程. 如$\boldsymbol{AX}=\boldsymbol{B}$. 若$\boldsymbol{A}$可逆，要求$\boldsymbol{X}$，可以两边左乘相应的初等矩阵$\boldsymbol{P}_1,\boldsymbol{P}_2,\cdots,\boldsymbol{P}_l$，得到$\boldsymbol{P}_l\cdots\boldsymbol{P}_2\boldsymbol{P}_1\boldsymbol{AX}=\boldsymbol{P}_l\cdots\boldsymbol{P}_2\boldsymbol{P}_1\boldsymbol{B}$. 若$\boldsymbol{P}_l\cdots\boldsymbol{P}_2\boldsymbol{P}_1\boldsymbol{A}=\boldsymbol{E}$，则$\boldsymbol{X}=\boldsymbol{P}_l\cdots\boldsymbol{P}_2\boldsymbol{P}_1\boldsymbol{B}$. 即对$\boldsymbol{A},\boldsymbol{B}$施加相同的初等行变换，把$\boldsymbol{A}$变成$\boldsymbol{E}$的同时，把$\boldsymbol{B}$变成了$\boldsymbol{X}$. 从而得到如下定理.

矩阵方程的求解方法

定理 2.4.5 若$\boldsymbol{A}$为可逆矩阵，则对矩阵方程$\boldsymbol{AX}=\boldsymbol{B}$，成立

$$(\boldsymbol{A},\boldsymbol{B}) \overset{\text{初等行变换}}{\sim} (\boldsymbol{E},\boldsymbol{X}). \tag{2.12}$$

类似地，对矩阵方程$\boldsymbol{XA}=\boldsymbol{B}$，成立

$$\begin{pmatrix} \boldsymbol{A} \\ \boldsymbol{B} \end{pmatrix} \overset{\text{初等列变换}}{\sim} \begin{pmatrix} \boldsymbol{E} \\ \boldsymbol{X} \end{pmatrix}. \tag{2.13}$$

实际应用时，因为初等行变换比较方便，对矩阵方程$\boldsymbol{XA}=\boldsymbol{B}$，也可以两边取转置，得到$\boldsymbol{A}^{\mathrm{T}}\boldsymbol{X}^{\mathrm{T}}=\boldsymbol{B}^{\mathrm{T}}$，从而按照式(2.12)求解得出$\boldsymbol{X}^{\mathrm{T}}$，进而求出$\boldsymbol{X}$.

例 2.4.4 若$\boldsymbol{A}=\begin{pmatrix} 1 & 2 & 0 \\ 2 & 0 & 1 \\ 5 & 5 & 1 \end{pmatrix}$，$\boldsymbol{B}=\begin{pmatrix} 2 & 3 \\ 1 & 0 \\ 4 & 5 \end{pmatrix}$，$\boldsymbol{X}=\begin{pmatrix} x_{11} & x_{12} \\ x_{21} & x_{22} \\ x_{31} & x_{32} \end{pmatrix}$，且$\boldsymbol{X}$未知，用初等变换的方法解矩阵方程$\boldsymbol{AX}=\boldsymbol{B}$.

解：$|\boldsymbol{A}|=-1\neq 0$，所以$\boldsymbol{A}$可逆. 由式(2.12)可知，

$$\begin{pmatrix} 1 & 2 & 0 & 2 & 3 \\ 2 & 0 & 1 & 1 & 0 \\ 5 & 5 & 1 & 4 & 5 \end{pmatrix} \overset{\substack{-2r_1+r_2 \\ -5r_1+r_3}}{\sim} \begin{pmatrix} 1 & 2 & 0 & 2 & 3 \\ 0 & -4 & 1 & -3 & -6 \\ 0 & -5 & 1 & -6 & -10 \end{pmatrix} \overset{-\frac{1}{4}r_2}{\sim}$$

$$\begin{pmatrix} 1 & 2 & 0 & 2 & 3 \\ 0 & 1 & -\frac{1}{4} & \frac{3}{4} & \frac{3}{2} \\ 0 & -5 & 1 & -6 & -10 \end{pmatrix} \overset{5r_2+r_3}{\sim} \begin{pmatrix} 1 & 2 & 0 & 2 & 3 \\ 0 & 1 & -\frac{1}{4} & \frac{3}{4} & \frac{3}{2} \\ 0 & 0 & -\frac{1}{4} & -\frac{9}{4} & -\frac{5}{2} \end{pmatrix} \overset{-4r_3}{\sim}$$

$$\begin{pmatrix} 1 & 2 & 0 & 2 & 3 \\ 0 & 1 & -\frac{1}{4} & \frac{3}{4} & \frac{3}{2} \\ 0 & 0 & 1 & 9 & 10 \end{pmatrix} \overset{\frac{1}{4}r_3+r_2}{\sim} \begin{pmatrix} 1 & 2 & 0 & 2 & 3 \\ 0 & 1 & 0 & 3 & 4 \\ 0 & 0 & 1 & 9 & 10 \end{pmatrix} \overset{-2r_2+r_1}{\sim}$$

$$\begin{pmatrix} 1 & 0 & 0 & -4 & -5 \\ 0 & 1 & 0 & 3 & 4 \\ 0 & 0 & 1 & 9 & 10 \end{pmatrix} = (\boldsymbol{E},\ \boldsymbol{X}).\ 所以\boldsymbol{X} = \begin{pmatrix} -4 & -5 \\ 3 & 4 \\ 9 & 10 \end{pmatrix}.$$

习题 2.4

1. 用初等变换的方法求解线性方程组$\begin{cases} x_1+2x_2+4x_3=2, \\ 2x_1+5x_2+9x_3=1, \\ 3x_1+8x_2+15x_3=3. \end{cases}$

2. 用初等变换将矩阵$\boldsymbol{A}=\begin{pmatrix} 1 & 3 & 2 & 0 \\ -1 & 4 & 5 & 14 \\ 1 & 10 & 9 & 14 \end{pmatrix}$化为行阶梯形矩阵，行最简形矩阵和标准形矩阵.

3. 用初等变换的方法求解下列问题.

(1)设$\boldsymbol{A}=\begin{pmatrix} \frac{1}{2} & 1 & \frac{1}{2} \\ 1 & 0 & 2 \\ \frac{3}{2} & \frac{1}{2} & 3 \end{pmatrix}$，求$\boldsymbol{A}^{-1}$.

(2)设$\boldsymbol{A}=\begin{pmatrix} 1 & 2 \\ \frac{3}{2} & \frac{5}{2} \end{pmatrix}$，$\boldsymbol{B}=\begin{pmatrix} 1 & 0 & 4 \\ 2 & 3 & 1 \end{pmatrix}$，满足$\boldsymbol{AX}=\boldsymbol{B}$，求$\boldsymbol{X}$.

2.5 矩阵的秩

在矩阵理论中，矩阵的秩的概念起着非常重要的作用.

定义 2.5.1 在$m\times n$矩阵$\boldsymbol{A}$中，任意选定k行k列，位于这些行和列交叉位置上的元素按照原来的相对位置构成的k阶行列式，称为$\boldsymbol{A}$的一个k阶子式. 这里$1\leqslant k\leqslant \min(m,n)$.

例如，矩阵$\boldsymbol{A}=\begin{pmatrix} 1 & 0 & 3 & 2 \\ -1 & 2 & 1 & -1 \\ 3 & -4 & 1 & 4 \end{pmatrix}$中，第2，3行和1，3列交叉位置上的元素组成的行列式$\begin{vmatrix} -1 & 1 \\ 3 & 1 \end{vmatrix}$为$\boldsymbol{A}$的一个二阶子式.

定义 2.5.2 在$m\times n$矩阵$\boldsymbol{A}$中，若存在一个r阶子式不为零，同时所有的$r+1$阶子式(若存在)都为零，则称这个r阶子式为$\boldsymbol{A}$的最高阶非零子式，称r为矩阵$\boldsymbol{A}$的**秩**，记为$R(\boldsymbol{A})=r$. 另外，规定**零矩阵的秩为零**.

根据上述定义，结合行列式的性质可知，一个矩阵的秩和它的转置矩阵的秩相等，即 $R(\boldsymbol{A})=R(\boldsymbol{A}^{\mathrm{T}})$.

显然，若所有的 $r+1$ 阶子式都为零，则所有的 $r+2$ 阶子式也都为零，所以矩阵的秩是唯一的，并且矩阵的秩等于不为零的子式的最高阶数. 但最高阶非零子式通常不是唯一的.

定义 2.5.3 对 n 阶矩阵 $\boldsymbol{A}$，若 $R(\boldsymbol{A})=n$. 则 $\boldsymbol{A}$ 称为满秩的.

若 n 阶矩阵 $\boldsymbol{A}$ 为满秩矩阵，由定义 2.5.2 可知，$|\boldsymbol{A}|\neq 0$，所以 $\boldsymbol{A}$ 为可逆矩阵. 反之也成立. 所以 $\boldsymbol{A}$ 为满秩的充分必要条件是 $\boldsymbol{A}$ 可逆.

例 2.5.1 已知 $\boldsymbol{A}=\begin{pmatrix}1&0&3&2\\-1&2&1&-1\\3&-4&1&4\end{pmatrix}$，$\boldsymbol{B}=\begin{pmatrix}1&2&5&10&7\\0&3&1&8&4\\0&0&0&6&9\\0&0&0&0&0\end{pmatrix}$，求 $\boldsymbol{A}$，$\boldsymbol{B}$ 的秩.

解：对矩阵 $\boldsymbol{A}$，显然，第 1 行和 1 列交叉位置上的元素组成的一阶子式 $|1|=1\neq 0$，第 1，2 行和 1，2 列交叉位置上的元素组成的二阶子式 $\begin{vmatrix}1&0\\-1&2\end{vmatrix}=2\neq 0$.

而所有的三阶子式：

$$\begin{vmatrix}1&0&3\\-1&2&1\\3&-4&1\end{vmatrix}=0,\quad \begin{vmatrix}1&0&2\\-1&2&-1\\3&-4&4\end{vmatrix}=0,\quad \begin{vmatrix}1&3&2\\-1&1&-1\\3&1&4\end{vmatrix}=0,\quad \begin{vmatrix}0&3&2\\2&1&-1\\-4&1&4\end{vmatrix}=0.$$

故 $R(\boldsymbol{A})=2$.

矩阵 $\boldsymbol{B}$ 为行阶梯形矩阵，选取非零行的第一个非零元素所在的所有行和列，交叉位置构成的三阶子式 $\begin{vmatrix}1&2&10\\0&3&8\\0&0&6\end{vmatrix}=18\neq 0$. 而所有的四阶子式都包含元素全为零的行，故为零. 所以 $R(\boldsymbol{B})=3$.

由例 2.5.1 可以看出，**行阶梯形矩阵的秩等于非零行的行数**. 如果我们能把一个矩阵的秩和它的行阶梯形矩阵的秩建立联系，那么，矩阵秩的计算将会得到简化.

定理 2.5.1 初等变换不改变矩阵的秩.

*证明：先考虑初等行变换. 对于互换两行，以及某一行乘以非零常数 k 的初等行变换，不会改变相应的子式"是否为零"的性质，所以这两种初等行变换不改变矩阵的秩.

设 $R(\boldsymbol{A})=r$，对矩阵 $\boldsymbol{A}$ 施加第三种初等行变换：$\boldsymbol{A}\overset{kr_i+r_j}{\sim}\boldsymbol{B}$. 任取 $\boldsymbol{B}$ 的 $r+1$ 阶子式 $\boldsymbol{D}$. 若 $\boldsymbol{D}$ 含有 $\boldsymbol{B}$ 的第 i 行，而不含有 $\boldsymbol{B}$ 的第 j 行，则 $\boldsymbol{D}$ 也为 $\boldsymbol{A}$ 的对应位置的 $r+1$ 阶子式，所以 $\boldsymbol{D}$ 的值等于零；

若 $\boldsymbol{D}$ 含有 $\boldsymbol{B}$ 的第 i 行和第 j 行，则由行列式的性质可知，$\boldsymbol{D}$ 与 $\boldsymbol{A}$ 的对应位置的 $r+1$ 阶子式相等，值也等于零；

若 $\boldsymbol{D}$ 含有 $\boldsymbol{B}$ 的第 j 行，而不含有 $\boldsymbol{B}$ 的第 i 行，则将 $\boldsymbol{D}$ 按第 j 行分解后得到 $\boldsymbol{D}=k\boldsymbol{D}_1+\boldsymbol{D}_2$，其中 $\boldsymbol{D}_2$ 为 $\boldsymbol{A}$ 的对应位置的 $r+1$ 阶子式，$\boldsymbol{D}_1$ 为 $\boldsymbol{A}$ 的对应位置并把第 j 行换成第 i 行相应元素以后的 $r+1$ 阶行列式，它们的值都等于零. 所以 $\boldsymbol{D}$ 的值也等于零.

综上所述，$\boldsymbol{B}$ 的任意 $r+1$ 阶子式都为零. 所以 $R(\boldsymbol{B})\leqslant r=R(\boldsymbol{A})$.

又因为对矩阵 $\boldsymbol{B}$ 可施加第三种初等行变换：$\boldsymbol{B}\overset{-kr_i+r_j}{\sim}\boldsymbol{A}$. 所以 $R(\boldsymbol{A})\leqslant R(\boldsymbol{B})$，因此 $R(\boldsymbol{A})=R(\boldsymbol{B})$，即初等行变换不改变矩阵的秩.

类似可以证明，初等列变换也不改变矩阵的秩. 证毕.

由定理 2.5.1，**要求一个矩阵的秩，可以通过初等行变换将其化为行阶梯形矩阵. 则矩阵的秩等于行阶梯形矩阵的秩，等于行阶梯形矩阵非零行的行数**. 由于行最简形矩阵和标准形矩阵本质上也是行阶梯形矩阵，所以矩阵的秩也等于行最简形矩阵或标准形矩阵非零行的行数.

推论 2.5.1　两个同型矩阵等价的充分必要条件为它们的秩相等.

证明：对两个同型矩阵 $\boldsymbol{A},\boldsymbol{B}$. 若 $\boldsymbol{A}\sim\boldsymbol{B}$，则 $\boldsymbol{A}$ 经过初等变换可以化为 $\boldsymbol{B}$. 由定理 2.5.1，初等变换不改变矩阵的秩，所以 $R(\boldsymbol{A})=R(\boldsymbol{B})$.

反之，若 $R(\boldsymbol{A})=R(\boldsymbol{B})$. 设 $\boldsymbol{A},\boldsymbol{B}$ 的标准形矩阵分别为 $\boldsymbol{C}_1$，$\boldsymbol{C}_2$，则由定理 2.5.1 知 $R(\boldsymbol{A})=R(\boldsymbol{C}_1)$，$R(\boldsymbol{B})=R(\boldsymbol{C}_2)$. 所以 $R(\boldsymbol{C}_1)=R(\boldsymbol{C}_2)$. 由标准形矩阵的定义 2.4.5 得，同型矩阵 $\boldsymbol{C}_1=\boldsymbol{C}_2$. 即 $\boldsymbol{A}$，$\boldsymbol{B}$ 有相同的标准形矩阵. 再由推论 2.4.1 得到 $\boldsymbol{A}\sim\boldsymbol{B}$. 证毕.

例 2.5.2 已知 $A=\begin{pmatrix}1&2&5&10&7\\2&7&11&28&18\\3&6&15&36&30\\7&17&36&78&53\end{pmatrix}$，求 A 的秩.

解： $\begin{pmatrix}1&2&5&10&7\\2&7&11&28&18\\3&6&15&36&30\\7&17&36&78&53\end{pmatrix}\overset{\substack{-2r_1+r_2\\-3r_1+r_3\\-7r_1+r_4}}{\sim}\begin{pmatrix}1&2&5&10&7\\0&3&1&8&4\\0&0&0&6&9\\0&3&1&8&4\end{pmatrix}\overset{-r_2+r_4}{\sim}$

$\begin{pmatrix}1&2&5&10&7\\0&3&1&8&4\\0&0&0&6&9\\0&0&0&0&0\end{pmatrix}$

为行阶梯形矩阵，其非零行的行数为 3，所以 $R(A)=3$.

习题 2.5

1. 用初等变换求矩阵 $A=\begin{pmatrix}-1&11&12&28\\2&34&32&56\\1&10&9&14\end{pmatrix}$的秩.

2.6 分块矩阵

在矩阵计算中，如果矩阵规模较大，可以采用对矩阵进行分块的方法，从而把大矩阵的运算转化为若干个小矩阵的运算. 例如，在学校运动会广播操比赛中，A 表示总矩阵，如果人数符合要求，则可以将每个学院所有人所在的位置作为一个小矩阵，从而对总矩阵进行分块：

$$\begin{pmatrix}A_{11}&A_{12}&A_{13}\\A_{21}&A_{22}&A_{23}\\A_{31}&A_{32}&A_{33}\end{pmatrix},$$

这里的九个小矩阵称为子矩阵.

矩阵分块的分法一般来说不止一种. 分块的原则是分块后便于书写和计算，尤其是当子矩阵为某些特殊类型的矩阵时. 如子矩阵为单位矩阵、对角矩阵、零矩阵等.

由于分块矩阵和原矩阵本质上是相同的，所以，分块矩阵的运算和原矩阵的运算本质上也是相同的.

一、分块矩阵的加减运算和数乘运算

设 $\boldsymbol{A}$，$\boldsymbol{B}$ 为同型矩阵，若对 $\boldsymbol{A}$，$\boldsymbol{B}$ 采用同样的分块方法：

$$\boldsymbol{A}=\begin{pmatrix}\boldsymbol{A}_{11} & \cdots & \boldsymbol{A}_{1t}\\ \vdots & & \vdots\\ \boldsymbol{A}_{r1} & \cdots & \boldsymbol{A}_{rt}\end{pmatrix},\ \boldsymbol{B}=\begin{pmatrix}\boldsymbol{B}_{11} & \cdots & \boldsymbol{B}_{1t}\\ \vdots & & \vdots\\ \boldsymbol{B}_{r1} & \cdots & \boldsymbol{B}_{rt}\end{pmatrix},$$

即原矩阵以子矩阵作为独立元素的行数和列数相同，并且对应位置的两个子矩阵 $\boldsymbol{A}_{ij}$ 和 $\boldsymbol{B}_{ij}$ 行数和列数也相同($i=1,2,\cdots,r,j=1,2,\cdots,t$)，则

$$\boldsymbol{A}\pm\boldsymbol{B}=\begin{pmatrix}\boldsymbol{A}_{11}\pm\boldsymbol{B}_{11} & \cdots & \boldsymbol{A}_{1t}\pm\boldsymbol{B}_{1t}\\ \vdots & & \vdots\\ \boldsymbol{A}_{r1}\pm\boldsymbol{B}_{r1} & \cdots & \boldsymbol{A}_{rt}\pm\boldsymbol{B}_{rt}\end{pmatrix},\ \lambda\boldsymbol{A}=\begin{pmatrix}\lambda\boldsymbol{A}_{11} & \cdots & \lambda\boldsymbol{A}_{1t}\\ \vdots & & \vdots\\ \lambda\boldsymbol{A}_{r1} & \cdots & \lambda\boldsymbol{A}_{rt}\end{pmatrix}.$$

例 2.6.1

$$对\ \boldsymbol{A}=\left(\begin{array}{cc:ccc}2 & 3 & 0 & 0 & 0\\ 0 & 1 & 0 & 0 & 0\\ \hdashline 1 & 0 & 5 & 1 & 4\\ 0 & 1 & 8 & 3 & 0\end{array}\right),\ \boldsymbol{B}=\left(\begin{array}{cc:ccc}4 & 6 & 2 & 5 & 7\\ 1 & -2 & 6 & 0 & 8\\ \hdashline 5 & 3 & -6 & 2 & 3\\ 0 & 7 & 1 & 4 & 0\end{array}\right),$$

按如图所示进行分块，记为 $\boldsymbol{A}=\begin{pmatrix}\boldsymbol{A}_{11} & \boldsymbol{A}_{12}\\ \boldsymbol{A}_{21} & \boldsymbol{A}_{22}\end{pmatrix}$，$\boldsymbol{B}=\begin{pmatrix}\boldsymbol{B}_{11} & \boldsymbol{B}_{12}\\ \boldsymbol{B}_{21} & \boldsymbol{B}_{22}\end{pmatrix}$，则

$$\boldsymbol{A}+\boldsymbol{B}=\begin{pmatrix}\boldsymbol{A}_{11}+\boldsymbol{B}_{11} & \boldsymbol{A}_{12}+\boldsymbol{B}_{12}\\ \boldsymbol{A}_{21}+\boldsymbol{B}_{21} & \boldsymbol{A}_{22}+\boldsymbol{B}_{22}\end{pmatrix},\ 2\boldsymbol{A}=\begin{pmatrix}2\boldsymbol{A}_{11} & 2\boldsymbol{A}_{12}\\ 2\boldsymbol{A}_{21} & 2\boldsymbol{A}_{22}\end{pmatrix}$$

其中 $\boldsymbol{A}_{11}+\boldsymbol{B}_{11}=\begin{pmatrix}6 & 9\\ 1 & -1\end{pmatrix}$，$\boldsymbol{A}_{12}+\boldsymbol{B}_{12}=\begin{pmatrix}2 & 5 & 7\\ 6 & 0 & 8\end{pmatrix}$，$\boldsymbol{A}_{21}+\boldsymbol{B}_{21}=\begin{pmatrix}6 & 3\\ 0 & 8\end{pmatrix}$，$\boldsymbol{A}_{22}+\boldsymbol{B}_{22}=\begin{pmatrix}-1 & 3 & 7\\ 9 & 7 & 0\end{pmatrix}$，$2\boldsymbol{A}_{11}=\begin{pmatrix}4 & 6\\ 0 & 2\end{pmatrix}$，$2\boldsymbol{A}_{12}=\begin{pmatrix}0 & 0 & 0\\ 0 & 0 & 0\end{pmatrix}$，$2\boldsymbol{A}_{21}=\begin{pmatrix}2 & 0\\ 0 & 2\end{pmatrix}$，$2\boldsymbol{A}_{22}=\begin{pmatrix}10 & 2 & 8\\ 16 & 6 & 0\end{pmatrix}$.

二、分块矩阵的乘法运算

设 $\boldsymbol{A}$ 为 $m\times s$ 矩阵，$\boldsymbol{B}$ 为 $s\times n$ 矩阵，若对 $\boldsymbol{A}$ 的列和 $\boldsymbol{B}$ 的行采用同样的分块方法：

$$A=\begin{pmatrix} A_{11} & \cdots & A_{1k} & \cdots & A_{1t} \\ \vdots & & \vdots & & \vdots \\ A_{i1} & \cdots & A_{ik} & \cdots & A_{it} \\ \vdots & & \vdots & & \vdots \\ A_{r1} & \cdots & A_{rk} & \cdots & A_{rt} \end{pmatrix}, B=\begin{pmatrix} B_{11} & \cdots & B_{1j} & \cdots & B_{1p} \\ \vdots & & \vdots & & \vdots \\ B_{k1} & \cdots & B_{kj} & \cdots & B_{kp} \\ \vdots & & \vdots & & \vdots \\ B_{t1} & \cdots & B_{tj} & \cdots & B_{tp} \end{pmatrix},$$

即原矩阵以子矩阵作为独立元素来看，A 的列数和 B 的行数相同（都为 t），并且两个子矩阵 A_{ik} 的列数和 B_{kj} 的行数和也相同（$k=1,2,\cdots,t, i=1,2,\cdots,r, j=1,2,\cdots,p$），则

$$AB=\begin{pmatrix} C_{11} & \cdots & C_{1j} & \cdots & C_{1p} \\ \vdots & & \vdots & & \vdots \\ C_{i1} & \cdots & C_{ij} & \cdots & C_{ip} \\ \vdots & & \vdots & & \vdots \\ C_{r1} & \cdots & C_{rj} & \cdots & C_{rp} \end{pmatrix},$$

其中 $C_{ij}=A_{i1}B_{1j}+A_{i2}B_{2j}+\cdots+A_{it}B_{tj}=\sum_{k=1}^{t}A_{ik}B_{kj}$.

我们把形如 $\begin{pmatrix} A_{11} & O & \cdots & O \\ O & A_{22} & \cdots & O \\ \vdots & \vdots & & \vdots \\ O & O & \cdots & A_{kk} \end{pmatrix}$ 的矩阵称为**分块对角矩阵**，简记为

$\begin{pmatrix} A_{11} & & & \\ & A_{22} & & \\ & & \ddots & \\ & & & A_{kk} \end{pmatrix}$，或 $\mathbf{diag}(A_{11},A_{22},\cdots,A_{kk})$. 若 $A_{11},A_{22},\cdots,A_{kk}$ 为可逆矩阵，则 $\begin{pmatrix} A_{11} & & & \\ & A_{22} & & \\ & & \ddots & \\ & & & A_{kk} \end{pmatrix}^{-1}=\begin{pmatrix} A_{11}^{-1} & & & \\ & A_{22}^{-1} & & \\ & & \ddots & \\ & & & A_{kk}^{-1} \end{pmatrix}$.

例 2.6.2 设 $A=\begin{pmatrix} 1 & 0 & 0 & 0 & 0 \\ 0 & 1 & 0 & 0 & 0 \\ 1 & -1 & 2 & 3 & 4 \\ 0 & 1 & 7 & 2 & 0 \\ 0 & 0 & 0 & 0 & 0 \end{pmatrix}$，$B=\begin{pmatrix} 3 & 5 \\ 2 & 4 \\ 6 & -2 \\ 0 & 8 \\ -3 & 0 \end{pmatrix}$，求 AB.

解：观察 A 的特点，左上角为单位矩阵，右上角和下方都为零矩阵，所以对 A 进行如下分块：

$$\boldsymbol{A}=\left(\begin{array}{cc:ccc}1&0&0&0&0\\0&1&0&0&0\\ \hdashline 1&-1&2&3&4\\0&1&7&2&0\\ \hdashline 0&0&0&0&0\end{array}\right)=\begin{pmatrix}\boldsymbol{E}&\boldsymbol{O}_{2\times3}\\\boldsymbol{A}_{21}&\boldsymbol{A}_{22}\\\boldsymbol{O}_{1\times2}&\boldsymbol{O}_{1\times3}\end{pmatrix}，其中\boldsymbol{A}_{21}=\begin{pmatrix}1&-1\\0&1\end{pmatrix}，\boldsymbol{A}_{22}=\begin{pmatrix}2&3&4\\7&2&0\end{pmatrix}.$$

根据分块矩阵的乘法法则，相应地可以对 $\boldsymbol{B}$ 进行如下分块：

$$\boldsymbol{B}=\left(\begin{array}{cc}3&5\\2&4\\ \hdashline 6&-2\\0&8\\-3&0\end{array}\right)=\begin{pmatrix}\boldsymbol{B}_{11}\\\boldsymbol{B}_{21}\end{pmatrix}，其中\boldsymbol{B}_{11}=\begin{pmatrix}3&5\\2&4\end{pmatrix}，\boldsymbol{B}_{21}=\begin{pmatrix}6&-2\\0&8\\-3&0\end{pmatrix}.$$

$$所以\boldsymbol{AB}=\begin{pmatrix}\boldsymbol{E}&\boldsymbol{O}_{2\times3}\\\boldsymbol{A}_{21}&\boldsymbol{A}_{22}\\\boldsymbol{O}_{1\times2}&\boldsymbol{O}_{1\times3}\end{pmatrix}\begin{pmatrix}\boldsymbol{B}_{11}\\\boldsymbol{B}_{21}\end{pmatrix}=\begin{pmatrix}\boldsymbol{EB}_{11}+\boldsymbol{O}_{2\times3}\boldsymbol{B}_{21}\\\boldsymbol{A}_{21}\boldsymbol{B}_{11}+\boldsymbol{A}_{22}\boldsymbol{B}_{21}\\\boldsymbol{O}_{1\times2}\boldsymbol{B}_{11}+\boldsymbol{O}_{1\times3}\boldsymbol{B}_{21}\end{pmatrix}$$

$$=\begin{pmatrix}\boldsymbol{B}_{11}\\\boldsymbol{A}_{21}\boldsymbol{B}_{11}+\boldsymbol{A}_{22}\boldsymbol{B}_{21}\\\boldsymbol{O}_{1\times2}\end{pmatrix}.$$

$$而\boldsymbol{A}_{21}\boldsymbol{B}_{11}+\boldsymbol{A}_{22}\boldsymbol{B}_{21}=\begin{pmatrix}1&-1\\0&1\end{pmatrix}\begin{pmatrix}3&5\\2&4\end{pmatrix}+\begin{pmatrix}2&3&4\\7&2&0\end{pmatrix}\begin{pmatrix}6&-2\\0&8\\-3&0\end{pmatrix}$$

$$=\begin{pmatrix}1&1\\2&4\end{pmatrix}+\begin{pmatrix}0&20\\42&2\end{pmatrix}=\begin{pmatrix}1&21\\44&6\end{pmatrix}，所以\boldsymbol{AB}=\begin{pmatrix}3&5\\2&4\\1&21\\44&6\\0&0\end{pmatrix}.$$

例 2.6.2 中，$\boldsymbol{B}$ 的分块方法不是唯一的，比如还可以对 $\boldsymbol{B}$ 进行如下分块：

$$\boldsymbol{B}=\left(\begin{array}{c:c}3&5\\2&4\\ \hdashline 6&-2\\0&8\\-3&0\end{array}\right)=\begin{pmatrix}\boldsymbol{B}_{11}&\boldsymbol{B}_{12}\\\boldsymbol{B}_{21}&\boldsymbol{B}_{22}\end{pmatrix}，最后计算结果相同.$$

习题2.6

1. 求矩阵 $A=\begin{pmatrix}2&0&0&0&0\\0&3&0&0&0\\0&0&1&2&4\\0&0&2&5&9\\0&0&3&8&15\end{pmatrix}$ 的逆矩阵 A^{-1}.

2. 已知矩阵 $A=\begin{pmatrix}A_{11}&A_{12}&A_{13}\\A_{21}&A_{22}&A_{23}\end{pmatrix}$，$B=\begin{pmatrix}B_{11}&B_{12}\\B_{21}&B_{22}\\B_{31}&B_{32}\end{pmatrix}$，若 $A_{ik}B_{kj}$ 及 $B_{ik}A_{kj}$ 都有意义，试求 AB 及 BA.

总习题2

1. 判断.

(1) 若 $AB=O$，则 $A=O$ 或 $B=O$. (　　)

(2) 设 n 阶方阵 A,B,C 满足 $ABC=E$, E 是 n 阶单位矩阵，则有 $BCA=E$. (　　)

(3) n 阶方阵的行最简形矩阵和标准形矩阵都是 n 阶单位矩阵. (　　)

(4) 设矩阵 A 可逆，则其伴随矩阵 A^* 也可逆，且 $(A^*)^{-1}=(A^{-1})^*$. (　　)

(5) 设 n 阶矩阵 A 满足 $|A|=0$，则其秩 $R(A)<n$. (　　)

2. 设 $A=\begin{pmatrix}5&0&1\\0&1&0\\3&0&1\end{pmatrix}$，则 $|A|=$__________，$A^*=$______，$A^{-1}=$______，$(A^*)^{-1}=$________，$|-2A^{-1}|=$________，$|(-2A)^{-1}|=$________，$|-2A^*|=$________.

3. 已知矩阵 $A=\begin{pmatrix}4&0&3\\0&3&0\\2&1&2\end{pmatrix}$，$B$ 为3阶方阵，E 是3阶单位矩阵，且 $A^2B-A-B=E$，求 $|B|$.

4. 求下列矩阵的乘积.

(1) $A=\begin{pmatrix}1&6&2\\3&0&5\end{pmatrix}$，$B=\begin{pmatrix}2&4\\1&0\\0&3\end{pmatrix}$，求 AB 及 BA.

(2) $A=\begin{pmatrix}2&1&4\\3&2&0\\1&0&5\end{pmatrix}$，$B=\begin{pmatrix}3&0\\5&7\\1&6\end{pmatrix}$，求 AB 及 B^TA.

(3) $A=\begin{pmatrix}1&3&5&-1\\3&2&0&2\\6&3&1&8\end{pmatrix}$，$B=\begin{pmatrix}2\\1\\0\\3\end{pmatrix}$，求 AB.

5. 求下列矩阵的行列式 $|A|$，伴随矩阵 A^* 和逆矩阵 A^{-1}.

(1) $A=\begin{pmatrix}2&1&2\\3&0&1\\0&1&1\end{pmatrix}$；(2) $A=\begin{pmatrix}2&0&0\\0&0&1\\0&1&1\end{pmatrix}$.

6. 设 A，B 是3阶方阵，$|A^{-1}|=-3$，$|B|=2$，求 $||B|A|$.

7. 若 A 是 n 阶可逆矩阵，$A^2=|A|E$，证明：

$$A=A^*.$$

8. 用初等变换将下列矩阵 A 化为行阶梯形矩阵，行最简形矩阵和标准形矩阵. 并求 A 的秩.

(1) $A=\begin{pmatrix}1&1&1&4\\1&-1&3&-2\\2&1&3&5\\3&1&5&6\end{pmatrix}$；

(2) $A=\begin{pmatrix}1&0&3&1&2\\-1&3&0&-2&1\\2&1&7&2&5\\4&2&14&0&10\end{pmatrix}$.

9. 用初等变换的方法求解下列问题.

(1) 已知矩阵 A，B，X 满足关系式 $AX+B=X$，其中 $A=\begin{pmatrix}0&1&0\\-1&1&1\\-1&0&-1\end{pmatrix}$，$B=\begin{pmatrix}1&-1\\2&0\\5&-3\end{pmatrix}$，求 X.

(2) 设 $A=\begin{pmatrix}1&-1&0\\0&1&-1\\-1&0&1\end{pmatrix}$，矩阵 B 满足 $AB=A+2B$，求 B.

10. 设 $A=\begin{pmatrix}2&-3&1\\1&a&1\\5&0&3\end{pmatrix}$，且 A 的秩为 2，求 a 的值.

11. 设 n 阶方阵 A，B 可逆，求 $\begin{pmatrix}O&A\\B&O\end{pmatrix}^{-1}$.

课程思政小课堂：矩阵的发展历史及其应用

矩阵的研究历史悠久，拉丁方阵和幻方在史前年代已有人研究.

19 世纪英国数学家凯利(Cayley)首先提出矩阵(Matrix)是一个按照长方阵列排列的复数或实数集合，最早来自方程组的系数及常数所构成的方阵. 作为解决线性方程组的工具，矩阵也有不短的历史. 成书最早在东汉前期的《九章算术》中，用分离系数法表示线性方程组，得到了其增广矩阵. 在消元过程中，将某行乘以某一非零实数、从某行中减去另一行等运算技巧，相当于矩阵的初等变换. 但那时并没有现今理解的矩阵概念，虽然它与现有的矩阵形式上相同，但在当时只是线性方程组的标准表示与处理方式.

矩阵的概念在 19 世纪逐渐形成. 1800 年代，高斯和威廉·若尔当建立了高斯—若尔当消去法. 1844 年，德国数学家费迪南·艾森斯坦(F. Eisenstein)讨论了“变换”(矩阵)及其乘积. 1850 年，英国数学家詹姆斯·约瑟夫·西尔维斯特(James Joseph Sylvester)首先使用矩阵一词.

英国数学家阿瑟·凯利(Arthur Cayley)被公认为矩阵论的奠基人. 他开始将矩阵作为独立的数学对象研究时，许多与矩阵有关的性质已经在行列式的研究中被发现了，这也使得凯利认为矩阵的引进是十分自然的. 他从 1858 年开始，发表了《矩阵论的研究报告》等一系列关于矩阵的专门论文，研究了矩阵的运算律、矩阵的逆以及转置和特征多项式方程. 凯利还提出了凯莱-哈密顿定理，并验证了 3×3 矩阵的情况，又说进一步的证明是不必要的. 哈密顿证明了 4×4 矩阵的情况，而一般情况下的证明是德国数学家弗罗贝尼乌斯(F. G. Frohenius)于 1898 年给出的.

1854 年时法国数学家埃尔米特(C. Hermite)使用了“正交矩阵”这一术语，但他的正式定义直到 1878 年才由费罗贝尼乌斯发表. 1879 年，费罗贝尼乌斯引入矩阵秩的概念. 至此，矩阵的体系基本上建立起来了.

无限维矩阵的研究始于 1884 年. 庞加莱(Poincaré)在两篇文章中. 不严谨地使用了无限维矩阵和行列式理论后开始了对这一方面的专门研究. 1906 年，希尔伯特引入无限二次型(相当于无限维矩阵)对积分方程进行研究，极大地促进了无限维矩阵的研究. 在此基础上，施密茨、赫林格(Hellinger)和特普利茨(Toeplitz)发展出算子理论，而无限维矩阵成为了研究函数空间算子的有力工具.

矩阵的概念最早在 1922 年见于中文. 1922 年，程廷熙在一篇介绍文章中将矩阵译为“纵横阵”. 1925 年，科学名词审查会算学名词审查组在《科学》第十卷第四期刊登的审定名词表中，矩阵被翻译为“矩阵式”，方块矩阵翻译为“方阵式”，而各类矩阵如“正交矩阵”“伴随矩阵”中的“矩阵”则被翻译为“方阵”. 1935 年，中国数学会审查后，中华民国教育部审定的《数学名词》(并“通令全国各院校一律遵用，以昭划一”)中，“矩阵”作为译名首次出现. 1938 年，曹惠群在接受科学名词审查会委托就数学名词加以校订的《算学名词汇编》中，认为应当的译名是“长方阵”. 中华人民共和国成立后编订的《数学名词》中，则将译名定为“(矩)阵”. 1993 年，中国自然科学名词审定委员会公布的《数学名词》中，“矩阵”被定为正式译名，并沿用至今.

矩阵在物理学中被应用于量子力学的描述，如波函数和算符的矩阵表示；在工程学中，矩阵被广泛应用于电路分析、信号处理以及控制系统设计等；在经济学中，矩阵被用于描述投入产出关系、市场交互和统计分析等. 此外，矩阵还在计算机视觉、自然语言处理、机器学习和人工智能等多个领域有广泛的应用.

尽管矩阵已经广泛应用于多个领域，但在某些情况下，如大规模矩阵的计算和存储、处理非线性问题的局限性以及在处理高维数据时的效率等问题上，仍然面临挑战.

矩阵作为一个重要的数学工具，在现代科学和技术中扮演着关键角色，并且随着计算机技术和算法的发展，其在各个领域的应用还将继续扩大和发展.

知识拓展：使用 MATLAB 进行矩阵运算

1. 矩阵的加法和减法

在 MATLAB 中，矩阵的加法和减法与代数中的运算符号是相同的，减法为“ + ”，减法为“ - ”.

例 1

已知 $A=\begin{pmatrix}1&3&5\\2&4&6\\7&9&8\end{pmatrix}$，$B=\begin{pmatrix}9&6&4\\3&4&5\\2&3&4\end{pmatrix}$，求 $A+B$，$A-B$.

Command Window

```
>> a=[1,3,5;2,4,6;7,9,8]
a =
    1  3  5
    2  4  6
    7  9  8
>> b=[9,6,4;3,4,5;2,3,4]
b =
    9  6  4
    3  4  5
    2  3  4
>> c=a+b
c =
    10   9   9
     5   8  11
     9  12  12
>> d=a-b
d =
    -8  -3  1
    -1   0  1
     5   6  4
```

2. 矩阵的乘法

在 MATLAB 中，矩阵的乘法运算符号是“ * ”.

例 2

已知 $A=\begin{pmatrix}1&0&3\\0&-2&5\end{pmatrix}$，$B=\begin{pmatrix}3&1&0\\1&2&-3\\5&0&3\end{pmatrix}$，求 $AB-2A$.

```
>> A=[1,0,3;0,-2,5];B=[3,1,0;1,2,-3;5,0,3];
>> A*B-2*A

ans =

    16   1   3

    23   0  11
```

3. 矩阵的转置

在 MATLAB 中，矩阵转置的运算符号是“ ' ”，它的运算级别高于加、减和乘.

例 3

已知 $\boldsymbol{A}=\begin{pmatrix}1 & 3 & 5\\ 2 & 4 & 6\\ 7 & 9 & 8\end{pmatrix}$，求 $\boldsymbol{A}^{\mathrm{T}}$.

```
>> A=[1,3,5;2,4,6;7,9,8]
A =
     1   3   5
     2   4   6
     7   9   8
>> A'
ans =
     1   2   7
     3   4   9
     5   6   8
```

4. 矩阵的逆

在 MATLAB 中，矩阵的逆的运算符号是“inv(A)”，如果一个矩阵是一个非奇异矩阵，那么可以快速地求出它的逆矩阵；如果一个矩阵是一个奇异矩阵，将会得到警告信息，显示为“inf”.

例 4

已知 $\boldsymbol{A}=\begin{pmatrix}1 & 2 & 3\\ 2 & 2 & 1\\ 3 & 4 & 3\end{pmatrix}$，求 $\boldsymbol{A}^{-1}$.

```
>> A = [1,2,3;2,2,1;3,4,3];
>> inv(A)

ans =
     1.0000     3.0000    -2.0000
    -1.5000    -3.0000     2.5000
     1.0000     1.0000    -1.0000
```

所以，$\boldsymbol{A}^{-1}=\begin{pmatrix}1 & 3 & -2\\ -\frac{3}{2} & -3 & \frac{5}{2}\\ 1 & 1 & -1\end{pmatrix}$.

5. 矩阵的行最简形

在 MATLAB 中，矩阵化为行最简形矩阵的运算符号是“rref(A)”.

例 5 已知 $\boldsymbol{A}=\begin{pmatrix}1 & 2 & 1 & 1 & 1\\ 1 & 2 & 1 & -1 & -1\\ 1 & 2 & 1 & 5 & 5\end{pmatrix}$，将 $\boldsymbol{A}$ 化为行最简形矩阵.

```
>> A = [1,2,1,1,1;1,2,1, -1, -1;1,2,1,5,5];
>> rref(A)

ans =
     1   2   1   0   0
     0   0   0   1   1
     0   0   0   0   0
```

第 3 章 向量和向量空间

知识思维导图

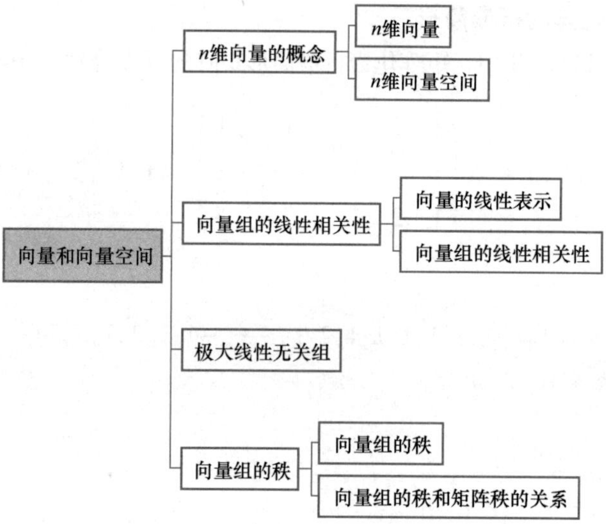

3.1　n 维向量的概念

一、n 维向量

第 3 章导学

定义 3.1.1　n 个数 $a_1, a_2, \cdots, a_n$ 组成的有序数组称为 **n 维向量**.

若记为 $(a_1, a_2, \cdots, a_n)$，则称为 **n 维行向量**；若记为 $\begin{pmatrix} a_1 \\ a_2 \\ \vdots \\ a_n \end{pmatrix}$ 或 $(a_1, a_2, \cdots, a_n)^{\mathrm{T}}$ 或 $(a_1, a_2, \cdots, a_n)'$，则称为 **n 维列向量**. a_i 称为第 i 个分量(或坐标). 分量全为实数的向量称为**实向量**；分量全为复数的向量称为**复向量**.

分量全为 0 的向量称为零向量，记为 $\mathbf{0}$.

n 维向量一般用黑体字母或带箭头的字母表示，如 $\boldsymbol{\alpha}, \boldsymbol{\beta}, \boldsymbol{\gamma}, \vec{\alpha}, \vec{\beta}, \cdots$. 容易看出，一个 n 维行向量为一个 $1 \times n$ 矩阵；一个 n 维列向量为一个 $n \times 1$ 矩阵. 从而行向量的转置为列向量；列向量的转置为行向量.

定义 3.1.2　给定两个向量 $\boldsymbol{\alpha} = (a_1, a_2, \cdots, a_n)$, $\boldsymbol{\beta} = (b_1, b_2, \cdots, b_n)$.

(1) $(-a_1, -a_2, \cdots, -a_n)$ 称为向量 $\boldsymbol{\alpha}$ 的**负向量**，记为 $-\boldsymbol{\alpha}$.

(2) 若对应的分量都相等，即 $a_i = b_i (i = 1, 2, \cdots, n)$，则称**这两个向量相等**，记为 $\boldsymbol{\alpha} = \boldsymbol{\beta}$.

(3) $(a_1 + b_1, a_2 + b_2, \cdots, a_n + b_n)$ 称为这**两个向量的和**，记为 $\boldsymbol{\alpha} + \boldsymbol{\beta}$.

(4) 设 k 为一个数，则 $(ka_1, ka_2, \cdots, ka_n)$ 称为 k 与向量 $\boldsymbol{\alpha}$ 的**数乘**，记为 $k\boldsymbol{\alpha}$.

由向量的加法和数乘可以定义向量的减法：$\boldsymbol{\alpha} - \boldsymbol{\beta} = \boldsymbol{\alpha} + (-1)\boldsymbol{\beta}$.

向量的加法和数乘有如下性质：

(1) $\boldsymbol{\alpha} + \boldsymbol{\beta} = \boldsymbol{\beta} + \boldsymbol{\alpha}$；

(2) $(\boldsymbol{\alpha} + \boldsymbol{\beta}) + \boldsymbol{\gamma} = \boldsymbol{\alpha} + (\boldsymbol{\beta} + \boldsymbol{\gamma})$；

(3) $\boldsymbol{\alpha} + \mathbf{0} = \boldsymbol{\alpha}$；

(4) $\boldsymbol{\alpha} + (-\boldsymbol{\alpha}) = \mathbf{0}$；

(5) $1\boldsymbol{\alpha}=\boldsymbol{\alpha}$;

(6) $k(l\boldsymbol{\alpha})=(kl)\boldsymbol{\alpha}$;

(7) $k(\boldsymbol{\alpha}+\boldsymbol{\beta})=k\boldsymbol{\alpha}+k\boldsymbol{\beta}$;

(8) $(k+l)\boldsymbol{\alpha}=k\boldsymbol{\alpha}+l\boldsymbol{\alpha}$.

例 3.1.1 设向量 $\boldsymbol{\alpha}_1=(2,1,3,4)$, $\boldsymbol{\alpha}_2=(4,0,-3,-1)$, $\boldsymbol{\beta}=(1,0,6,7)$, 求 $3\boldsymbol{\alpha}_1+\boldsymbol{\alpha}_2-2\boldsymbol{\beta}$.

解:
$$\begin{aligned}3\boldsymbol{\alpha}_1+\boldsymbol{\alpha}_2-2\boldsymbol{\beta}&=3(2,1,3,4)+(4,0,-3,-1)-2(1,0,6,7)\\&=(6,3,9,12)+(4,0,-3,-1)-(2,0,12,14)\\&=(8,3,-6,-3).\end{aligned}$$

二、n 维向量空间

定义 3.1.3 设 V 是 n 维向量组成的非空集合. 如果 V 对加法和数乘运算封闭，即

(1) 若 $\boldsymbol{\alpha}\in V,\boldsymbol{\beta}\in V$, 则 $\boldsymbol{\alpha}+\boldsymbol{\beta}\in V$;

(2) 若 $\boldsymbol{\alpha}\in V,k\in\mathbf{R}$, 则 $k\boldsymbol{\alpha}\in V$

则称 V 是实数集 $\mathbf{R}$ 上的向量空间.

根据上述定义，由 n 维零向量组成的集合 $\{\mathbf{0}\}$ 构成一个向量空间. n 维向量的全体 $\mathbf{R}^n$ 构成一个向量空间.

例 3.1.2 判断下列集合能否构成向量空间.

(1) $V_1=\{(1,x_2,x_3)\mid x_2,x_3\in\mathbf{R}\}$;

(2) $V_2=\{(0,x_2,x_3,x_4)\mid x_2,x_3,x_4\in\mathbf{R}\}$.

解: (1) 在 V_1 中任取两个向量 $\boldsymbol{\alpha}=(1,a_2,a_3)$, $\boldsymbol{\beta}=(1,b_2,b_3)$. 则 $\boldsymbol{\alpha}+\boldsymbol{\beta}=(2,a_2+b_2,a_3+b_3)\notin V_1$, 且当 $k\neq 1$ 时, $k\boldsymbol{\alpha}=(k,ka_2,ka_3)\notin V_1$. 所以 V_1 不是向量空间.

(2) 在 V_2 中任取两个向量 $\boldsymbol{\alpha}=(0,a_2,a_3,a_4)$, $\boldsymbol{\beta}=(0,b_2,b_3,b_4)$, 及数 $k\in\mathbf{R}$. 则 $\boldsymbol{\alpha}+\boldsymbol{\beta}=(0,a_2+b_2,a_3+b_3,a_4+b_4)\in V_2$, 且 $k\boldsymbol{\alpha}=(0,ka_2,ka_3,ka_4)\in V_2$. 所以 V_2 对加法和数乘运算封闭, 故 V_2 是向量空间.

定义 3.1.4 设 V_1, V_2 是向量空间, 且 $V_1\subseteq V_2$, 则称 V_1 是 V_2 的子空间.

例 3.1.2 中, V_2 是 $\mathbf{R}^4$ 的子空间.

例 3.1.3 设 $\boldsymbol{\alpha}_1,\boldsymbol{\alpha}_2,\cdots,\boldsymbol{\alpha}_r$ 为 r 个 n 维向量.

$$V=\{\boldsymbol{\alpha}\mid \boldsymbol{\alpha}=k_1\boldsymbol{\alpha}_1+k_2\boldsymbol{\alpha}_2+\cdots+k_r\boldsymbol{\alpha}_r,k_1,k_2,\cdots,k_r\in\mathbf{R}\}.$$

证明：V 是一个向量空间.

证明：在 V 中任取两个向量

$$\boldsymbol{\beta}_1=\lambda_1\boldsymbol{\alpha}_1+\lambda_2\boldsymbol{\alpha}_2+\cdots+\lambda_r\boldsymbol{\alpha}_r,\boldsymbol{\beta}_2=\mu_1\boldsymbol{\alpha}_1+\mu_2\boldsymbol{\alpha}_2+\cdots+\mu_r\boldsymbol{\alpha}_r,$$

这里 λ_i，$\mu_i\in\mathbf{R}$，$i=1,2,\cdots,r$. 数 $k\in\mathbf{R}$，则

$$\boldsymbol{\beta}_1+\boldsymbol{\beta}_2=(\lambda_1+\mu_1)\boldsymbol{\alpha}_1+(\lambda_2+\mu_2)\boldsymbol{\alpha}_2+\cdots+(\lambda_r+\mu_r)\boldsymbol{\alpha}_r\in V,$$

且 $k\boldsymbol{\beta}_1=k\lambda_1\boldsymbol{\alpha}_1+k\lambda_2\boldsymbol{\alpha}_2+\cdots+k\lambda_r\boldsymbol{\alpha}_r\in V$，所以 V 是向量空间.
我们称这个向量空间为由向量组 $\boldsymbol{\alpha}_1,\boldsymbol{\alpha}_2,\cdots,\boldsymbol{\alpha}_r$ 生成的向量空间.

习题 3.1

1. 已知 $2\boldsymbol{\alpha}+\boldsymbol{X}=3\boldsymbol{X}+4\boldsymbol{\beta}$，$\boldsymbol{\alpha}=(0,2,5,7)$，$\boldsymbol{\beta}=(3,1,2,2)$. 求向量 $\boldsymbol{X}$.

2. 已知 $\boldsymbol{\alpha}_1=(3,-1,a)^{\mathrm{T}}$，$\boldsymbol{\alpha}_2=(b,1,2)^{\mathrm{T}}$. 若 $\boldsymbol{\alpha}_1+\boldsymbol{\alpha}_2=\mathbf{0}$，求 a，b.

3. 已知 $\boldsymbol{\alpha}_1=(2,1,4)$，$\boldsymbol{\alpha}_2=(3,0,1)$，$\boldsymbol{\alpha}_3=(4,1,5)$. 求向量 $2\boldsymbol{\alpha}_1+3\boldsymbol{\alpha}_2-4\boldsymbol{\alpha}_3$.

3.2 向量组的线性相关性

由若干个同维数的向量组成的集合称为**向量组**.

对于 $m\times n$ 矩阵 $\boldsymbol{A}$，它的 n 个 m 维列向量 $(a_{1i},a_{2i},\cdots,a_{mi})^{\mathrm{T}}$，$i=1,2,\cdots,n$ 称为 $\boldsymbol{A}$ 的**列向量组**；它的 m 个 n 维行向量 $(a_{i1},a_{i2},\cdots,a_{in}),i=1,2,\cdots,m$ 称为 $\boldsymbol{A}$ 的**行向量组**.

如矩阵 $\boldsymbol{A}=\begin{pmatrix}1&2&3\\4&5&6\end{pmatrix}$，列向量组为 $\begin{pmatrix}1\\4\end{pmatrix}$，$\begin{pmatrix}2\\5\end{pmatrix}$，$\begin{pmatrix}3\\6\end{pmatrix}$，行向量组为 $(1,2,3),(4,5,6)$.

在线性方程组

$$\begin{cases}a_{11}x_1+a_{12}x_2+\cdots+a_{1n}x_n=b_1,\\a_{21}x_1+a_{22}x_2+\cdots+a_{2n}x_n=b_2,\\\qquad\vdots\\a_{m1}x_1+a_{m2}x_2+\cdots+a_{mn}x_n=b_m.\end{cases}$$

中，若令 $\boldsymbol{\alpha}_i=\begin{pmatrix}a_{1i}\\a_{2i}\\\vdots\\a_{mi}\end{pmatrix}$，$i=1,2,\cdots,n$，$\boldsymbol{\beta}=\begin{pmatrix}b_1\\b_2\\\vdots\\b_m\end{pmatrix}$，则该方程组可记为

$$x_1\boldsymbol{\alpha}_1+x_2\boldsymbol{\alpha}_2+\cdots+x_n\boldsymbol{\alpha}_n=\boldsymbol{\beta}.$$

所以，该线性方程组是否有解的问题，可以转化为是否存在一组数 $k_1,k_2,\cdots,k_n$，使得 $\boldsymbol{\beta}=k_1\boldsymbol{\alpha}_1+k_2\boldsymbol{\alpha}_2+\cdots+k_n\boldsymbol{\alpha}_n$. 这就是下面要讲的向量的线性表示的概念.

一、向量的线性表示

定义 3.2.1 给定向量组 $\boldsymbol{\alpha}_1,\boldsymbol{\alpha}_2,\cdots,\boldsymbol{\alpha}_n$ 与向量 $\boldsymbol{\beta}$. 若存在一组数 $k_1,k_2,\cdots,k_n$，使得 $\boldsymbol{\beta}=k_1\boldsymbol{\alpha}_1+k_2\boldsymbol{\alpha}_2+\cdots+k_n\boldsymbol{\alpha}_n$，则称 $\boldsymbol{\beta}$ 为向量组 $\boldsymbol{\alpha}_1,\boldsymbol{\alpha}_2,\cdots,\boldsymbol{\alpha}_n$ 的**线性组合**，或 $\boldsymbol{\beta}$ 可以由向量组 $\boldsymbol{\alpha}_1$，$\boldsymbol{\alpha}_2,\cdots$，$\boldsymbol{\alpha}_n$ **线性表示**，$k_1,k_2,\cdots,k_n$ 称为**组合系数**.

由定义可以看出，上面的线性方程组是否有解的问题，可以转化为 $\boldsymbol{\beta}$ 是否可以由向量组 $\boldsymbol{\alpha}_1,\boldsymbol{\alpha}_2,\cdots,\boldsymbol{\alpha}_n$ 线性表示.

例 3.2.1 定义 n 维单位坐标向量组 $\boldsymbol{e}_1=(1,0,\cdots,0)$，$\boldsymbol{e}_2=(0,1,\cdots,0)$，$\cdots$，$\boldsymbol{e}_n=(0,0,\cdots,1)$，则对任意 n 维向量 $\boldsymbol{\alpha}=(a_1,a_2,\cdots,a_n)$，可以由 $\boldsymbol{e}_1,\boldsymbol{e}_2,\cdots,\boldsymbol{e}_n$ 线性表示，即

$$\boldsymbol{\alpha}=a_1\boldsymbol{e}_1+a_2\boldsymbol{e}_2+\cdots+a_n\boldsymbol{e}_n.$$

例 3.2.2 n 维零向量可以由任意 n 维向量组 $\boldsymbol{\alpha}_1,\boldsymbol{\alpha}_2,\cdots,\boldsymbol{\alpha}_n$ 线性表示，即

$$\boldsymbol{0}=0\boldsymbol{\alpha}_1+0\boldsymbol{\alpha}_2+\cdots+0\boldsymbol{\alpha}_n.$$

例 3.2.3 n 维向量组 $\boldsymbol{\alpha}_1,\boldsymbol{\alpha}_2,\cdots,\boldsymbol{\alpha}_n$ 中的任何一个向量都可以由该向量组线性表示. 如：$\boldsymbol{\alpha}_1=1\boldsymbol{\alpha}_1+0\boldsymbol{\alpha}_2+\cdots+0\boldsymbol{\alpha}_n$.

例 3.2.4 已知 $\boldsymbol{\alpha}_1=(1,2,3)$，$\boldsymbol{\alpha}_2=(2,4,1)$，$\boldsymbol{\alpha}_3=(-2,1,-4)$，$\boldsymbol{\beta}=(-6,3,-7)$，试将 $\boldsymbol{\beta}$ 用 $\boldsymbol{\alpha}_1,\boldsymbol{\alpha}_2,\boldsymbol{\alpha}_3$ 线性表示.

解：由 $\boldsymbol{\beta}=k_1\boldsymbol{\alpha}_1+k_2\boldsymbol{\alpha}_2+k_3\boldsymbol{\alpha}_3$ 得

$$\begin{cases} k_1+2k_2-2k_3=-6, \\ 2k_1+4k_2+k_3=3, \\ 3k_1+k_2-4k_3=-7. \end{cases}$$

解得 $k_1=2$，$k_2=-1$，$k_3=3$. 故 $\boldsymbol{\beta}=2\boldsymbol{\alpha}_1-\boldsymbol{\alpha}_2+3\boldsymbol{\alpha}_3$.

在例 3.2.4 中，也可以将 $\boldsymbol{\alpha}_1$，$\boldsymbol{\alpha}_2$，$\boldsymbol{\alpha}_3$，$\boldsymbol{\beta}$ 写成列向量构成一个矩阵，进行初等行变换化为 $\begin{pmatrix} 1 & 0 & 0 & 2 \\ 0 & 1 & 0 & -1 \\ 0 & 0 & 1 & 3 \end{pmatrix}$，从而也可以得到结果.

定义 3.2.2 给定两个向量组：（Ⅰ）$\boldsymbol{\alpha}_1,\boldsymbol{\alpha}_2,\cdots,\boldsymbol{\alpha}_r$，（Ⅱ）$\boldsymbol{\beta}_1,\boldsymbol{\beta}_2,\cdots,\boldsymbol{\beta}_s$. 若（Ⅰ）中的每个向量都能由（Ⅱ）线性表示，则称向量组（Ⅰ）能由向量组（Ⅱ）线性表示. 若（Ⅰ）和（Ⅱ）能互相线性表示，则称两个向量组**等价**.

例如，向量组 $\boldsymbol{\alpha}_1=(1,1),\boldsymbol{\alpha}_2=(2,3)$ 与向量组 $\boldsymbol{e}_1=(1,0)$，$\boldsymbol{e}_2=(0,1)$ 等价. 事实上，

$$\boldsymbol{\alpha}_1=\boldsymbol{e}_1+\boldsymbol{e}_2,\boldsymbol{\alpha}_2=2\boldsymbol{e}_1+3\boldsymbol{e}_2,\boldsymbol{e}_1=3\boldsymbol{\alpha}_1-\boldsymbol{\alpha}_2,\boldsymbol{e}_2=-2\boldsymbol{\alpha}_1+\boldsymbol{\alpha}_2.$$

向量组等价有如下性质：

(1) 反身性　任一个向量组与它自身等价；

(2) 对称性　若向量组（Ⅰ）和（Ⅱ）等价，则向量组（Ⅱ）和（Ⅰ）等价；

(3) 传递性　若向量组（Ⅰ）和（Ⅱ）等价，向量组（Ⅱ）和（Ⅲ）等价，则向量组（Ⅰ）和（Ⅲ）等价.

二、向量组的线性相关性

定义 3.2.3　给定向量组 $\boldsymbol{\alpha}_1,\boldsymbol{\alpha}_2,\cdots,\boldsymbol{\alpha}_r$. 若存在不全为零的数 $k_1,k_2,\cdots,k_r$，使

$$k_1\boldsymbol{\alpha}_1+k_2\boldsymbol{\alpha}_2+\cdots+k_r\boldsymbol{\alpha}_r=\mathbf{0},$$

则称向量组 $\boldsymbol{\alpha}_1,\boldsymbol{\alpha}_2,\cdots,\boldsymbol{\alpha}_r$ **线性相关**. 若只有 $k_1=k_2=\cdots=k_r=0$ 时，上式才成立，则称向量组 $\boldsymbol{\alpha}_1,\boldsymbol{\alpha}_2,\cdots,\boldsymbol{\alpha}_r$ **线性无关**.

由定义可以看出，含有零向量的向量组一定线性相关；只有一个非零向量的向量组线性无关；将一个向量组的相同位置的分量改变次序后不影响其线性相关性，例如，若已知 $\boldsymbol{\alpha}_1=(1,2,3)$，$\boldsymbol{\alpha}_2=(4,5,6)$ 线性无关，则将前两个分量交换次序后得到的 $\widetilde{\boldsymbol{\alpha}}_1=(2,1,3)$，$\widetilde{\boldsymbol{\alpha}}_2=(5,4,6)$ 也线性无关.

例 3.2.5　对 n 维单位坐标向量组 $\boldsymbol{e}_1=(1,0,\cdots,0)$，$\boldsymbol{e}_2=(0,1,\cdots,0),\cdots,\boldsymbol{e}_n=(0,0,\cdots,1)$，判断其线性相关性.

解：由 $k_1\boldsymbol{e}_1+k_2\boldsymbol{e}_2+\cdots+k_n\boldsymbol{e}_n=\mathbf{0}$ 得，只有 $k_1=k_2=\cdots=k_n=0$ 才成立. 所以 $\boldsymbol{e}_1,\boldsymbol{e}_2,\cdots,\boldsymbol{e}_n$ 线性无关.

例 3.2.6　对向量组 $\boldsymbol{\alpha}_1=(2,4,5),\boldsymbol{\alpha}_2=(1,3,-1),\boldsymbol{\alpha}_3=(2,4,a)$，判断其线性相关性.

解：由 $k_1\boldsymbol{\alpha}_1+k_2\boldsymbol{\alpha}_2+k_3\boldsymbol{\alpha}_3=\mathbf{0}$ 得

$$\begin{cases}2k_1+k_2+2k_3=0,\\4k_1+3k_2+4k_3=0,\\5k_1-k_2+ak_3=0.\end{cases}$$

由第 1 章内容可知，上述线性方程组当系数行列式为 0 时有非零解；系数行列式不为 0 时只有零解. 因为系数行列式为

$\begin{vmatrix} 2 & 1 & 2 \\ 4 & 3 & 4 \\ 5 & -1 & a \end{vmatrix} = 2a-10$，所以当 $a=5$ 时向量组线性相关；当 $a\neq 5$ 时向量组线性无关.

由例3.2.6看出，**当向量个数和维数相等时**，可以通过判断其组成的行列式的值来判断向量组的线性相关性. **当行列式为0时向量组线性相关；当行列式不为0时向量组线性无关**. 从而有如下定理.

定理3.2.1 n 个 n 维向量 $\boldsymbol{\alpha}_1, \boldsymbol{\alpha}_2, \cdots, \boldsymbol{\alpha}_n$ 线性无关的充分必要条件为它们组成的行列式不为0.

可以看出，n 阶方阵 $\boldsymbol{A}$ 的行向量组或列向量组线性无关$\Leftrightarrow |\boldsymbol{A}|\neq 0 \Leftrightarrow \boldsymbol{A}$ 可逆.

定理3.2.2 向量组 $\boldsymbol{\alpha}_1, \boldsymbol{\alpha}_2, \cdots, \boldsymbol{\alpha}_r (r\geqslant 2)$ 线性相关的充分必要条件是：至少存在一个向量能由其余向量线性表示.

证明：若向量组 $\boldsymbol{\alpha}_1, \boldsymbol{\alpha}_2, \cdots, \boldsymbol{\alpha}_r$ 线性相关，则存在不全为零的数 $k_1, k_2, \cdots, k_r$，使 $k_1\boldsymbol{\alpha}_1 + k_2\boldsymbol{\alpha}_2 + \cdots + k_r\boldsymbol{\alpha}_r = \boldsymbol{0}$. 不妨设 $k_i\neq 0$，则

$$\boldsymbol{\alpha}_i = \left(-\frac{k_1}{k_i}\right)\boldsymbol{\alpha}_1 + \left(-\frac{k_2}{k_i}\right)\boldsymbol{\alpha}_2 + \cdots + \left(-\frac{k_{i-1}}{k_i}\right)\boldsymbol{\alpha}_{i-1} + \left(-\frac{k_{i+1}}{k_i}\right)\boldsymbol{\alpha}_{i+1} + \cdots + \left(-\frac{k_r}{k_i}\right)\boldsymbol{\alpha}_r.$$

即 $\boldsymbol{\alpha}_i$ 可以由其余的向量线性表示.

若至少存在一个向量能由其余向量线性表示. 不妨设 $\boldsymbol{\alpha}_1 = k_2\boldsymbol{\alpha}_2 + \cdots + k_r\boldsymbol{\alpha}_r$，则 $(-1)\boldsymbol{\alpha}_1 + k_2\boldsymbol{\alpha}_2 + \cdots + k_r\boldsymbol{\alpha}_r = \boldsymbol{0}$. 所以向量组 $\boldsymbol{\alpha}_1, \boldsymbol{\alpha}_2, \cdots, \boldsymbol{\alpha}_r$ 线性相关. 证毕.

定理3.2.3 若向量组 $\boldsymbol{\alpha}_1, \boldsymbol{\alpha}_2, \cdots, \boldsymbol{\alpha}_r$ 线性无关，向量组 $\boldsymbol{\alpha}_1, \boldsymbol{\alpha}_2, \cdots, \boldsymbol{\alpha}_r, \boldsymbol{\beta}$ 线性相关，则 $\boldsymbol{\beta}$ 可以由 $\boldsymbol{\alpha}_1, \boldsymbol{\alpha}_2, \cdots, \boldsymbol{\alpha}_r$ 线性表示，且表示式唯一.

证明：因为向量组 $\boldsymbol{\alpha}_1, \boldsymbol{\alpha}_2, \cdots, \boldsymbol{\alpha}_r, \boldsymbol{\beta}$ 线性相关，所以存在不全为零的数 $k_1, k_2, \cdots, k_r, k$，使得 $k_1\boldsymbol{\alpha}_1 + k_2\boldsymbol{\alpha}_2 + \cdots + k_r\boldsymbol{\alpha}_r + k\boldsymbol{\beta} = \boldsymbol{0}$. 由于向量组 $\boldsymbol{\alpha}_1, \boldsymbol{\alpha}_2, \cdots, \boldsymbol{\alpha}_r$ 线性无关，所以 $k\neq 0$. 因此

$$\boldsymbol{\beta} = \left(-\frac{k_1}{k}\right)\boldsymbol{\alpha}_1 + \left(-\frac{k_2}{k}\right)\boldsymbol{\alpha}_2 + \cdots + \left(-\frac{k_r}{k}\right)\boldsymbol{\alpha}_r,$$

即 $\boldsymbol{\beta}$ 可以由 $\boldsymbol{\alpha}_1, \boldsymbol{\alpha}_2, \cdots, \boldsymbol{\alpha}_r$ 线性表示.

下面证明表示式唯一. 若不唯一，设

$$\boldsymbol{\beta}=\lambda_1\boldsymbol{\alpha}_1+\lambda_2\boldsymbol{\alpha}_2+\cdots+\lambda_r\boldsymbol{\alpha}_r,$$
$$\boldsymbol{\beta}=\mu_1\boldsymbol{\alpha}_1+\mu_2\boldsymbol{\alpha}_2+\cdots+\mu_r\boldsymbol{\alpha}_r,$$

则两式相减得到

$$(\lambda_1-\mu_1)\boldsymbol{\alpha}_1+(\lambda_2-\mu_2)\boldsymbol{\alpha}_2+\cdots+(\lambda_r-\mu_r)\boldsymbol{\alpha}_r=\mathbf{0}.$$

由 $\boldsymbol{\alpha}_1,\boldsymbol{\alpha}_2,\cdots,\boldsymbol{\alpha}_r$ 线性无关，得到 $\lambda_1-\mu_1=\lambda_2-\mu_2=\cdots=\lambda_r-\mu_r=0$. 从而 $\lambda_1=\mu_1,\lambda_2=\mu_2,\cdots,\lambda_r=\mu_r$. 所以表示式唯一. 证毕.

定理 3.2.4　向量组 $\boldsymbol{\alpha}_1$，$\boldsymbol{\alpha}_2,\cdots,\boldsymbol{\alpha}_r(r\geqslant 2)$ 中，若某一个部分向量组线性相关，则整体向量组 $\boldsymbol{\alpha}_1,\boldsymbol{\alpha}_2,\cdots,\boldsymbol{\alpha}_r$ 线性相关.

证明：不妨设 $\boldsymbol{\alpha}_1,\boldsymbol{\alpha}_2,\cdots,\boldsymbol{\alpha}_s(s\leqslant r)$ 线性相关. 则存在不全为零的数 $k_1,k_2,\cdots,k_s$，使 $k_1\boldsymbol{\alpha}_1+k_2\boldsymbol{\alpha}_2+\cdots+k_s\boldsymbol{\alpha}_s=\mathbf{0}$. 所以 $k_1\boldsymbol{\alpha}_1+k_2\boldsymbol{\alpha}_2+\cdots+k_s\boldsymbol{\alpha}_s+0\boldsymbol{\alpha}_{s+1}+\cdots+0\boldsymbol{\alpha}_r=\mathbf{0}$. 从而向量组 $\boldsymbol{\alpha}_1,\boldsymbol{\alpha}_2,\cdots,\boldsymbol{\alpha}_r$ 线性相关. 证毕.

由定理 3.2.4 的逆否命题，得到如下推论.

推论 3.2.1　若整体向量组 $\boldsymbol{\alpha}_1,\boldsymbol{\alpha}_2,\cdots,\boldsymbol{\alpha}_r$ 线性无关，则任何一个部分向量组线性无关.

定理 3.2.5　若 n 维向量组 $\boldsymbol{\alpha}_1,\boldsymbol{\alpha}_2,\cdots,\boldsymbol{\alpha}_r$ 线性无关，则每个向量增加相同的有限维数以后得到的 $n+k(k\geqslant 1)$ 维向量组也线性无关.

证明：设 $\boldsymbol{\alpha}_i=\begin{pmatrix}a_{i1}\\a_{i2}\\\vdots\\a_{in}\end{pmatrix}(i=1,2,\cdots,r)$，增加一维后得到 $\widetilde{\boldsymbol{\alpha}}_i=\begin{pmatrix}a_{i1}\\a_{i2}\\\vdots\\a_{in}\\a_{i,n+1}\end{pmatrix}(i=1,2,\cdots,r)$，由 $k_1\widetilde{\boldsymbol{\alpha}}_1+k_2\widetilde{\boldsymbol{\alpha}}_2+\cdots+k_r\widetilde{\boldsymbol{\alpha}}_r=\mathbf{0}$，得到

$$\begin{cases}k_1a_{11}+k_2a_{21}+\cdots+k_ra_{r1}=0,\\k_1a_{12}+k_2a_{22}+\cdots+k_ra_{r2}=0,\\\quad\vdots\\k_1a_{1n}+k_2a_{2n}+\cdots+k_ra_{rn}=0,\\k_1a_{1,n+1}+k_2a_{2,n+1}+\cdots+k_ra_{r,n+1}=0.\end{cases}$$

因为向量组 $\boldsymbol{\alpha}_1,\boldsymbol{\alpha}_2,\cdots,\boldsymbol{\alpha}_r$ 线性无关，所以由前 n 个方程得到，只有 $k_1=k_2=\cdots=k_r=0$ 成立. 从而每个向量增加一维后得到的向量组$\widetilde{\boldsymbol{\alpha}}_1,\widetilde{\boldsymbol{\alpha}}_2,\cdots,\widetilde{\boldsymbol{\alpha}}_r$ 也线性无关.

进一步，每个向量增加 k 维后所得到的向量组也线性无关. 证毕.

推论 3.2.2 若 n 维向量组 $\boldsymbol{\alpha}_1,\boldsymbol{\alpha}_2,\cdots,\boldsymbol{\alpha}_r$ 线性相关，则每个向量降低相同的有限维数以后得到的 $n-k(1\leqslant k<n)$ 维向量组也线性相关.

推论 3.2.2 是定理 3.2.5 的逆否命题.

推论 3.2.3 若向量组中的向量个数大于向量的维数，则该向量组线性相关.

证明：设 n 维向量组 $\boldsymbol{\alpha}_i=\begin{pmatrix}a_{i1}\\a_{i2}\\\vdots\\a_{in}\end{pmatrix}(i=1,2,\cdots,r)$，满足 $r>n$.

将每个向量增加 $(r-n)$ 维，并且增加的分量都是 0，得到

$$\widetilde{\boldsymbol{\alpha}}_i=\begin{pmatrix}a_{i1}\\a_{i2}\\\vdots\\a_{in}\\0\\\vdots\\0\end{pmatrix}(i=1,2,\cdots,r).$$

向量组$\widetilde{\boldsymbol{\alpha}}_i(i=1,2,\cdots,r)$的个数与维数相等，所以其线性相关性可化为对其组成的行列式的值的判断. 因为行列式 $|\widetilde{\boldsymbol{\alpha}}_1,\widetilde{\boldsymbol{\alpha}}_2,\cdots,\widetilde{\boldsymbol{\alpha}}_r|=0$，所以向量组$\widetilde{\boldsymbol{\alpha}}_1,\widetilde{\boldsymbol{\alpha}}_2,\cdots,\widetilde{\boldsymbol{\alpha}}_r$ 线性相关. 再由推论 3.2.2 可得原向量组 $\boldsymbol{\alpha}_1,\boldsymbol{\alpha}_2,\cdots,\boldsymbol{\alpha}_r$ 也线性相关.

例 3.2.7 判断下列向量组的线性相关性.

(1) $\boldsymbol{\alpha}_1=(1,3,5),\boldsymbol{\alpha}_2=(7,4,0),\boldsymbol{\alpha}_3=(2,-1,5),\boldsymbol{\alpha}_4=(-3,1,-6)$.

(2) $\boldsymbol{\alpha}_1=(1,1,0,7,9,10),\boldsymbol{\alpha}_2=(0,1,0,2,4,6),\boldsymbol{\alpha}_3=(0,0,3,5,7,3)$.

解：(1) 因为向量个数为 4，维数为 3，由推论 3.2.3 得向量

组线性相关.

（2）取 $\boldsymbol{\alpha}_1,\boldsymbol{\alpha}_2,\boldsymbol{\alpha}_3$ 的前三个分量，记为 $\boldsymbol{\beta}_1=(1,1,0),\boldsymbol{\beta}_2=(0,1,0),\boldsymbol{\beta}_3=(0,0,3)$. 其组成的行列式为 $\begin{vmatrix}1&0&0\\1&1&0\\0&0&3\end{vmatrix}=3\neq0$，所以 $\boldsymbol{\beta}_1,\boldsymbol{\beta}_2,\boldsymbol{\beta}_3$ 线性无关. 根据定理 3.2.5，对 $\boldsymbol{\beta}_1,\boldsymbol{\beta}_2,\boldsymbol{\beta}_3$ 增加三维后得到的 $\boldsymbol{\alpha}_1,\boldsymbol{\alpha}_2,\boldsymbol{\alpha}_3$ 也线性无关.

习题 3.2

1. 判断题.

（1）若 $\boldsymbol{\alpha}_1,\boldsymbol{\alpha}_2$ 线性相关，则 $\boldsymbol{\alpha}_1,\boldsymbol{\alpha}_2,\boldsymbol{\alpha}_3$ 一定线性相关；（　）

（2）若 $\boldsymbol{\alpha}_1,\boldsymbol{\alpha}_2,\boldsymbol{\alpha}_3$ 线性无关，则 $\boldsymbol{\alpha}_1,\boldsymbol{\alpha}_2$ 一定线性无关；（　）

（3）$n+1$ 个 n 维向量组成的向量组不一定线性相关.（　）

2. 判断下列向量组的线性相关性.

（1）$\boldsymbol{\alpha}_1=(0,0,0),\boldsymbol{\alpha}_2=(1,2,4),\boldsymbol{\alpha}_3=(5,-1,3),\boldsymbol{\alpha}_4=(-4,2,4)$；

（2）$\boldsymbol{\alpha}_1=(2,1,0)$；

（3）$\boldsymbol{\alpha}_1=(-2,1,2),\boldsymbol{\alpha}_2=(1,2,4),\boldsymbol{\alpha}_3=(-4,2,4)$；

（4）$\boldsymbol{\alpha}_1=(2,1,4),\boldsymbol{\alpha}_2=(3,5,2),\boldsymbol{\alpha}_3=(5,-2,3),\boldsymbol{\alpha}_4=(4,5,-3)$；

（5）$\boldsymbol{\alpha}_1=(4,1,0,0,2,3),\boldsymbol{\alpha}_2=(4,0,1,0,5,7),\boldsymbol{\alpha}_3=(4,0,0,1,5,-2)$.

3. 已知 $\boldsymbol{\alpha}_1=(3,2),\boldsymbol{\alpha}_2=(0,1),\boldsymbol{\beta}=(6,5)$.

（1）判断 $\boldsymbol{\alpha}_1,\boldsymbol{\alpha}_2$ 的线性相关性；

（2）判断 $\boldsymbol{\alpha}_1,\boldsymbol{\alpha}_2,\boldsymbol{\beta}$ 的线性相关性；

（3）如果 $\boldsymbol{\beta}$ 能由 $\boldsymbol{\alpha}_1,\boldsymbol{\alpha}_2$ 线性表示，求出其表示式；若不能线性表示，请说明理由.

4. 已知矩阵 $\boldsymbol{A}=\begin{pmatrix}1&5&3\\2&0&4\\4&-2&7\end{pmatrix}$，写出 $\boldsymbol{A}$ 的列向量组，并判断其线性相关性.

3.3 极大线性无关组

由 3.2 节可知，n 维单位坐标向量组 $\boldsymbol{e}_1,\boldsymbol{e}_2,\cdots,\boldsymbol{e}_n$ 线性无关，添加任意一个 n 维向量 $\boldsymbol{\alpha}$ 后，得到 $n+1$ 个 n 维向量，满足线性相关，且 $\boldsymbol{\alpha}$ 可以由 $\boldsymbol{e}_1,\boldsymbol{e}_2,\cdots,\boldsymbol{e}_n$ 唯一地线性表示. 从而联想到在一个一般的向量组中，能否找到这样的一个部分组，满足线性无关，同时增加任意一个向量后变为线性相关. 这就是本节要讨论的极大线性无关组.

一、极大线性无关组

定义 3.3.1　在一个向量组 T 中，若存在由其中 r 个向量构成的部分向量组 $\boldsymbol{\alpha}_1,\boldsymbol{\alpha}_2,\cdots,\boldsymbol{\alpha}_r$ 满足：

(1) $\boldsymbol{\alpha}_1,\boldsymbol{\alpha}_2,\cdots,\boldsymbol{\alpha}_r$ 线性无关；

(2) 任意 $r+1$ 个向量（若存在）构成的向量组线性相关，则称 $\boldsymbol{\alpha}_1,\boldsymbol{\alpha}_2,\cdots,\boldsymbol{\alpha}_r$ 为该向量组的**极大线性无关组**，简称为**极大无关组**.

从上述定义可以看出，若向量组本身线性无关，则它的极大线性无关组就是它自己；若向量组本身线性相关，则它的极大线性无关组是它的一个部分组，并且可能不是唯一的. 由定理 3.2.3 可知，向量组中的任何一个向量都可以由其极大线性无关组线性表示. 进一步，由于极大线性无关组中的任何一个向量也都可以由该整体向量组线性表示（如 $\boldsymbol{\alpha}_1=1\boldsymbol{\alpha}_1+0\boldsymbol{\alpha}_2+0\boldsymbol{\alpha}_3+\cdots$），所以**向量组和它的极大线性无关组是等价的**.

若已知向量组可以由它的某个部分线性无关组线性表示，则该线性无关组是否是该向量组的极大线性无关组呢？下面我们将针对该问题进行研究.

定理 3.3.1　给定由 r 个向量构成的向量组 $\boldsymbol{\alpha}_1,\boldsymbol{\alpha}_2,\cdots,\boldsymbol{\alpha}_r$ 与由 s 个向量构成的向量组 $\boldsymbol{\beta}_1,\boldsymbol{\beta}_2,\cdots,\boldsymbol{\beta}_s$，且 $\boldsymbol{\alpha}_1,\boldsymbol{\alpha}_2,\cdots,\boldsymbol{\alpha}_r$ 可以由 $\boldsymbol{\beta}_1,\boldsymbol{\beta}_2,\cdots,\boldsymbol{\beta}_s$ 线性表示. 若 $\boldsymbol{\alpha}_1,\boldsymbol{\alpha}_2,\cdots,\boldsymbol{\alpha}_r$ 线性无关，则 $r\leqslant s$.

证明：反证法. 假设 $r>s$. 因为 $\boldsymbol{\alpha}_1,\boldsymbol{\alpha}_2,\cdots,\boldsymbol{\alpha}_r$ 可以由 $\boldsymbol{\beta}_1,\boldsymbol{\beta}_2,\cdots,\boldsymbol{\beta}_s$ 线性表示，所以

$$\boldsymbol{\alpha}_i=c_{i1}\boldsymbol{\beta}_1+c_{i2}\boldsymbol{\beta}_2+\cdots+c_{is}\boldsymbol{\beta}_s,\quad i=1,2,\cdots,r.$$

记 $\boldsymbol{p}_i=\begin{pmatrix}c_{i1}\\c_{i2}\\\vdots\\c_{is}\end{pmatrix}, i=1,2,\cdots,r$，矩阵 $\boldsymbol{A}=(\boldsymbol{p}_1,\ \boldsymbol{p}_2,\ \cdots,\ \boldsymbol{p}_r)$，则有

$$(\boldsymbol{\alpha}_1,\boldsymbol{\alpha}_2,\cdots,\boldsymbol{\alpha}_r)=(\boldsymbol{\beta}_1,\boldsymbol{\beta}_2,\cdots,\boldsymbol{\beta}_s)\boldsymbol{A}.$$

因为 $\boldsymbol{p}_1,\boldsymbol{p}_2,\cdots,\boldsymbol{p}_r$ 为 r 个 s 维向量，且 $r>s$. 所以由定义 3.2.3 可知 $\boldsymbol{p}_1,\boldsymbol{p}_2,\cdots,\boldsymbol{p}_r$ 线性相关. 因此存在不全为零的数 k_1，$k_2,\cdots,k_r$ 使得 $k_1\boldsymbol{p}_1+k_2\boldsymbol{p}_2+\cdots+k_r\boldsymbol{p}_r=\mathbf{0}$. 即 $\boldsymbol{A}\begin{pmatrix}k_1\\k_2\\\vdots\\k_r\end{pmatrix}=\mathbf{0}$. 进一步，

$$k_1\boldsymbol{\alpha}_1+k_2\boldsymbol{\alpha}_2+\cdots+k_r\boldsymbol{\alpha}_r=(\boldsymbol{\alpha}_1,\ \boldsymbol{\alpha}_2,\ \cdots,\ \boldsymbol{\alpha}_r)\begin{pmatrix}k_1\\k_2\\\vdots\\k_r\end{pmatrix}=(\boldsymbol{\beta}_1,\ \boldsymbol{\beta}_2,\ \cdots,\ \boldsymbol{\beta}_s)\boldsymbol{A}\begin{pmatrix}k_1\\k_2\\\vdots\\k_r\end{pmatrix}=\mathbf{0}.$$

所以 $\boldsymbol{\alpha}_1,\boldsymbol{\alpha}_2,\cdots,\boldsymbol{\alpha}_r$ 线性相关. 与已知矛盾. 因此 $r\leqslant s$. 证毕.

推论 3.3.1　已知向量组 $\boldsymbol{\alpha}_1,\boldsymbol{\alpha}_2,\cdots,\boldsymbol{\alpha}_r$ 可以由向量组 $\boldsymbol{\beta}_1,\boldsymbol{\beta}_2,\cdots,\boldsymbol{\beta}_s$ 线性表示. 若 $r>s$, 则 $\boldsymbol{\alpha}_1,\boldsymbol{\alpha}_2,\cdots,\boldsymbol{\alpha}_r$ 线性相关.

推论 3.3.1 是定理 3.3.1 的逆否命题. 同时因为等价的向量组可以互相线性表示, 从而又得到如下推论.

推论 3.3.2　两个等价的线性无关向量组必定含有相同个数的向量.

由于向量组与它的极大线性无关组等价, 所以根据等价的传递性, 如果向量组有两个极大线性无关组, 则这两个极大线性无关组也等价, 从而含有相同个数的向量.

定理 3.3.2　若 $\boldsymbol{\alpha}_1,\boldsymbol{\alpha}_2,\cdots,\boldsymbol{\alpha}_r$ 是某向量组 T 的一个线性无关组, 且向量组中的每一个向量都能由 $\boldsymbol{\alpha}_1,\boldsymbol{\alpha}_2,\cdots,\boldsymbol{\alpha}_r$ 线性表示, 则 $\boldsymbol{\alpha}_1,\boldsymbol{\alpha}_2,\cdots,\boldsymbol{\alpha}_r$ 是该向量组的极大线性无关组.

证明: 若向量组 T 中只有 r 个向量, 则 $\boldsymbol{\alpha}_1,\boldsymbol{\alpha}_2,\cdots,\boldsymbol{\alpha}_r$ 即为极大线性无关组. 若向量组 T 中向量个数超过 r 个, 在向量组 T 中任取 $r+1$ 个向量, 则它们都能由 $\boldsymbol{\alpha}_1$, $\boldsymbol{\alpha}_2$, $\cdots$, $\boldsymbol{\alpha}_r$ 线性表示. 由推论 3.3.1 可知, 这 $r+1$ 个向量构成的向量组线性相关. 所以 $\boldsymbol{\alpha}_1,\boldsymbol{\alpha}_2,\cdots,\boldsymbol{\alpha}_r$ 是向量组 T 的极大线性无关组.

由以上分析可知, **一个向量组的极大线性无关组的意义在于: 从该向量组里面找出向量个数确定的一个线性无关组, 使得向量组可以由该线性无关组线性表示.**

例 3.3.1　求下列向量组的一个极大线性无关组.

(1) $\boldsymbol{\alpha}_1=(0,0,0),\boldsymbol{\alpha}_2=(1,2,1),\boldsymbol{\alpha}_3=(2,-1,3),\boldsymbol{\alpha}_4=(-2,1,4)$.

(2) $\boldsymbol{e}_1=(1,0,0),\boldsymbol{e}_2=(0,1,0),\boldsymbol{e}_3=(0,0,1),\boldsymbol{\alpha}=(2,3,4),\boldsymbol{\beta}=(5,6,7)$.

解: (1) $\boldsymbol{\alpha}_1,\boldsymbol{\alpha}_2,\boldsymbol{\alpha}_3,\boldsymbol{\alpha}_4$ 含有零向量, 所以线性相关. 又因为

$\boldsymbol{\alpha}_2,\boldsymbol{\alpha}_3,\boldsymbol{\alpha}_4$ 组成的行列式 $\begin{vmatrix}1 & 2 & -2\\ 2 & -1 & 1\\ 1 & 3 & 4\end{vmatrix}=-35\neq 0$，所以 $\boldsymbol{\alpha}_2,\boldsymbol{\alpha}_3,\boldsymbol{\alpha}_4$ 线性无关. 由定义 3.3.1 知，$\boldsymbol{\alpha}_2,\boldsymbol{\alpha}_3,\boldsymbol{\alpha}_4$ 为一个极大线性无关组.

(2) $\boldsymbol{e}_1,\boldsymbol{e}_2,\boldsymbol{e}_3$ 为单位坐标向量组，所以线性无关. 又因为

$$\boldsymbol{\alpha}=2\boldsymbol{e}_1+3\boldsymbol{e}_2+4\boldsymbol{e}_3,\boldsymbol{\beta}=5\boldsymbol{e}_1+6\boldsymbol{e}_2+7\boldsymbol{e}_3,$$

$$\boldsymbol{e}_1=1\boldsymbol{e}_1+0\boldsymbol{e}_2+0\boldsymbol{e}_3,\boldsymbol{e}_2=0\boldsymbol{e}_1+1\boldsymbol{e}_2+0\boldsymbol{e}_3,\boldsymbol{e}_3=0\boldsymbol{e}_1+0\boldsymbol{e}_2+1\boldsymbol{e}_3,$$

所以向量组 $\boldsymbol{e}_1,\boldsymbol{e}_2,\boldsymbol{e}_3,\boldsymbol{\alpha},\boldsymbol{\beta}$ 可以由 $\boldsymbol{e}_1,\boldsymbol{e}_2,\boldsymbol{e}_3$ 线性表示. 由定理 3.3.2 知，$\boldsymbol{e}_1,\boldsymbol{e}_2,\boldsymbol{e}_3$ 为一个极大线性无关组.

第(2)问中，根据 4 个三维向量一定线性相关，也可得出结论.

定义 3.3.2　设 V 是向量空间，$\boldsymbol{\alpha}_1,\boldsymbol{\alpha}_2,\cdots,\boldsymbol{\alpha}_r\in V$. 若满足

(1) $\boldsymbol{\alpha}_1,\boldsymbol{\alpha}_2,\cdots,\boldsymbol{\alpha}_r$ 线性无关；

(2) V 中任意一个向量都可以由 $\boldsymbol{\alpha}_1,\boldsymbol{\alpha}_2,\cdots,\boldsymbol{\alpha}_r$ 线性表示，

则称 $\boldsymbol{\alpha}_1,\boldsymbol{\alpha}_2,\cdots,\boldsymbol{\alpha}_r$ 为**向量空间 V 的一组基**，同时基中所含向量的个数 r 称为**向量空间 V 的维数**.

由定义 3.3.2 可以看出，若将一个向量空间看成是一个向量组，则该向量空间的一组基就是它的一个极大线性无关组.

习题 3.3

1. 判断题.

(1) 一个向量组和它的任何一个极大线性无关组都等价；　(　　)

(2) 若向量组 $\boldsymbol{\alpha}_1,\boldsymbol{\alpha}_2,\cdots,\boldsymbol{\alpha}_r$ 可以由 $\boldsymbol{\beta}_1,\boldsymbol{\beta}_2,\cdots,\boldsymbol{\beta}_s$ 线性表示，则 $r\leqslant s$.　(　　)

2. 求下列向量组的一个极大线性无关组.

(1) $\boldsymbol{\alpha}_1=(1,2,3),\boldsymbol{\alpha}_2=(0,4,5),\boldsymbol{\alpha}_3=(0,0,7)$；

(2) $\boldsymbol{\alpha}_1=(3,1,-4),\boldsymbol{\alpha}_2=(2,-1,5),\boldsymbol{\alpha}_3=(0,0,0)$.

3.4 向量组的秩

一、向量组的秩

定义 3.4.1　在一个向量组 T 中，若由其中 r 个向量构成的部分向量组 $\boldsymbol{\alpha}_1,\boldsymbol{\alpha}_2,\cdots,\boldsymbol{\alpha}_r$ 为该向量组的极大线性无关组，则称 r 为该向量组的**秩**，记为 $R(T)=r$.

规定：**只含有零向量的向量组的秩为零.**

由定义可以看出，向量组的秩就是该向量组中线性无关向量的最大个数. 所以，如果一个向量组是线性无关的，那么它的秩与它的向量个数是相等的.

对两个等价的向量组，由于向量组与它的极大线性无关组等价，所以两个向量组各自的极大线性无关组也等价(见图 3.1). 根据推论 3.3.2，这两个极大线性无关组含有相同个数的向量. 所以两个等价向量组的秩相等.

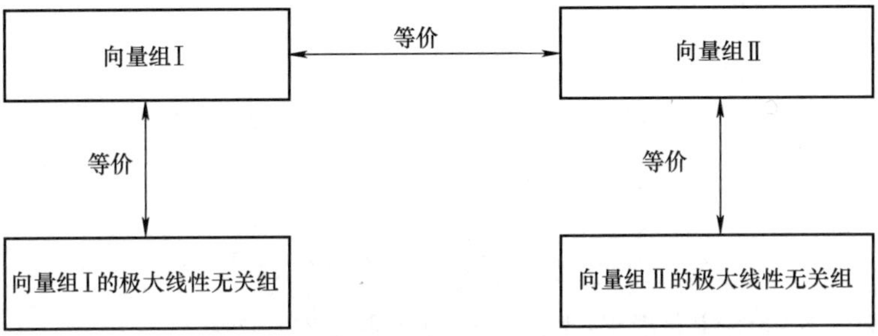

图　3.1

定理 3.4.1　对矩阵 $\boldsymbol{A}$ 进行有限次初等行变换，不改变列向量组的线性关系. 即不改变列向量组或其部分组的线性相关性，不改变极大线性无关组的相对位置，不改变线性表示的相对位置，不改变列向量组的秩.

证明：设 $\boldsymbol{A}=(\boldsymbol{\alpha}_1,\ \boldsymbol{\alpha}_2,\ \cdots,\ \boldsymbol{\alpha}_n)=\begin{pmatrix} a_{11} & a_{12} & \cdots & a_{1n} \\ a_{21} & a_{22} & \cdots & a_{2n} \\ \vdots & \vdots & & \vdots \\ a_{m1} & a_{m2} & \cdots & a_{mn} \end{pmatrix}$,

且经过有限次初等行变换后

$$\boldsymbol{A}\sim\boldsymbol{B}=(\widetilde{\boldsymbol{\alpha}}_1,\ \widetilde{\boldsymbol{\alpha}}_2,\ \cdots,\ \widetilde{\boldsymbol{\alpha}}_n)=\begin{pmatrix} \widetilde{a}_{11} & \widetilde{a}_{12} & \cdots & \widetilde{a}_{1n} \\ \widetilde{a}_{21} & \widetilde{a}_{22} & \cdots & \widetilde{a}_{2n} \\ \vdots & \vdots & & \vdots \\ \widetilde{a}_{m1} & \widetilde{a}_{m2} & \cdots & \widetilde{a}_{mn} \end{pmatrix},$$

对列向量组 $\boldsymbol{\alpha}_1,\boldsymbol{\alpha}_2,\cdots,\boldsymbol{\alpha}_n$ 线性相关性的判别式：$k_1\boldsymbol{\alpha}_1+k_2\boldsymbol{\alpha}_2+\cdots+k_n\boldsymbol{\alpha}_n=\boldsymbol{0}$，可写为：

$$\begin{cases} k_1a_{11}+k_2a_{12}+\cdots+k_na_{1n}=0, \\ k_1a_{21}+k_2a_{22}+\cdots+k_na_{2n}=0, \\ \qquad\vdots \\ k_1a_{m1}+k_2a_{m2}+\cdots+k_na_{mn}=0, \end{cases} \tag{3.1}$$

考虑到右端项均为 0，所以矩阵 $\boldsymbol{A}$ 和上述线性方程组建立了一一对应关系. 同理，对初等行变换后的列向量组 $\widetilde{\boldsymbol{\alpha}}_1,\widetilde{\boldsymbol{\alpha}}_2,\cdots,\widetilde{\boldsymbol{\alpha}}_n$ 线性相关性的判别式：$k_1\widetilde{\boldsymbol{\alpha}}_1+k_2\widetilde{\boldsymbol{\alpha}}_2+\cdots+k_n\widetilde{\boldsymbol{\alpha}}_n=\boldsymbol{0}$，可写为：

$$\begin{cases} k_1\widetilde{a}_{11}+k_2\widetilde{a}_{12}+\cdots+k_n\widetilde{a}_{1n}=0, \\ k_1\widetilde{a}_{21}+k_2\widetilde{a}_{22}+\cdots+k_n\widetilde{a}_{2n}=0, \\ \qquad\vdots \\ k_1\widetilde{a}_{m1}+k_2\widetilde{a}_{m2}+\cdots+k_n\widetilde{a}_{mn}=0, \end{cases} \tag{3.2}$$

矩阵 $\boldsymbol{B}$ 和线性方程组(3.2)也建立了一一对应关系.

对矩阵 $\boldsymbol{A}$ 初等行变换得到矩阵 $\boldsymbol{B}$，相当于对方程组(3.1)进行初等变换得到方程组(3.2). 再由 2.4 节可知，对线性方程组进行初等变换不改变它的解，所以方程组(3.1)与方程组(3.2)同解. 即初等行变换前后的列向量组 $\boldsymbol{\alpha}_1,\boldsymbol{\alpha}_2,\cdots,\boldsymbol{\alpha}_n$ 和 $\widetilde{\boldsymbol{\alpha}}_1,\widetilde{\boldsymbol{\alpha}}_2,\cdots,\widetilde{\boldsymbol{\alpha}}_n$ 具有相同的线性相关性.

同理可证，初等行变换前后的部分列向量组也具有相同的线性相关性. 从而初等行变换不改变极大线性无关组的相对位置，也不改变列向量组的秩.

另一方面，若 $\boldsymbol{\alpha}_i=\left(-\frac{k_1}{k_i}\right)\boldsymbol{\alpha}_1+\left(-\frac{k_2}{k_i}\right)\boldsymbol{\alpha}_2+\cdots+\left(-\frac{k_{i-1}}{k_i}\right)\boldsymbol{\alpha}_{i-1}+\left(-\frac{k_{i+1}}{k_i}\right)\boldsymbol{\alpha}_{i+1}+\cdots+\left(-\frac{k_n}{k_i}\right)\boldsymbol{\alpha}_n$，则 $\widetilde{\boldsymbol{\alpha}}_i=\left(-\frac{k_1}{k_i}\right)\widetilde{\boldsymbol{\alpha}}_1+\left(-\frac{k_2}{k_i}\right)\widetilde{\boldsymbol{\alpha}}_2+\cdots+\left(-\frac{k_{i-1}}{k_i}\right)\widetilde{\boldsymbol{\alpha}}_{i-1}+\left(-\frac{k_{i+1}}{k_i}\right)\widetilde{\boldsymbol{\alpha}}_{i+1}+\cdots+\left(-\frac{k_n}{k_i}\right)\widetilde{\boldsymbol{\alpha}}_n$，即初等行变换不改变线性表示的相对位置. 证毕.

推论 3.4.1 对矩阵 $\boldsymbol{A}$ 进行有限次初等列变换，不改变行向量组的线性关系.

例 3.4.1　设 $\boldsymbol{A}=(\boldsymbol{\alpha}_1,\ \boldsymbol{\alpha}_2,\ \boldsymbol{\alpha}_3,\ \boldsymbol{\alpha}_4)$ 经过有限次初等行变换后变为 $\boldsymbol{B}=(\widetilde{\boldsymbol{\alpha}}_1,\ \widetilde{\boldsymbol{\alpha}}_2,\ \widetilde{\boldsymbol{\alpha}}_3,\ \widetilde{\boldsymbol{\alpha}}_4)$，若 $\widetilde{\boldsymbol{\alpha}}_1,\widetilde{\boldsymbol{\alpha}}_2,\widetilde{\boldsymbol{\alpha}}_3$ 为向量组 $\widetilde{\boldsymbol{\alpha}}_1,\widetilde{\boldsymbol{\alpha}}_2,\widetilde{\boldsymbol{\alpha}}_3,\widetilde{\boldsymbol{\alpha}}_4$ 的一个极大线性无关组，且 $\widetilde{\boldsymbol{\alpha}}_4=2\widetilde{\boldsymbol{\alpha}}_1+3\widetilde{\boldsymbol{\alpha}}_2+5\widetilde{\boldsymbol{\alpha}}_3$. 试求向量组 $\boldsymbol{\alpha}_1,\boldsymbol{\alpha}_2,\boldsymbol{\alpha}_3,\boldsymbol{\alpha}_4$ 的一个极大线性无关组和秩，并将其余的向量用该极大线性无关组线性表示.

解：由定理 3.4.1 可直接得到：和 $\widetilde{\boldsymbol{\alpha}}_1,\widetilde{\boldsymbol{\alpha}}_2,\widetilde{\boldsymbol{\alpha}}_3$ 处于相同位置的初等行变换前的 $\boldsymbol{\alpha}_1,\boldsymbol{\alpha}_2,\boldsymbol{\alpha}_3$ 是向量组 $\boldsymbol{\alpha}_1,\boldsymbol{\alpha}_2,\boldsymbol{\alpha}_3,\boldsymbol{\alpha}_4$ 的一个极大线性无关组，所以向量组 $\boldsymbol{\alpha}_1,\boldsymbol{\alpha}_2,\boldsymbol{\alpha}_3,\boldsymbol{\alpha}_4$ 的秩为 3. 且由于初等行变换不改变线性表示的相对位置，所以 $\boldsymbol{\alpha}_4=2\boldsymbol{\alpha}_1+3\boldsymbol{\alpha}_2+5\boldsymbol{\alpha}_3$.

二、向量组的秩和矩阵秩的关系

定义 3.4.2　矩阵 $\boldsymbol{A}$ 的列向量组的秩，称为矩阵的**列秩**；矩阵 $\boldsymbol{A}$ 的行向量组的秩，称为矩阵的**行秩**.

定理 3.4.2　矩阵 $\boldsymbol{A}$ 的行秩和列秩，都等于矩阵 $\boldsymbol{A}$ 的秩，等于矩阵 $\boldsymbol{A}$ 的行阶梯形矩阵或行最简形矩阵的非零行的行数.

证明：设矩阵 $\boldsymbol{A}=(\boldsymbol{\alpha}_1,\ \boldsymbol{\alpha}_2,\ \cdots,\ \boldsymbol{\alpha}_n)=\begin{pmatrix} a_{11} & a_{12} & \cdots & a_{1n} \\ a_{21} & a_{22} & \cdots & a_{2n} \\ \vdots & \vdots & & \vdots \\ a_{m1} & a_{m2} & \cdots & a_{mn} \end{pmatrix}$，$R(\boldsymbol{A})=r$，且 $\boldsymbol{A}$ 经过有限次初等行变换后化成行最简形矩阵 $\boldsymbol{B}$.

根据 2.5 节可知，初等变换不改变矩阵的秩，且矩阵的秩等于行阶梯形矩阵或行最简形矩阵的非零行的行数. 即 $R(\boldsymbol{B})=R(\boldsymbol{A})=r$. 不妨设

$$\boldsymbol{B}=(\widetilde{\boldsymbol{\alpha}}_1,\widetilde{\boldsymbol{\alpha}}_2,\cdots,\widetilde{\boldsymbol{\alpha}}_n)=\begin{pmatrix} 1 & 0 & \cdots & 0 & \widetilde{a}_{1,r+1} & \cdots & \widetilde{a}_{1n} \\ 0 & 1 & \cdots & 0 & \widetilde{a}_{2,r+1} & \cdots & \widetilde{a}_{2n} \\ \vdots & \vdots & & \vdots & \vdots & & \vdots \\ 0 & 0 & \cdots & 1 & \widetilde{a}_{r,r+1} & \cdots & \widetilde{a}_{rn} \\ 0 & 0 & \cdots & 0 & 0 & \cdots & 0 \\ \vdots & \vdots & & \vdots & \vdots & & \vdots \\ 0 & 0 & \cdots & 0 & 0 & \cdots & 0 \end{pmatrix}.$$

可以看出 $\widetilde{\boldsymbol{\alpha}}_1,\widetilde{\boldsymbol{\alpha}}_2,\cdots,\widetilde{\boldsymbol{\alpha}}_r$ 线性无关，且 $\widetilde{\boldsymbol{\alpha}}_1,\widetilde{\boldsymbol{\alpha}}_2,\cdots,\widetilde{\boldsymbol{\alpha}}_n$ 中每一个向量都可以由 $\widetilde{\boldsymbol{\alpha}}_1,\widetilde{\boldsymbol{\alpha}}_2,\cdots,\widetilde{\boldsymbol{\alpha}}_r$ 线性表示. 根据定理 3.3.2，$\widetilde{\boldsymbol{\alpha}}_1,\widetilde{\boldsymbol{\alpha}}_2,\cdots,$

$\widetilde{\boldsymbol{\alpha}}_r$ 为向量组$\widetilde{\boldsymbol{\alpha}}_1, \widetilde{\boldsymbol{\alpha}}_2, \cdots, \widetilde{\boldsymbol{\alpha}}_n$ 的一个极大线性无关组. 再根据定理 3.4.1, $\boldsymbol{\alpha}_1, \boldsymbol{\alpha}_2, \cdots, \boldsymbol{\alpha}_r$ 也为向量组 $\boldsymbol{\alpha}_1, \boldsymbol{\alpha}_2, \cdots, \boldsymbol{\alpha}_n$ 的一个极大线性无关组. 所以 $\boldsymbol{A}$ 的列秩 $= r = R(\boldsymbol{A})$.

另一方面, 由矩阵秩的定义可知, $R(\boldsymbol{A}^{\mathrm{T}}) = R(\boldsymbol{A}) = r$, 故 $\boldsymbol{A}$ 的行秩 $= \boldsymbol{A}^{\mathrm{T}}$ 的列秩 $= R(\boldsymbol{A}^{\mathrm{T}}) = r$. 证毕.

例 3.4.2 求向量组 $\boldsymbol{\alpha}_1 = (1,0,2,3), \boldsymbol{\alpha}_2 = (1,1,3,5), \boldsymbol{\alpha}_3 = (1,-1,3,1), \boldsymbol{\alpha}_4 = (1,2,4,7), \boldsymbol{\alpha}_5 = (1,1,2,5)$ 的秩及一个极大线性无关组, 并将剩余向量用该极大线性无关组线性表示.

解: 将 $\boldsymbol{\alpha}_1, \boldsymbol{\alpha}_2, \boldsymbol{\alpha}_3, \boldsymbol{\alpha}_4, \boldsymbol{\alpha}_5$ 写成一个矩阵 $\boldsymbol{A}$ 的列向量组, 并进行初等行变换.

$$\boldsymbol{A} = \begin{pmatrix} 1 & 1 & 1 & 1 & 1 \\ 0 & 1 & -1 & 2 & 1 \\ 2 & 3 & 3 & 4 & 2 \\ 3 & 5 & 1 & 7 & 5 \end{pmatrix} \overset{\substack{-2r_1+r_3 \\ -3r_1+r_4}}{\sim} \begin{pmatrix} 1 & 1 & 1 & 1 & 1 \\ 0 & 1 & -1 & 2 & 1 \\ 0 & 1 & 1 & 2 & 0 \\ 0 & 2 & -2 & 4 & 2 \end{pmatrix} \overset{\substack{-r_2+r_3 \\ -2r_2+r_4}}{\sim}$$

$$\begin{pmatrix} 1 & 1 & 1 & 1 & 1 \\ 0 & 1 & -1 & 2 & 1 \\ 0 & 0 & 2 & 0 & -1 \\ 0 & 0 & 0 & 0 & 0 \end{pmatrix} \overset{\substack{-r_2+r_1 \\ \frac{1}{2}r_3}}{\sim} \begin{pmatrix} 1 & 0 & 2 & -1 & 0 \\ 0 & 1 & -1 & 2 & 1 \\ 0 & 0 & 1 & 0 & -\frac{1}{2} \\ 0 & 0 & 0 & 0 & 0 \end{pmatrix}$$

$$\overset{\substack{r_3+r_2 \\ -2r_3+r_1}}{\sim} \begin{pmatrix} 1 & 0 & 0 & -1 & 1 \\ 0 & 1 & 0 & 2 & \frac{1}{2} \\ 0 & 0 & 1 & 0 & -\frac{1}{2} \\ 0 & 0 & 0 & 0 & 0 \end{pmatrix}.$$

由定理 3.4.1 和定理 3.4.2 可以看出, 向量组的秩等于 $\boldsymbol{A}$ 的列秩, 等于 3, 且可以看出, $\boldsymbol{\alpha}_1, \boldsymbol{\alpha}_2, \boldsymbol{\alpha}_3$ 是一个极大线性无关组.

$\boldsymbol{\alpha}_4 = -\boldsymbol{\alpha}_1 + 2\boldsymbol{\alpha}_2$, $\boldsymbol{\alpha}_5 = \boldsymbol{\alpha}_1 + \frac{1}{2}\boldsymbol{\alpha}_2 - \frac{1}{2}\boldsymbol{\alpha}_3$.

例 3.4.3 $\boldsymbol{A}$, $\boldsymbol{B}$ 为 $m \times n$ 矩阵. 证明: $R(\boldsymbol{A}+\boldsymbol{B}) \leqslant R(\boldsymbol{A}) + R(\boldsymbol{B})$.

证明: 设 $\boldsymbol{A} = (\boldsymbol{\alpha}_1, \boldsymbol{\alpha}_2, \cdots, \boldsymbol{\alpha}_n)$, $\boldsymbol{B} = (\boldsymbol{\beta}_1, \boldsymbol{\beta}_2, \cdots, \boldsymbol{\beta}_n)$, $R(\boldsymbol{A}) = p$, $R(\boldsymbol{B}) = q$, 且不妨设 $\boldsymbol{A}$, $\boldsymbol{B}$ 列向量组的极大线性无关组分别为 $\boldsymbol{\alpha}_1, \boldsymbol{\alpha}_2, \cdots, \boldsymbol{\alpha}_p$ 和 $\boldsymbol{\beta}_1, \boldsymbol{\beta}_2, \cdots, \boldsymbol{\beta}_q$.

则 $\boldsymbol{A}+\boldsymbol{B} = (\boldsymbol{\alpha}_1+\boldsymbol{\beta}_1, \boldsymbol{\alpha}_2+\boldsymbol{\beta}_2, \cdots, \boldsymbol{\alpha}_n+\boldsymbol{\beta}_n)$.

不妨设 $\boldsymbol{A}+\boldsymbol{B}$ 的列向量组的极大线性无关组为 $\boldsymbol{\alpha}_1+\boldsymbol{\beta}_1, \boldsymbol{\alpha}_2+\boldsymbol{\beta}_2, \cdots, \boldsymbol{\alpha}_r+\boldsymbol{\beta}_r$, 则 $R(\boldsymbol{A}+\boldsymbol{B}) = r$.

因为 $\boldsymbol{\alpha}_1,\boldsymbol{\alpha}_2,\cdots,\boldsymbol{\alpha}_n$ 可以由其极大线性无关组 $\boldsymbol{\alpha}_1,\boldsymbol{\alpha}_2,\cdots,\boldsymbol{\alpha}_p$ 线性表示，$\boldsymbol{\beta}_1,\boldsymbol{\beta}_2,\cdots,\boldsymbol{\beta}_n$ 可以由其极大线性无关组 $\boldsymbol{\beta}_1,\boldsymbol{\beta}_2,\cdots,\boldsymbol{\beta}_q$ 线性表示，所以 $\boldsymbol{A}+\boldsymbol{B}$ 的列向量组 $\boldsymbol{\alpha}_1+\boldsymbol{\beta}_1,\boldsymbol{\alpha}_2+\boldsymbol{\beta}_2,\cdots,\boldsymbol{\alpha}_n+\boldsymbol{\beta}_n$ 可以由 $\boldsymbol{\alpha}_1,\boldsymbol{\alpha}_2,\cdots,\boldsymbol{\alpha}_p,\boldsymbol{\beta}_1,\boldsymbol{\beta}_2,\cdots,\boldsymbol{\beta}_q$ 线性表示. 又因为 $\boldsymbol{A}+\boldsymbol{B}$ 的列向量组的极大线性无关组与 $\boldsymbol{A}+\boldsymbol{B}$ 的列向量组等价，因此 $\boldsymbol{\alpha}_1+\boldsymbol{\beta}_1,\boldsymbol{\alpha}_2+\boldsymbol{\beta}_2,\cdots,\boldsymbol{\alpha}_r+\boldsymbol{\beta}_r$ 也可以由 $\boldsymbol{\alpha}_1,\boldsymbol{\alpha}_2,\cdots,\boldsymbol{\alpha}_p,\boldsymbol{\beta}_1,\boldsymbol{\beta}_2,\cdots,\boldsymbol{\beta}_q$ 线性表示. 由定理 3.3.1 可知 $r\leqslant p+q$. 证毕.

例 3.4.4　$\boldsymbol{A}$ 为 $m\times s$ 矩阵，$\boldsymbol{B}$ 为 $s\times n$ 矩阵.

证明：

$$R(\boldsymbol{AB})\leqslant\min\{R(\boldsymbol{A}),\ R(\boldsymbol{B})\}.$$

证明：设 $\boldsymbol{A}=(\boldsymbol{\alpha}_1,\ \boldsymbol{\alpha}_2,\ \cdots,\ \boldsymbol{\alpha}_s)$，$\boldsymbol{B}=(b_{i,j})_{s\times n}$，$\boldsymbol{AB}=(\boldsymbol{\gamma}_1,\ \boldsymbol{\gamma}_2,\ \cdots,\ \boldsymbol{\gamma}_n)$. 则

$$\begin{aligned}\boldsymbol{AB}&=(\boldsymbol{\gamma}_1,\boldsymbol{\gamma}_2,\cdots,\boldsymbol{\gamma}_n)\\&=(\boldsymbol{\alpha}_1,\boldsymbol{\alpha}_2,\cdots,\boldsymbol{\alpha}_s)\begin{pmatrix}b_{11}&b_{12}&\cdots&b_{1n}\\b_{21}&b_{22}&\cdots&b_{2n}\\\vdots&\vdots&&\vdots\\b_{s1}&b_{s2}&\cdots&b_{sn}\end{pmatrix},\end{aligned}$$

所以 $\boldsymbol{\gamma}_i=b_{1i}\boldsymbol{\alpha}_1+b_{2i}\boldsymbol{\alpha}_2+\cdots+b_{si}\boldsymbol{\alpha}_s,\ i=1,2,\cdots,n.$

即 $\boldsymbol{AB}$ 的列向量组可以由 $\boldsymbol{A}$ 的列向量组线性表示，从而 $\boldsymbol{AB}$ 的列向量组的极大线性无关组也可以由 $\boldsymbol{A}$ 的列向量组的极大线性无关组线性表示，所以由定理 3.3.1 可知 $R(\boldsymbol{AB})\leqslant R(\boldsymbol{A})$.

另一方面，$R(\boldsymbol{AB})=R((\boldsymbol{AB})^{\mathrm{T}})=R(\boldsymbol{B}^{\mathrm{T}}\boldsymbol{A}^{\mathrm{T}})\leqslant R(\boldsymbol{B}^{\mathrm{T}})=R(\boldsymbol{B})$. 结论得证.

由第 2、3 章关于矩阵秩的知识可以看出，对一个 n 阶矩阵 $\boldsymbol{A}$，下列命题等价：

$\boldsymbol{A}$ 可逆$\Leftrightarrow|\boldsymbol{A}|\neq0\Leftrightarrow\boldsymbol{A}$ 满秩$\Leftrightarrow R(\boldsymbol{A})=n\Leftrightarrow\boldsymbol{A}$ 的行阶梯形矩阵或行最简形矩阵或标准形矩阵中有 n 个非零行$\Leftrightarrow\boldsymbol{A}$ 的行最简形矩阵或标准形矩阵都为 n 阶单位矩阵$\Leftrightarrow\boldsymbol{A}$ 的行向量组线性无关$\Leftrightarrow\boldsymbol{A}$ 的列向量组线性无关.

习题 3.4

1. 判断题.

(1) 非零向量组的秩等于它的极大线性无关组中向量的个数；　(　　)

(2) 矩阵的秩既等于其行向量组的秩，又等于其列向量组的秩；　(　　)

(3) 若一个 n 阶矩阵的列(行)向量组线性相关，则该矩阵的秩小于 n.　(　　)

2. 求下列向量组的一个极大线性无关组和秩.

(1) $\boldsymbol{e}_1=(1,0,0),\ \boldsymbol{e}_2=(0,1,0),\ \boldsymbol{e}_3=(0,0,1)$;

(2) $\boldsymbol{\alpha}_1=(1,1,4)$;

(3) $\boldsymbol{\alpha}_1=(1,0,-4),\boldsymbol{\alpha}_2=(0,1,3),\boldsymbol{\alpha}_3=(2,1,-5)$.

3. 已知向量组 $\boldsymbol{\alpha}_1=(3,1,-2)$，$\boldsymbol{\alpha}_2=(2,1,4)$，$\boldsymbol{\alpha}_3=(1,0,t)$的秩为2，求 t 的值.

4. 求向量组 $\boldsymbol{\alpha}_1=(1,2,3,4)$，$\boldsymbol{\alpha}_2=(2,3,4,5)$，$\boldsymbol{\alpha}_3=(3,4,5,6)$，$\boldsymbol{\alpha}_4=(4,5,6,7)$的秩及一个极大线性无关组，并将剩余向量用该极大线性无关组线性表示.

总习题 3

1. 已知向量 $\boldsymbol{\alpha}_1=(2,m,3)$ 与 $\boldsymbol{\alpha}_2=(4,2,n)$ 线性相关，则 $m=$________，$n=$________.

2. 已知向量组 $\boldsymbol{\alpha}_1=(2,1,-3)$，$\boldsymbol{\alpha}_2=(1,3,m)$，$\boldsymbol{\alpha}_3=(3,-1,-5)$，$\boldsymbol{\alpha}_3$ 可以由 $\boldsymbol{\alpha}_1,\boldsymbol{\alpha}_2$ 线性表示，则 $m=$________，向量组 $\boldsymbol{\alpha}_1,\boldsymbol{\alpha}_2,\boldsymbol{\alpha}_3$ 的秩为________.

3. 已知 $\boldsymbol{A}$ 为 2×3 矩阵，$\boldsymbol{B}$ 为 3×2 矩阵，$\boldsymbol{AB}=\boldsymbol{E}$，则 $R(\boldsymbol{A})=$________，$R(\boldsymbol{B})=$________，$\boldsymbol{A}$ 的列向量组线性________，$\boldsymbol{B}$ 的行向量组线性________(后两空填相关或无关).

4. 已知向量组 $\boldsymbol{\alpha}_1,\boldsymbol{\alpha}_2,\boldsymbol{\alpha}_3$ 线性无关，$\boldsymbol{\beta}_1=\boldsymbol{\alpha}_1+\boldsymbol{\alpha}_2,\boldsymbol{\beta}_2=\boldsymbol{\alpha}_2+\boldsymbol{\alpha}_3,\boldsymbol{\beta}_3=\boldsymbol{\alpha}_3+\boldsymbol{\alpha}_1$. 证明：$\boldsymbol{\beta}_1,\boldsymbol{\beta}_2,\boldsymbol{\beta}_3$ 也线性无关.

5. 已知 $\boldsymbol{\alpha}_1=(0,1,1),\boldsymbol{\alpha}_2=(1,2,1),\boldsymbol{\alpha}_3=(1,0,-1),\boldsymbol{\beta}_1=(1,1,0),\boldsymbol{\beta}_2=(1,1,1),\boldsymbol{\beta}_3=(2,m,n)$. 向量组 $\boldsymbol{\alpha}_1,\boldsymbol{\alpha}_2,\boldsymbol{\alpha}_3$ 与向量组 $\boldsymbol{\beta}_1,\boldsymbol{\beta}_2,\boldsymbol{\beta}_3$ 的秩相同，$\boldsymbol{\beta}_3$ 可以由 $\boldsymbol{\alpha}_1,\boldsymbol{\alpha}_2,\boldsymbol{\alpha}_3$ 线性表示，求 m，n.

6. 判定下列向量组的线性相关性，并求出一个极大线性无关组.

(1) $\boldsymbol{\alpha}_1=(1,2,4)$，$\boldsymbol{\alpha}_2=(2,5,1)$，$\boldsymbol{\alpha}_3=(2,0,-4)$；

(2) $\boldsymbol{\alpha}_1=(3,1,-1)^{\mathrm{T}}$，$\boldsymbol{\alpha}_2=(1,0,2)^{\mathrm{T}}$，$\boldsymbol{\alpha}_3=(5,1,3)^{\mathrm{T}}$，$\boldsymbol{\alpha}_4=(7,2,0)^{\mathrm{T}}$.

7. 已知向量组 $\boldsymbol{\alpha}_1,\boldsymbol{\alpha}_2,\boldsymbol{\alpha}_3$ 线性相关，向量组 $\boldsymbol{\alpha}_2,\boldsymbol{\alpha}_3,\boldsymbol{\alpha}_4$ 线性无关. 证明：

(1) $\boldsymbol{\alpha}_1$ 能由 $\boldsymbol{\alpha}_2,\boldsymbol{\alpha}_3$ 线性表示；

(2) $\boldsymbol{\alpha}_4$ 不能由 $\boldsymbol{\alpha}_1,\boldsymbol{\alpha}_2,\boldsymbol{\alpha}_3$ 线性表示.

8. 求下列向量组的秩及一个极大线性无关组，并将剩余向量用该极大线性无关组线性表示.

(1) $\boldsymbol{\alpha}_1=(1,2,-1,3)$，$\boldsymbol{\alpha}_2=(4,10,-6,16)$，$\boldsymbol{\alpha}_3=(1,6,-5,11)$，$\boldsymbol{\alpha}_4=(7,20,-13,33)$；

(2) $\boldsymbol{\alpha}_1=(1,1,2,3)$，$\boldsymbol{\alpha}_2=(1,-1,1,1)$，$\boldsymbol{\alpha}_3=(1,3,3,5)$，$\boldsymbol{\alpha}_4=(4,-2,5,6)$，$\boldsymbol{\alpha}_5=(-3,-1,-5,-7)$.

第 3 章总习题 8

9. 证明：n 维向量组 $\boldsymbol{\alpha}_1,\boldsymbol{\alpha}_2,\cdots,\boldsymbol{\alpha}_n$ 线性无关的充要条件是任意一个 n 维向量都能由 $\boldsymbol{\alpha}_1,\boldsymbol{\alpha}_2,\cdots,\boldsymbol{\alpha}_n$ 线性表示.

第 3 章总习题 9

10. 有 n 维列向量组 $\boldsymbol{\alpha}_1,\boldsymbol{\alpha}_2,\cdots,\boldsymbol{\alpha}_{n+1}$ 和 $m\times n$ 矩阵 $\boldsymbol{A}$. 证明：向量组 $\boldsymbol{A\alpha}_1,\boldsymbol{A\alpha}_2,\cdots,\boldsymbol{A\alpha}_{n+1}$ 线性相关.

11. 设 $\boldsymbol{\alpha}_1=(1,0,1)^{\mathrm{T}}$，$\boldsymbol{\alpha}_2=(0,1,1)^{\mathrm{T}}$，$\boldsymbol{\alpha}_3=(1,3,5)^{\mathrm{T}}$，$\boldsymbol{\beta}_1=(1,1,1)^{\mathrm{T}}$，$\boldsymbol{\beta}_2=(1,2,3)^{\mathrm{T}}$，$\boldsymbol{\beta}_3=(3,4,m)^{\mathrm{T}}$. 向量组 $\boldsymbol{\alpha}_1,\boldsymbol{\alpha}_2,\boldsymbol{\alpha}_3$ 不能由向量组 $\boldsymbol{\beta}_1,\boldsymbol{\beta}_2,\boldsymbol{\beta}_3$ 线性表示.

(1) 求 m 的值.

(2) 将 $\boldsymbol{\beta}_1,\boldsymbol{\beta}_2,\boldsymbol{\beta}_3$ 用 $\boldsymbol{\alpha}_1,\boldsymbol{\alpha}_2,\boldsymbol{\alpha}_3$ 线性表示.

12. 设 $\boldsymbol{A}$ 为 n 阶矩阵，$\boldsymbol{\alpha}_1$ 为 n 维非零列向量，且满足 $\boldsymbol{A\alpha}_1=2\boldsymbol{\alpha}_1,\boldsymbol{A\alpha}_2=2\boldsymbol{\alpha}_2+\boldsymbol{\alpha}_1,\boldsymbol{A\alpha}_3=2\boldsymbol{\alpha}_3+\boldsymbol{\alpha}_2$. 证明：向量组 $\boldsymbol{\alpha}_1,\boldsymbol{\alpha}_2,\boldsymbol{\alpha}_3$ 线性无关.

课程思政小课堂：向量的发展和应用

向量早在19世纪就已成为数学家和物理学家研究的对象，向量具有丰富的物理背景，向量既是几何的研究对象，又是代数的研究对象，是沟通代数、几何的桥梁，是重要的数学模型.

大约公元前350年，古希腊著名学者亚里士多德(Aristotle)就知道了力可以表示成向量，两个力的组合作用可用著名的平行四边形法则来得到. “向量”一词来自力学、解析几何中的有向线段，最先使用有向线段表示向量的是英国科学家牛顿(Newton).

从数学发展史来看，历史上很长一段时间，空间的向量结构并未被数学家们所认识，直到 19 世纪末 20 世纪初，人们才把空间的性质与向量运算联系起来. 向量能够进入数学并得到发展，首先应从复数的几何表示谈起. 18 世纪末期，挪威测量学家威塞尔(Wessel)首次利用坐标平面上的点来表示复数 $a+bi$，并利用具有几何意义的复数运算来定义向量的运算. 把坐标平面上的点用向量表示出来，并把向量的几何表示用于研究几何问题与三角问题. 人们因此逐步接受了复数，也学会了利用复数来表示和研究平面中的向量，向量就这样引入了数学.

向量在物理中有广泛应用是不言而喻的. 向量与物理学中的力学、运动学等有着天然的联系. 很多物理量如力、速度、位移以及电场强度、磁感应强度等都由向量表示. 将向量这一工具应用到物理中，可以使物理问题的解决更简捷、更清晰，向量用数学的思想方法去审视相关物理现象，研究相关物理问题，可使我们对物理问题认识更深刻. 向量在机器人设计与操控、卫星定位、飞船设计等现代技术中也有着广泛的应用.

知识拓展：使用 MATLAB 判定向量相关性及求解极大线性无关组

1. 判定向量组的线性相关性

在 MATLAB 中，将向量构成矩阵，再利用矩阵的秩即可判定向量组的线性相关性，求解矩阵的秩的命令为“rank(A)”.

向量组线性相关性的判定

例 1　判定向量组 $\boldsymbol{\alpha}_1=(1,1,0,1)^{\mathrm{T}}$，$\boldsymbol{\alpha}_2=(0,1,3,4)^{\mathrm{T}}$，$\boldsymbol{\alpha}_3=(2,1,-2,-2)^{\mathrm{T}}$ 的线性相关性.

```
>> A=[1, 1, 0, 1; 0, 1, 3, 4; 2, 1, -2, -2];
>> R=rank(A)

R =

     3
```

2. 求解向量组的极大线性无关组

在 MATLAB 中，求一个向量组的极大线性无关组需要先将向量以列的形式构成一个矩阵，然后利用命令“rref(A)”将矩阵化为行最简形矩阵，行最简形矩阵非零行的第一个非零元素所在的列

极大线性无关组定义

代表的向量即为极大线性无关组.

例 2 求向量组

$\boldsymbol{\alpha}_1=(1,-1,2,4)^{\mathrm{T}},\boldsymbol{\alpha}_2=(0,3,1,2)^{\mathrm{T}},\boldsymbol{\alpha}_3=(3,0,7,14)^{\mathrm{T}},$ $\boldsymbol{\alpha}_4=(-1,2,2,0)^{\mathrm{T}},\boldsymbol{\alpha}_5=(2,1,5,10)^{\mathrm{T}}$ 的极大线性无关组，并将剩余向量用极大线性无关组线性表示.

```
>> A = [1, -1, 2, 4; 0, 3, 1, 2; 3, 0, 7, 14; -1, 2, 2, 0; 2, 1, 5,
10]';
>> B = rref(A)

B =
     1     0     3     0     2
     0     1     1     0     1
     0     0     0     1     0
     0     0     0     0     0
```

由最终化成的行最简形矩阵 $\boldsymbol{B}$ 可以看出，$\boldsymbol{\alpha}_1,\boldsymbol{\alpha}_2,\boldsymbol{\alpha}_4$ 为极大线性无关组，且 $\boldsymbol{\alpha}_3=3\boldsymbol{\alpha}_1+\boldsymbol{\alpha}_2,\boldsymbol{\alpha}_5=2\boldsymbol{\alpha}_1+\boldsymbol{\alpha}_2$.

第 4 章 线性方程组

知识思维导图

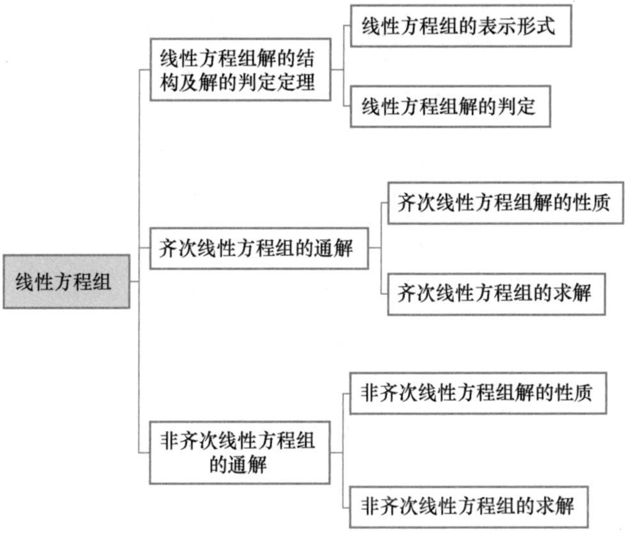

线性方程组是线性代数的重要研究对象，它贯穿了线性代数的始终，和矩阵、向量组等有着重要联系．它在经济学、物理学、工程学、统计学、计算机科学等领域中都有着广泛的应用．在约束条件下，线性方程组可以用来计算投资、成本、效益和销售等经济问题；在物理学中，线性方程组被用来描述力学、电磁学、热力学和量子力学等问题，如牛顿第二定律力学方程、电路中的欧姆定律和基尔霍夫定律等．在工程学中，线性方程组可以用于处理各种实际问题，如电路设计、制造工艺、控制系统运动分析和优化等；在统计学中，线性方程组被用来计算各种维度的向量和矩阵之间的关系，如多元线性回归模型、校正方差分析和多因素方差分析等．在计算机科学中，线性代数和线性方程组有很多应用，如图像处理、计算机视觉、人工智能、信号处理和

第 4 章导学

数据分析等. 因此线性方程组在解决实际问题中有非常广泛的应用价值. 本章将对齐次线性方程组和非齐次线性方程组的求解进行研究.

4.1 线性方程组解的结构及解的判定定理

一、线性方程组的表示形式

设有一 n 元线性方程组

$$\begin{cases} a_{11}x_1 + a_{12}x_2 + \cdots + a_{1n}x_n = b_1, \\ a_{21}x_1 + a_{22}x_2 + \cdots + a_{2n}x_n = b_2, \\ \qquad \vdots \\ a_{m1}x_1 + a_{m2}x_2 + \cdots + a_{mn}x_n = b_m. \end{cases} \tag{4.1}$$

其系数矩阵为

$$\boldsymbol{A} = \begin{pmatrix} a_{11} & a_{12} & \cdots & a_{1n} \\ a_{21} & a_{22} & \cdots & a_{2n} \\ \vdots & \vdots & & \vdots \\ a_{m1} & a_{m2} & \cdots & a_{mn} \end{pmatrix},$$

增广矩阵为

$$\overline{\boldsymbol{A}} = \begin{pmatrix} a_{11} & a_{12} & \cdots & a_{1n} & b_1 \\ a_{21} & a_{22} & \cdots & a_{2n} & b_2 \\ \vdots & \vdots & & \vdots & \vdots \\ a_{m1} & a_{m2} & \cdots & a_{mn} & b_m \end{pmatrix},$$

且设 $\boldsymbol{X} = \begin{pmatrix} x_1 \\ x_2 \\ \vdots \\ x_n \end{pmatrix}$, $\boldsymbol{b} = \begin{pmatrix} b_1 \\ b_2 \\ \vdots \\ b_m \end{pmatrix}$, 则根据矩阵乘法运算, 可把线性方程组(4.1)表示为

$$\boldsymbol{AX} = \boldsymbol{b}. \tag{4.2}$$

当 $\boldsymbol{b} = \boldsymbol{0}$ 时称为**齐次线性方程组**, 当 $\boldsymbol{b} \neq \boldsymbol{0}$ 时称为**非齐次线性方程组**.

线性方程组与它的增广矩阵建立了一一对应关系. 对齐次线性方程组, 因为右端常数项为 $\boldsymbol{0}$, 所以可以看作和它的系数矩阵建立了一一对应关系.

若引入向量 $\boldsymbol{\alpha}_1=\begin{pmatrix}a_{11}\\a_{21}\\\vdots\\a_{m1}\end{pmatrix}$，$\boldsymbol{\alpha}_2=\begin{pmatrix}a_{12}\\a_{22}\\\vdots\\a_{m2}\end{pmatrix}$，…，$\boldsymbol{\alpha}_n=\begin{pmatrix}a_{1n}\\a_{2n}\\\vdots\\a_{mn}\end{pmatrix}$，$\boldsymbol{b}=\begin{pmatrix}b_1\\b_2\\\vdots\\b_m\end{pmatrix}$，
则线性方程组(4.1)可表示为

$$x_1\boldsymbol{\alpha}_1+x_2\boldsymbol{\alpha}_2+\cdots+x_n\boldsymbol{\alpha}_n=\boldsymbol{b}. \tag{4.3}$$

由 3.2 节可知，线性方程组是否有解的问题可转化为向量 $\boldsymbol{b}$ 是否能由 $\boldsymbol{\alpha}_1,\boldsymbol{\alpha}_2,\cdots,\boldsymbol{\alpha}_n$ 线性表示的问题.

二、线性方程组解的判定

解线性方程组的重要方法是高斯消元法，根据线性方程组和其增广矩阵的对应关系，消元的过程就相当于对其增广矩阵进行初等行变换的过程，因此，可以通过对增广矩阵进行初等行变换化为行阶梯形矩阵来解线性方程组. 在把增广矩阵化为行阶梯形矩阵以后，可能会出现以下两种情况：

$$\begin{pmatrix}c_{11}&\cdots&c_{1r}&c_{1,r+1}&\cdots&c_{1n}&d_1\\\vdots&&\vdots&\vdots&&\vdots&\vdots\\0&\cdots&c_{rr}&c_{r,r+1}&\cdots&c_{rn}&d_r\\0&\cdots&0&0&\cdots&0&0\\\vdots&&\vdots&\vdots&&\vdots&\vdots\\0&\cdots&0&0&\cdots&0&0\end{pmatrix}$$

或 $\begin{pmatrix}c_{11}&\cdots&c_{1r}&c_{1,r+1}&\cdots&c_{1n}&d_1\\\vdots&&\vdots&\vdots&&\vdots&\vdots\\0&\cdots&c_{rr}&c_{r,r+1}&\cdots&c_{rn}&d_r\\0&\cdots&0&0&\cdots&0&d_{r+1}\\\vdots&&\vdots&\vdots&&\vdots&\vdots\\0&\cdots&0&0&\cdots&0&0\end{pmatrix}(d_{r+1}\neq 0)$

显然，第二种情况对应的线性方程组出现了 $0x_1+0x_2+\cdots+0x_n=d_{r+1}$ 的情形，这种情形是无解的，只有当行阶梯形矩阵是第一种情形时方程组才有解，因此可得如下结论.

定理 4.1.1　线性方程组(4.1)有解的充分必要条件是系数矩阵的秩与增广矩阵的秩相等，即 $R(\boldsymbol{A})=R(\overline{\boldsymbol{A}})$.

定理 4.1.1 证明

证明：必要性. 假设方程组(4.1)有解，由式(4.3)可知，$\boldsymbol{b}$ 可由 $\boldsymbol{\alpha}_1,\boldsymbol{\alpha}_2,\cdots,\boldsymbol{\alpha}_n$ 线性表示，则向量组 $\boldsymbol{\alpha}_1,\boldsymbol{\alpha}_2,\cdots,\boldsymbol{\alpha}_n$ 与 $\boldsymbol{\alpha}_1,\boldsymbol{\alpha}_2,\cdots,\boldsymbol{\alpha}_n,\boldsymbol{b}$ 等价，根据等价向量组的性质可知

$$R(\boldsymbol{\alpha}_1,\boldsymbol{\alpha}_2,\cdots,\boldsymbol{\alpha}_n)=R(\boldsymbol{\alpha}_1,\boldsymbol{\alpha}_2,\cdots,\boldsymbol{\alpha}_n,\boldsymbol{b}),$$

即 $R(\boldsymbol{A})=R(\overline{\boldsymbol{A}})$.

充分性. 假设 $R(\boldsymbol{A})=R(\overline{\boldsymbol{A}})=r$，即它们的列向量组 $\boldsymbol{\alpha}_1,\boldsymbol{\alpha}_2,\cdots,\boldsymbol{\alpha}_n$ 和 $\boldsymbol{\alpha}_1,\boldsymbol{\alpha}_2,\cdots,\boldsymbol{\alpha}_n,\boldsymbol{b}$ 有相同的秩. 假设 $\boldsymbol{\alpha}_1,\boldsymbol{\alpha}_2,\cdots,\boldsymbol{\alpha}_r$ 为 $\boldsymbol{\alpha}_1,\boldsymbol{\alpha}_2,\cdots,\boldsymbol{\alpha}_n$ 的一个极大线性无关组，则 $\boldsymbol{\alpha}_1,\boldsymbol{\alpha}_2,\cdots,\boldsymbol{\alpha}_r$ 也是 $\boldsymbol{\alpha}_1,\boldsymbol{\alpha}_2,\cdots,\boldsymbol{\alpha}_n,\boldsymbol{b}$ 的一个极大线性无关组，因此 $\boldsymbol{b}$ 可由 $\boldsymbol{\alpha}_1,\boldsymbol{\alpha}_2,\cdots,\boldsymbol{\alpha}_r$ 线性表示，从而可由 $\boldsymbol{\alpha}_1,\boldsymbol{\alpha}_2,\cdots,\boldsymbol{\alpha}_n$ 线性表示，可得线性方程组(4.1)有解. 证毕.

推论 4.1.1　线性方程组(4.1)无解的充分必要条件是 $R(\boldsymbol{A})\neq R(\overline{\boldsymbol{A}})$，即 $R(\overline{\boldsymbol{A}})=R(\boldsymbol{A})+1$.

推论 4.1.2　线性方程组(4.1)有唯一解的充分必要条件是 $R(\boldsymbol{A})=R(\overline{\boldsymbol{A}})=n$（$n$ 为方程组中未知量的个数）.

证明：充分性. 假设线性方程组(4.1)满足 $R(\boldsymbol{A})=R(\overline{\boldsymbol{A}})=n$，则 $\boldsymbol{\alpha}_1,\boldsymbol{\alpha}_2,\cdots,\boldsymbol{\alpha}_n$ 线性无关，且由定理 4.1.1 知方程组有解. 进一步，由式(4.3)可知，$\boldsymbol{b}$ 可由向量组 $\boldsymbol{\alpha}_1,\boldsymbol{\alpha}_2,\cdots,\boldsymbol{\alpha}_n$ 线性表示，所以 $\boldsymbol{\alpha}_1,\boldsymbol{\alpha}_2,\cdots,\boldsymbol{\alpha}_n,\boldsymbol{b}$ 线性相关. 由定理 3.2.3 可知，$\boldsymbol{b}$ 由向量组 $\boldsymbol{\alpha}_1,\boldsymbol{\alpha}_2,\cdots,\boldsymbol{\alpha}_n$ 线性表示的方式唯一，即线性方程组有唯一解.

必要性. 假设线性方程组(4.1)有唯一解，现证 $R(\boldsymbol{A})=R(\overline{\boldsymbol{A}})=n$. 用反证法. 设 $R(\boldsymbol{A})=R(\overline{\boldsymbol{A}})=r<n$. 不失一般性，假设 $\overline{\boldsymbol{A}}$ 的前 r 列线性无关，则利用初等行变换可将其化为行最简形矩阵

$$\begin{pmatrix} 1 & \cdots & 0 & \tilde{c}_{1,r+1} & \cdots & \tilde{c}_{1n} & \tilde{d}_1 \\ \vdots & & \vdots & \vdots & & \vdots & \vdots \\ 0 & \cdots & 1 & \tilde{c}_{r,r+1} & \cdots & \tilde{c}_{rn} & \tilde{d}_r \\ 0 & \cdots & 0 & 0 & \cdots & 0 & 0 \\ \vdots & & \vdots & \vdots & & \vdots & \vdots \\ 0 & \cdots & 0 & 0 & \cdots & 0 & 0 \end{pmatrix},$$

对应的同解线性方程组为

$$\begin{cases} x_1 + \widetilde{c}_{1,r+1}x_{r+1} + \cdots + \widetilde{c}_{1n}x_n = \widetilde{d}_1, \\ x_2 + \widetilde{c}_{2,r+1}x_{r+1} + \cdots + \widetilde{c}_{2n}x_n = \widetilde{d}_2, \\ \quad\vdots \\ x_r + \widetilde{c}_{r,r+1}x_{r+1} + \cdots + \widetilde{c}_{rn}x_n = \widetilde{d}_r, \end{cases}$$ 即

$$\begin{cases} x_1 = \widetilde{d}_1 - \widetilde{c}_{1,r+1}x_{r+1} - \cdots - \widetilde{c}_{1n}x_n, \\ x_2 = \widetilde{d}_2 - \widetilde{c}_{2,r+1}x_{r+1} - \cdots - \widetilde{c}_{2n}x_n, \\ \quad\vdots \\ x_r = \widetilde{d}_r - \widetilde{c}_{r,r+1}x_{r+1} - \cdots - \widetilde{c}_{rn}x_n. \end{cases}$$

从这个方程组可以看出，随着 $x_{r+1},x_{r+2},\cdots,x_n$ 取不同的值，可解出相应的 $x_1,x_2,\cdots,x_r$，从而得到不同的解 $x_1,x_2,\cdots,x_n$，与条件中有唯一解矛盾，因此假设不成立，故 $R(\boldsymbol{A})=R(\overline{\boldsymbol{A}})=n$. 证毕.

推论 4.1.3　线性方程组(4.1)有无穷解的充分必要条件是 $R(\boldsymbol{A})=R(\overline{\boldsymbol{A}})<n$.

例 4.1.1

判断线性方程组 $\begin{cases} -x_1+2x\ +x_3=0, \\ 2x_1-3x_2+x_3=2, \\ 3x_1+\qquad 4x_3=2. \end{cases}$ 是否有解？有解的情况下是有唯一解还是无穷多解？

解：$$\overline{\boldsymbol{A}}=\begin{pmatrix} -1 & 2 & 1 & 0 \\ 2 & -3 & 1 & 2 \\ 3 & 0 & 4 & 2 \end{pmatrix} \underset{3r_1+r_2}{\overset{2r_1+r_2}{\sim}} \begin{pmatrix} -1 & 2 & 1 & 0 \\ 0 & 1 & 3 & 2 \\ 0 & 6 & 7 & 2 \end{pmatrix} \overset{-6r_2+r_3}{\sim} \begin{pmatrix} -1 & 2 & 1 & 0 \\ 0 & 1 & 3 & 2 \\ 0 & 0 & -11 & -10 \end{pmatrix}$$

可得 $R(\boldsymbol{A})=R(\overline{\boldsymbol{A}})=3$. 故该线性方程组有唯一解.

习题 4.1

1. 判断下列线性方程组是否有解？有解的情况下是有唯一解还是无穷多解？

(1) $\begin{cases} x_1 - \qquad x_3=1, \\ 3x_1+2x_2+3x_3=3, \\ 2x_1+\ x_2+\ x_3=-1; \end{cases}$

(2) $\begin{cases} 2x_1+\ x_2+x_3=3, \\ x_1+\ x_2\qquad =1, \\ 4x_1+5x_2-x_3=3; \end{cases}$

(3) $\begin{cases} x_1+\qquad x_3\qquad =1, \\ x_1+2x_2+2x_3+3x_4=2, \\ x_1+2x_2+3x_3+4x_4=1, \\ x_1+2x_2+4x_3+4x_4=4. \end{cases}$

2. 若线性方程组 $\begin{cases} kx_1+\ x_2+\ x_3=1, \\ x_1+kx_2+\ x_3=1, \\ x_1+\ x_2+kx_3=1. \end{cases}$ 无解，则 $k=$______.

4.2 齐次线性方程组的通解

本节考虑齐次线性方程组

$$\begin{cases} a_{11}x_1 + a_{12}x_2 + \cdots + a_{1n}x_n = 0, \\ a_{21}x_1 + a_{22}x_2 + \cdots + a_{2n}x_n = 0, \\ \qquad \vdots \\ a_{m1}x_1 + a_{m2}x_2 + \cdots + a_{mn}x_n = 0. \end{cases} \tag{4.4}$$

即 $\boldsymbol{AX}=\boldsymbol{0}$，其中系数矩阵为 $\boldsymbol{A}=\begin{pmatrix} a_{11} & a_{12} & \cdots & a_{1n} \\ a_{21} & a_{22} & \cdots & a_{2n} \\ \vdots & \vdots & & \vdots \\ a_{m1} & a_{m2} & \cdots & a_{mn} \end{pmatrix}$，$\boldsymbol{X}=\begin{pmatrix} x_1 \\ x_2 \\ \vdots \\ x_n \end{pmatrix}$.

显然，齐次线性方程组一定有零解，即当 $x_1=x_2=\cdots=x_n=0$ 时方程组一定成立.

一、齐次线性方程组解的性质

关于齐次线性方程组 $\boldsymbol{AX}=\boldsymbol{0}$ 的解，有如下性质：

性质 4.2.1 若 $\boldsymbol{\xi}_1$，$\boldsymbol{\xi}_2$ 为齐次线性方程组 $\boldsymbol{AX}=\boldsymbol{0}$ 的解，则 $\boldsymbol{\xi}_1+\boldsymbol{\xi}_2$ 也是该齐次线性方程组的解.

证明：因 $\boldsymbol{A}(\boldsymbol{\xi}_1+\boldsymbol{\xi}_2)=\boldsymbol{A\xi}_1+\boldsymbol{A\xi}_2=\boldsymbol{0}+\boldsymbol{0}=\boldsymbol{0}$，故 $\boldsymbol{\xi}_1+\boldsymbol{\xi}_2$ 也是 $\boldsymbol{AX}=\boldsymbol{0}$ 的解. 证毕.

性质 4.2.2 若 $\boldsymbol{\xi}$ 为齐次线性方程组 $\boldsymbol{AX}=\boldsymbol{0}$ 的解，则 $k\boldsymbol{\xi}$（k 为常数）也是该齐次线性方程组的解.

证明：因 $\boldsymbol{A}(k\boldsymbol{\xi})=k\boldsymbol{A\xi}=k\boldsymbol{0}=\boldsymbol{0}$，故 $k\boldsymbol{\xi}$ 也是 $\boldsymbol{AX}=\boldsymbol{0}$ 的解. 证毕.

由性质 4.2.1 和性质 4.2.2 可得，齐次线性方程组 $\boldsymbol{AX}=\boldsymbol{0}$ 的解向量的线性组合也是 $\boldsymbol{AX}=\boldsymbol{0}$ 的解.

二、齐次线性方程组的求解

显然，齐次线性方程组一定有零解，即当 $x_1=x_2=\cdots=x_n=0$ 时方程组一定成立. 所以 $R(\boldsymbol{A})=R(\overline{\boldsymbol{A}})$.

当 $R(\boldsymbol{A})=n$ 时，根据推论 4.1.2，齐次线性方程组 $\boldsymbol{AX}=\boldsymbol{0}$ 只

有零解；

当 $R(\boldsymbol{A})<n$ 时，根据推论 4.1.3，齐次线性方程组 $\boldsymbol{AX}=\boldsymbol{0}$ 有无穷解. 由此可推出定理 1.5.3 充分性成立.

下面我们重点讨论有无穷解的情况. 此时，齐次线性方程组(4.4)至少有一个非零解.

若将 $\boldsymbol{AX}=\boldsymbol{0}$ 全部的解记作 $\boldsymbol{W}$，即 $\boldsymbol{W}=\{\boldsymbol{X}\in\mathbf{R}^n\mid\boldsymbol{AX}=\boldsymbol{0}\}$. 可知 $\boldsymbol{W}$ 为 $\mathbf{R}^n$ 的一个子空间，我们将其称为 $\boldsymbol{AX}=\boldsymbol{0}$ 的**解空间**，该解空间的一组基称为 $\boldsymbol{AX}=\boldsymbol{0}$ 的**基础解系**.

由向量空间基的定义 3.3.2 可知，基础解系满足：

(1) $\boldsymbol{\xi}_1,\boldsymbol{\xi}_2\cdots,\boldsymbol{\xi}_s$ 为 $\boldsymbol{AX}=\boldsymbol{0}$ 的线性无关的一组解；

(2) $\boldsymbol{AX}=\boldsymbol{0}$ 的任意一个解可由 $\boldsymbol{\xi}_1,\boldsymbol{\xi}_2\cdots,\boldsymbol{\xi}_s$ 线性表示.

若求出齐次线性方程组 $\boldsymbol{AX}=\boldsymbol{0}$ 的一个基础解系 $\boldsymbol{\xi}_1,\boldsymbol{\xi}_2,\cdots,\boldsymbol{\xi}_s$，则 $\boldsymbol{AX}=\boldsymbol{0}$ 的所有解可表示为 $\boldsymbol{X}=k_1\boldsymbol{\xi}_1+k_2\boldsymbol{\xi}_2+\cdots+k_s\boldsymbol{\xi}_s$（$k_1,k_2\cdots,k_s$ 为任意常数），称为齐次线性方程组 $\boldsymbol{AX}=\boldsymbol{0}$ 的**通解**.

定理 4.2.1　设由式(4.4)表示的齐次线性方程组 $\boldsymbol{AX}=\boldsymbol{0}$ 的系数矩阵 $\boldsymbol{A}$ 的秩 $R(\boldsymbol{A})=r<n$，则方程组 $\boldsymbol{AX}=\boldsymbol{0}$ 有基础解系，且基础解系中所含解向量个数为 $n-r$，即解空间 $\boldsymbol{W}$ 的维数为 $n-r$（n 为方程组中未知量的个数）.

进一步，若 $\boldsymbol{A}$ 可经初等行变换化为行最简形矩阵

$$\boldsymbol{B}=\begin{pmatrix}1&\cdots&0&c_{1,r+1}&\cdots&c_{1n}\\ \vdots&&\vdots&\vdots&&\vdots\\ 0&\cdots&1&c_{r,r+1}&\cdots&c_{rn}\\ 0&\cdots&0&0&\cdots&0\\ \vdots&&\vdots&\vdots&&\vdots\\ 0&\cdots&0&0&\cdots&0\end{pmatrix}，则\ \boldsymbol{\xi}_1=\begin{pmatrix}-c_{1,r+1}\\-c_{2,r+1}\\ \vdots\\-c_{r,r+1}\\1\\0\\ \vdots\\0\end{pmatrix},$$

$$\boldsymbol{\xi}_2=\begin{pmatrix}-c_{1,r+2}\\-c_{2,r+2}\\ \vdots\\-c_{r,r+2}\\0\\1\\ \vdots\\0\end{pmatrix},\ \cdots,\ \boldsymbol{\xi}_{n-r}=\begin{pmatrix}-c_{1n}\\-c_{2n}\\ \vdots\\-c_{rn}\\0\\0\\ \vdots\\1\end{pmatrix}\text{为一个基础解系.}$$

证明：由 $R(\boldsymbol{A})=r$，不失一般性，假设 $\boldsymbol{A}$ 的前 r 个列向量线性无关，于是系数矩阵 $\boldsymbol{A}$ 可经初等行变换化为行最简形矩阵 $\boldsymbol{B}$：

$$A=\begin{pmatrix}a_{11}&a_{12}&\cdots&a_{1n}\\a_{21}&a_{22}&\cdots&a_{2n}\\\vdots&\vdots&&\vdots\\a_{m1}&a_{m2}&\cdots&a_{mn}\end{pmatrix}\sim B=\begin{pmatrix}1&\cdots&0&c_{1,r+1}&\cdots&c_{1n}\\\vdots&&\vdots&\vdots&&\vdots\\0&\cdots&1&c_{r,r+1}&\cdots&c_{rn}\\0&\cdots&0&0&\cdots&0\\\vdots&&\vdots&\vdots&&\vdots\\0&\cdots&0&0&\cdots&0\end{pmatrix}.$$

矩阵 $\boldsymbol{B}$ 对应的线性方程组为

$$\begin{cases}x_1+c_{1,r+1}x_{r+1}+\cdots+c_{1n}x_n=0,\\x_2+c_{2,r+1}x_{r+1}+\cdots+c_{2n}x_n=0,\\\qquad\vdots\\x_r+c_{r,r+1}x_{r+1}+\cdots+c_{rn}x_n=0.\end{cases}\tag{4.5}$$

即

$$\begin{cases}x_1=-c_{1,r+1}x_{r+1}-\cdots-c_{1n}x_n,\\x_2=-c_{2,r+1}x_{r+1}-\cdots-c_{2n}x_n,\\\qquad\vdots\\x_r=-c_{r,r+1}x_{r+1}-\cdots-c_{rn}x_n.\end{cases}\tag{4.6}$$

由 2.4 节可知，方程组 $\boldsymbol{AX}=\boldsymbol{0}$ 与方程组(4.6)同解. 而在方程组(4.6)中，任给 $x_{r+1},\cdots,x_n$ 一组值，可唯一确定 $x_1,\cdots,x_r$ 的值，从而得到 $\boldsymbol{AX}=\boldsymbol{0}$ 的一组解.

令 $x_{r+1},\cdots,x_n$ 分别取

$$\begin{pmatrix}x_{r+1}\\x_{r+2}\\\vdots\\x_n\end{pmatrix}=\begin{pmatrix}1\\0\\\vdots\\0\end{pmatrix},\begin{pmatrix}0\\1\\\vdots\\0\end{pmatrix},\cdots,\begin{pmatrix}0\\0\\\vdots\\1\end{pmatrix},$$

则由式(4.6)可得,

$$\begin{pmatrix}x_1\\x_2\\\vdots\\x_r\end{pmatrix}=\begin{pmatrix}-c_{1,r+1}\\-c_{2,r+1}\\\vdots\\-c_{r,r+1}\end{pmatrix},\begin{pmatrix}-c_{1,r+2}\\-c_{2,r+2}\\\vdots\\-c_{r,r+2}\end{pmatrix},\cdots,\begin{pmatrix}-c_{1n}\\-c_{2n}\\\vdots\\-c_{rn}\end{pmatrix},$$

故可得 $\boldsymbol{AX}=\boldsymbol{0}$ 的 $n-r$ 个解,

$$\boldsymbol{\xi}_1=\begin{pmatrix}-c_{1,r+1}\\-c_{2,r+1}\\\vdots\\-c_{r,r+1}\\1\\0\\\vdots\\0\end{pmatrix},\boldsymbol{\xi}_2=\begin{pmatrix}-c_{1,r+2}\\-c_{2,r+2}\\\vdots\\-c_{r,r+2}\\0\\1\\\vdots\\0\end{pmatrix},\cdots,\boldsymbol{\xi}_{n-r}=\begin{pmatrix}-c_{1n}\\-c_{2n}\\\vdots\\-c_{rn}\\0\\0\\\vdots\\1\end{pmatrix}.\quad(4.7)$$

现证由式(4.7)表示的 $n-r$ 个解可构成 $\boldsymbol{AX}=\boldsymbol{0}$ 的基础解系.

(1) 线性无关性.

已知 $\begin{pmatrix}1\\0\\\vdots\\0\end{pmatrix},\begin{pmatrix}0\\1\\\vdots\\0\end{pmatrix},\cdots,\begin{pmatrix}0\\0\\\vdots\\1\end{pmatrix}$ 线性无关，由定理 3.2.5 可知 $\boldsymbol{\xi}_1,\boldsymbol{\xi}_2,\cdots,\boldsymbol{\xi}_{n-r}$ 也线性无关.

(2) $\boldsymbol{AX}=\boldsymbol{0}$ 的任意一个解都可由 $\boldsymbol{\xi}_1,\boldsymbol{\xi}_2,\cdots,\boldsymbol{\xi}_{n-r}$ 线性表示.

任取 $\boldsymbol{AX}=\boldsymbol{0}$ 的一个解：$\boldsymbol{\eta}=(\lambda_1,\cdots,\lambda_r,\lambda_{r+1},\cdots,\lambda_n)^{\mathrm{T}}$，并构造向量 $\boldsymbol{\zeta}=\lambda_{r+1}\boldsymbol{\xi}_1+\lambda_{r+2}\boldsymbol{\xi}_2+\cdots+\lambda_n\boldsymbol{\xi}_{n-r}$. 由性质 4.2.1 和性质 4.2.2 可知，$\boldsymbol{\zeta}$ 也为 $\boldsymbol{AX}=\boldsymbol{0}$ 的一个解. 并且比较 $\boldsymbol{\eta}$ 和 $\boldsymbol{\zeta}$ 可知，后面的 $n-r$ 个分量相等，而方程组解的前 r 个分量是由后 $n-r$ 个分量根据式(4.6)唯一确定的，故有 $\boldsymbol{\eta}=\boldsymbol{\zeta}$，从而有 $\boldsymbol{\eta}=\lambda_{r+1}\boldsymbol{\xi}_1+\lambda_{r+2}\boldsymbol{\xi}_2+\cdots+\lambda_n\boldsymbol{\xi}_{n-r}$，即 $\boldsymbol{\eta}$ 可由 $\boldsymbol{\xi}_1,\boldsymbol{\xi}_2,\cdots,\boldsymbol{\xi}_{n-r}$ 线性表示.

综上，$\boldsymbol{\xi}_1,\boldsymbol{\xi}_2,\cdots,\boldsymbol{\xi}_{n-r}$ 为 $\boldsymbol{AX}=\boldsymbol{0}$ 的基础解系，含有 $n-r$ 个解向量. 证毕.

例 4.2.1

求齐次线性方程组 $\begin{cases}x_1+x_2-3x_4-x_5=0,\\x_1-x_2+2x_3-x_4=0,\\2x_1+4x_2-3x_3+3x_4-4x_5=0\end{cases}$ 的通解.

解：对系数矩阵 $\boldsymbol{A}$ 进行初等行变换化为行最简形矩阵，有

$$\boldsymbol{A}=\begin{pmatrix}1&1&0&-3&-1\\1&-1&2&-1&0\\2&4&-3&3&-4\end{pmatrix}\overset{-r_1+r_2}{\underset{-2r_1+r_3}{\sim}}\begin{pmatrix}1&1&0&-3&-1\\0&-2&2&2&1\\0&2&-3&9&-2\end{pmatrix}$$

$$\overset{r_2+r_3}{\sim}\begin{pmatrix}1&1&0&-3&-1\\0&-2&2&2&1\\0&0&-1&11&-1\end{pmatrix}\overset{-r_3}{\sim}\begin{pmatrix}1&1&0&-3&-1\\0&-2&2&2&1\\0&0&1&-11&1\end{pmatrix}$$

例 4.2.1 求解

$$\overset{-2r_3+r_2}{\sim}\begin{pmatrix}1 & 1 & 0 & -3 & -1\\ 0 & -2 & 0 & 24 & -1\\ 0 & 0 & 1 & -11 & 1\end{pmatrix}\overset{-\frac{1}{2}r_2}{\sim}\begin{pmatrix}1 & 1 & 0 & -3 & -1\\ 0 & 1 & 0 & -12 & \frac{1}{2}\\ 0 & 0 & 1 & -11 & 1\end{pmatrix}$$

$$\overset{-r_2+r_1}{\sim}\begin{pmatrix}1 & 0 & 0 & 9 & -\frac{3}{2}\\ 0 & 1 & 0 & -12 & \frac{1}{2}\\ 0 & 0 & 1 & -11 & 1\end{pmatrix},$$

可得同解的线性方程组$\begin{cases}x_1 = -9x_4 + \frac{3}{2}x_5, \\ x_2 = 12x_4 - \frac{1}{2}x_5, \\ x_3 = 11x_4 - x_5.\end{cases}$（其中 x_4，x_5 为自由未知量）

令$\begin{pmatrix}x_4\\ x_5\end{pmatrix}$分别取$\begin{pmatrix}1\\ 0\end{pmatrix}$，$\begin{pmatrix}0\\ 1\end{pmatrix}$，可得其基础解系为 $\boldsymbol{\xi}_1 = \begin{pmatrix}-9\\ 12\\ 11\\ 1\\ 0\end{pmatrix}$，$\boldsymbol{\xi}_2 = \begin{pmatrix}\frac{3}{2}\\ -\frac{1}{2}\\ -1\\ 0\\ 1\end{pmatrix}$. 故线性方程组的通解为 $\boldsymbol{X} = k_1\begin{pmatrix}-9\\ 12\\ 11\\ 1\\ 0\end{pmatrix} + k_2\begin{pmatrix}\frac{3}{2}\\ -\frac{1}{2}\\ -1\\ 0\\ 1\end{pmatrix}$（$k_1$，$k_2$ 为任意常数）.

例 4.2.2 求齐次线性方程组$\begin{cases}x_1 + x_2 + x_3 = 0, \\ 2x_1 + x_2 + 3x_3 = 0, \\ 4x_1 + 2x_2 + 6x_3 = 0\end{cases}$的通解.

解：对系数矩阵 $\boldsymbol{A}$ 进行初等行变换化为行最简形矩阵，有

$$\boldsymbol{A} = \begin{pmatrix}1 & 1 & 1\\ 2 & 1 & 3\\ 4 & 2 & 6\end{pmatrix}\underset{-4r_1+r_3}{\overset{-2r_1+r_2}{\sim}}\begin{pmatrix}1 & 1 & 1\\ 0 & -1 & 1\\ 0 & -2 & 2\end{pmatrix}\overset{-2r_2+r_3}{\sim}\begin{pmatrix}1 & 1 & 1\\ 0 & -1 & 1\\ 0 & 0 & 0\end{pmatrix}$$

$$\overset{-r_2}{\sim}\begin{pmatrix}1 & 1 & 1\\ 0 & 1 & -1\\ 0 & 0 & 0\end{pmatrix}\overset{-r_2+r_1}{\sim}\begin{pmatrix}1 & 0 & 2\\ 0 & 1 & -1\\ 0 & 0 & 0\end{pmatrix},$$

与上面的行最简形矩阵同解的线性方程组为

$$\begin{cases} x_1 + 2x_3 = 0, \\ x_2 - x_3 = 0, \end{cases}$$

即

$$\begin{cases} x_1 = -2x_3, \\ x_2 = x_3. \end{cases}（x_3 \text{ 为自由未知量}）$$

令 $x_3 = 1$，可得基础解系 $\boldsymbol{\xi}_1 = \begin{pmatrix} -2 \\ 1 \\ 1 \end{pmatrix}$，故其通解为 $\boldsymbol{X} = k_1\begin{pmatrix} -2 \\ 1 \\ 1 \end{pmatrix}$（$k_1$ 为任意常数）.

例 4.2.3　化学方程式可以反映在化学反应中产生和消耗的物质数量，比如甲烷在空气中燃烧可以产生二氧化碳和水，化学方程式如下：

$$x_1 CH_4 + x_2 O_2 \xlongequal{\text{点燃}} x_3 CO_2 + x_4 H_2O$$

为配平这个方程，需要找到适当的系数，使得反应前后的碳原子、氢原子和氧原子的数量相同. 试求出未知量的取值使得化学方程式得到配平.

解：由题可得线性方程组

$$\begin{cases} x_1 = x_3, \\ 4x_1 = 2x_4, \\ 2x_2 = 2x_3 + x_4. \end{cases}$$

即

$$\begin{cases} x_1 - x_3 = 0, \\ 4x_1 - 2x_4 = 0, \\ 2x_2 - 2x_3 - x_4 = 0. \end{cases}$$

系数矩阵 $\boldsymbol{A} = \begin{pmatrix} 1 & 0 & -1 & 0 \\ 4 & 0 & 0 & -2 \\ 0 & 2 & -2 & -1 \end{pmatrix} \overset{-4r_1+r_2}{\sim} \begin{pmatrix} 1 & 0 & -1 & 0 \\ 0 & 0 & 4 & -2 \\ 0 & 2 & -2 & -1 \end{pmatrix} \overset{r_2 \leftrightarrow r_3}{\sim}$

$\begin{pmatrix} 1 & 0 & -1 & 0 \\ 0 & 2 & -2 & -1 \\ 0 & 0 & 4 & -2 \end{pmatrix} \overset{\frac{1}{2}r_2,\frac{1}{4}r_3}{\sim} \begin{pmatrix} 1 & 0 & -1 & 0 \\ 0 & 1 & -1 & -\frac{1}{2} \\ 0 & 0 & 1 & -\frac{1}{2} \end{pmatrix}$，所以 $R(\boldsymbol{A}) = 3 < 4$，

该齐次线性方程组有无穷解，即该化学方程式配平方式不唯一.

继续进行初等行变换化为行最简形矩阵，

$$\begin{pmatrix}1&0&-1&0\\0&1&-1&-\frac{1}{2}\\0&0&1&-\frac{1}{2}\end{pmatrix}\overset{r_3+r_2}{\underset{r_3+r_1}{\sim}}\begin{pmatrix}1&0&0&-\frac{1}{2}\\0&1&0&-1\\0&0&1&-\frac{1}{2}\end{pmatrix}$$，可得同解的线性方程组为

$$\begin{cases}x_1=\frac{1}{2}x_4,\\x_2=\quad x_4,\text{(其中 }x_4\text{ 为自由未知量)}\\x_3=\frac{1}{2}x_4.\end{cases}$$

令 $x_4=2k$，则 $x_1=k,x_2=2k,x_3=k$. 一般情况下，可使用尽可能小的正整数来配平方程式，因此取 $x_1=1,x_2=2,x_3=1,x_4=2$. 故该化学方程式为

$$CH_4+2O_2\xlongequal{\text{点燃}}CO_2+2H_2O.$$

由矩阵秩和向量组秩的定义和性质可知，$R(\boldsymbol{A})=n\Leftrightarrow\boldsymbol{A}$ 的列向量组线性无关. 结合推论 4.1.2，有下面的定理：

定理 4.2.2 由式(4.4)表示的齐次线性方程组 $\boldsymbol{AX}=\boldsymbol{0}$ 有唯一零解的充分必要条件为 $\boldsymbol{A}$ 的列向量组线性无关.

定理 4.2.2 也说明了齐次线性方程组 $\boldsymbol{AX}=\boldsymbol{0}$ 有非零解的充分必要条件为 $\boldsymbol{A}$ 的列向量组线性相关.

习题 4.2

1. 设有一个五元一次齐次线性方程组，若系数矩阵的秩为 3，则基础解系中所含向量个数为________.

2. 设 n 元齐次线性方程组 $\boldsymbol{AX}=\boldsymbol{0}$ 的系数矩阵的秩为 r，则 $\boldsymbol{AX}=\boldsymbol{0}$ 有非零解的充分必要条件是(　　).

A. $r=n$

B. $\boldsymbol{A}$ 的行向量组线性无关

C. $\boldsymbol{A}$ 的列向量组线性无关

D. $\boldsymbol{A}$ 的列向量组线性相关

3. 解下列齐次线性方程组.

(1) $\begin{cases}x_1-x_2+x_3+x_4=0,\\2x_1+x_2+5x_3+2x_4=0,\\x_1+4x_3-x_4=0;\end{cases}$

(2) $\begin{cases}x_2+x_3=0,\\-x_1+2x_2+x_3=0,\\2x_1+4x_2+3x_3=0;\end{cases}$

(3) $\begin{cases} x_1 + x_3 = 0, \\ 2x_1 + x_2 + 3x_3 + 2x_4 = 0, \\ -x_1 + 2x_2 + x_3 + 4x_4 = 0. \end{cases}$

4.3 非齐次线性方程组的通解

本节考虑非齐次线性方程组

$$\begin{cases} a_{11}x_1 + a_{12}x_2 + \cdots + a_{1n}x_n = b_1, \\ a_{21}x_1 + a_{22}x_2 + \cdots + a_{2n}x_n = b_2, \\ \qquad \vdots \\ a_{m1}x_1 + a_{m2}x_2 + \cdots + a_{mn}x_n = b_m. \end{cases} \tag{4.8}$$

即$\boldsymbol{AX}=\boldsymbol{b}$，其中系数矩阵为$\boldsymbol{A}=\begin{pmatrix} a_{11} & a_{12} & \cdots & a_{1n} \\ a_{21} & a_{22} & \cdots & a_{2n} \\ \vdots & \vdots & & \vdots \\ a_{m1} & a_{m2} & \cdots & a_{mn} \end{pmatrix}$，$\boldsymbol{X}=\begin{pmatrix} x_1 \\ x_2 \\ \vdots \\ x_n \end{pmatrix}$，$\boldsymbol{b}=\begin{pmatrix} b_1 \\ b_2 \\ \vdots \\ b_m \end{pmatrix}$，增广矩阵为$\overline{\boldsymbol{A}}=\begin{pmatrix} a_{11} & a_{12} & \cdots & a_{1n} & b_1 \\ a_{21} & a_{22} & \cdots & a_{2n} & b_2 \\ \vdots & \vdots & & \vdots & \vdots \\ a_{m1} & a_{m2} & \cdots & a_{mn} & b_m \end{pmatrix}$. 若$\boldsymbol{b}=\begin{pmatrix} 0 \\ 0 \\ \vdots \\ 0 \end{pmatrix}$，则称齐次线性方程组$\boldsymbol{AX}=\boldsymbol{0}$为非齐次线性方程组$\boldsymbol{AX}=\boldsymbol{b}$的**导出组**.

一、非齐次线性方程组解的性质

关于非齐次线性方程组$\boldsymbol{AX}=\boldsymbol{b}$的解，有如下性质：

性质 4.3.1　若$\boldsymbol{\xi}$为非齐次线性方程组$\boldsymbol{AX}=\boldsymbol{b}$的解，$\boldsymbol{\eta}$为其导出组$\boldsymbol{AX}=\boldsymbol{0}$的解，则$\boldsymbol{\xi}+\boldsymbol{\eta}$也是该非齐次线性方程组的解.

证明：由$\boldsymbol{A}(\boldsymbol{\xi}+\boldsymbol{\eta})=\boldsymbol{A\xi}+\boldsymbol{A\eta}=\boldsymbol{b}+\boldsymbol{0}=\boldsymbol{b}$，故$\boldsymbol{\xi}+\boldsymbol{\eta}$也是$\boldsymbol{AX}=\boldsymbol{b}$的解. 证毕.

性质 4.3.2　若$\boldsymbol{\xi}_1$，$\boldsymbol{\xi}_2$为非齐次线性方程组$\boldsymbol{AX}=\boldsymbol{b}$的解，则$\boldsymbol{\xi}_2-\boldsymbol{\xi}_1$为其导出组$\boldsymbol{AX}=\boldsymbol{0}$的解.

证明：由$\boldsymbol{A}(\boldsymbol{\xi}_2-\boldsymbol{\xi}_1)=\boldsymbol{A\xi}_2-\boldsymbol{A\xi}_1=\boldsymbol{b}-\boldsymbol{b}=\boldsymbol{0}$，即$\boldsymbol{\xi}_2-\boldsymbol{\xi}_1$是$\boldsymbol{AX}=\boldsymbol{0}$的解. 证毕.

二、非齐次线性方程组的求解

关于非齐次线性方程组 $\boldsymbol{AX}=\boldsymbol{b}$ 解的情况，分为以下几种情况：

当 $R(\boldsymbol{A})<R(\overline{\boldsymbol{A}})$ 时，根据推论 4.1.1，非齐次线性方程组 $\boldsymbol{AX}=\boldsymbol{b}$ 无解；

当 $R(\boldsymbol{A})=R(\overline{\boldsymbol{A}})=n$ 时，根据推论 4.1.2，非齐次线性方程组 $\boldsymbol{AX}=\boldsymbol{b}$ 有唯一解；

当 $R(\boldsymbol{A})=R(\overline{\boldsymbol{A}})<n$ 时，根据推论 4.1.3，非齐次线性方程组 $\boldsymbol{AX}=\boldsymbol{b}$ 有无穷解；

当有无穷解时，称非齐次线性方程组 $\boldsymbol{AX}=\boldsymbol{b}$ 的全部解为**通解**，称任意一个解为一个**特解**. 此时我们需要求出通解.

定理 4.3.1 设 $\boldsymbol{\eta}^*$ 为非齐次线性方程组 $\boldsymbol{AX}=\boldsymbol{b}$ 的一个特解，且 $\boldsymbol{\xi}_1$，$\boldsymbol{\xi}_2$，…，$\boldsymbol{\xi}_{n-r}$ 为其导出组 $\boldsymbol{AX}=\boldsymbol{0}$ 的基础解系，则该非齐次线性方程组的通解可表示为
$\boldsymbol{X}=k_1\boldsymbol{\xi}_1+k_2\boldsymbol{\xi}_2+\cdots+k_{n-r}\boldsymbol{\xi}_{n-r}+\boldsymbol{\eta}^*$（其中 $k_1,k_2,\cdots,k_{n-r}$ 为任意常数）.

证明：设 $\boldsymbol{\eta}$ 为 $\boldsymbol{AX}=\boldsymbol{b}$ 的任意一解. 因为 $\boldsymbol{\eta}^*$ 也是 $\boldsymbol{AX}=\boldsymbol{b}$ 的一个解，由性质 4.3.2，$\boldsymbol{\eta}-\boldsymbol{\eta}^*$ 为导出组 $\boldsymbol{AX}=\boldsymbol{0}$ 的解.

因为 $\boldsymbol{\xi}_1,\boldsymbol{\xi}_2,\cdots,\boldsymbol{\xi}_{n-r}$ 为导出组 $\boldsymbol{AX}=\boldsymbol{0}$ 的基础解系，所以 $\boldsymbol{\eta}-\boldsymbol{\eta}^*$ 可由 $\boldsymbol{\xi}_1,\boldsymbol{\xi}_2,\cdots,\boldsymbol{\xi}_{n-r}$ 线性表示，即有 $\boldsymbol{\eta}-\boldsymbol{\eta}^*=k_1\boldsymbol{\xi}_1+k_2\boldsymbol{\xi}_2+\cdots+k_{n-r}\boldsymbol{\xi}_{n-r}$，从而有

$$\boldsymbol{\eta}=k_1\boldsymbol{\xi}_1+k_2\boldsymbol{\xi}_2+\cdots+k_{n-r}\boldsymbol{\xi}_{n-r}+\boldsymbol{\eta}^*.$$

由性质 4.3.1，当 $k_1,k_2,\cdots,k_{n-r}$ 为任意常数时，$k_1\boldsymbol{\xi}_1+k_2\boldsymbol{\xi}_2+\cdots+k_{n-r}\boldsymbol{\xi}_{n-r}+\boldsymbol{\eta}^*$ 都为非齐次线性方程组 $\boldsymbol{AX}=\boldsymbol{b}$ 的解，所以也是通解. 证毕.

根据线性方程组解的判别和定理 4.3.1，可得求解非齐次线性方程组的步骤：

（1）写出非齐次线性方程组的增广矩阵，并进行初等行变换，将其化为行阶梯形矩阵.

（2）通过行阶梯形矩阵观察系数矩阵的秩和增广矩阵的秩，从而得到解的情况.

（3）在有解的情况下，将行阶梯形矩阵继续进行初等行变换化为行最简形矩阵. 若有唯一解可直接求出；若有无穷解，可求出非齐次线性方程组的一个特解和导出组（对应的齐次线性方程组）的基础解系，最终得到通解.

例 4.3.1　解线性方程组 $\begin{cases} x_1+x_2+x_4+x_5=1, \\ x_1+x_3+x_4+x_5=2, \\ x_2-x_4+x_5=1. \end{cases}$

解：

$$\overline{\boldsymbol{A}}=\begin{pmatrix} 1 & 1 & 0 & 1 & 1 & 1 \\ 1 & 0 & 1 & 1 & 1 & 2 \\ 0 & 1 & 0 & -1 & 1 & 1 \end{pmatrix} \overset{-r_1+r_2}{\sim} \begin{pmatrix} 1 & 1 & 0 & 1 & 1 & 1 \\ 0 & -1 & 1 & 0 & 0 & 1 \\ 0 & 1 & 0 & -1 & 1 & 1 \end{pmatrix} \overset{r_2+r_3}{\sim}$$

$$\begin{pmatrix} 1 & 1 & 0 & 1 & 1 & 1 \\ 0 & -1 & 1 & 0 & 0 & 1 \\ 0 & 0 & 1 & -1 & 1 & 2 \end{pmatrix} \overset{-r_3+r_2}{\sim} \begin{pmatrix} 1 & 1 & 0 & 1 & 1 & 1 \\ 0 & -1 & 0 & 1 & -1 & -1 \\ 0 & 0 & 1 & -1 & 1 & 2 \end{pmatrix} \overset{r_2+r_1}{\sim}$$

$$\begin{pmatrix} 1 & 0 & 0 & 2 & 0 & 0 \\ 0 & -1 & 0 & 1 & -1 & -1 \\ 0 & 0 & 1 & -1 & 1 & 2 \end{pmatrix} \overset{-r_2}{\sim} \begin{pmatrix} 1 & 0 & 0 & 2 & 0 & 0 \\ 0 & 1 & 0 & -1 & 1 & 1 \\ 0 & 0 & 1 & -1 & 1 & 2 \end{pmatrix},$$

同解的线性方程组为 $\begin{cases} x_1+2x_4=0, \\ x_2-x_4+x_5=1, \\ x_3-x_4+x_5=2, \end{cases}$ 即 $\begin{cases} x_1=-2x_4, \\ x_2=x_4-x_5+1, \\ x_3=x_4-x_5+2. \end{cases}$

令 $x_4=x_5=0$，可得非齐次线性方程组的特解为 $\boldsymbol{\eta}^*=\begin{pmatrix} 0 \\ 1 \\ 2 \\ 0 \\ 0 \end{pmatrix}$.

导出组为 $\begin{cases} x_1+2x_4=0, \\ x_2-x_4+x_5=0, \\ x_3-x_4+x_5=0 \end{cases}$ 即 $\begin{cases} x_1=-2x_4, \\ x_2=x_4-x_5, \\ x_3=x_4-x_5 \end{cases}$（其中 x_4，x_5 为自由未知量）.

令 $\begin{pmatrix} x_4 \\ x_5 \end{pmatrix}=\begin{pmatrix} 1 \\ 0 \end{pmatrix}$，$\begin{pmatrix} 0 \\ 1 \end{pmatrix}$ 得基础解系为 $\boldsymbol{\xi}_1=\begin{pmatrix} -2 \\ 1 \\ 1 \\ 1 \\ 0 \end{pmatrix}$，$\boldsymbol{\xi}_2=\begin{pmatrix} 0 \\ -1 \\ -1 \\ 0 \\ 1 \end{pmatrix}$，故该线性方程组的通解为 $\boldsymbol{X}=k_1\begin{pmatrix} -2 \\ 1 \\ 1 \\ 1 \\ 0 \end{pmatrix}+k_2\begin{pmatrix} 0 \\ -1 \\ -1 \\ 0 \\ 1 \end{pmatrix}+\begin{pmatrix} 0 \\ 1 \\ 2 \\ 0 \\ 0 \end{pmatrix}$（其中 k_1,k_2 为任意常数）.

例 4.3.2 设有线性方程组$\begin{cases} x_1+x_2-x_3=-1, \\ 2x_1+kx_2-2x_3=k, \\ x_1-2x_2+kx_3=0 \end{cases}$当 k 为何值时，方程组有唯一解、无解？且为何值时，方程组有无穷多解？并求出其通解.

解：系数行列式 $|\boldsymbol{A}|=\begin{vmatrix} 1 & 1 & -1 \\ 2 & k & -2 \\ 1 & -2 & k \end{vmatrix}=(k-2)(k+1)$，令 $|\boldsymbol{A}|=0$ 得 $k=2$ 或 $k=-1$.

(1) 当 $k\neq-1$ 且 $k\neq2$ 时，$|\boldsymbol{A}|\neq0$，即有 $R(\boldsymbol{A})=R(\overline{\boldsymbol{A}})=3$，方程组有唯一解；

(2) 当 $k=2$ 时，增广矩阵

$$\overline{\boldsymbol{A}}=\begin{pmatrix} 1 & 1 & -1 & -1 \\ 2 & 2 & -2 & 2 \\ 1 & -2 & 2 & 0 \end{pmatrix}\underset{-r_1+r_3}{\overset{-2r_1+r_2}{\sim}}\begin{pmatrix} 1 & 1 & -1 & -1 \\ 0 & 0 & 0 & 4 \\ 0 & -3 & 3 & 1 \end{pmatrix}\overset{r_2\leftrightarrow r_3}{\sim}$$

$$\begin{pmatrix} 1 & 1 & -1 & -1 \\ 0 & -3 & 3 & 1 \\ 0 & 0 & 0 & 4 \end{pmatrix},$$ $R(\boldsymbol{A})\neq R(\overline{\boldsymbol{A}})$，方程组无解；

(3) 当 $k=-1$ 时，

$$\overline{\boldsymbol{A}}=\begin{pmatrix} 1 & 1 & -1 & -1 \\ 2 & -1 & -2 & -1 \\ 1 & -2 & -1 & 0 \end{pmatrix}\underset{-r_1+r_3}{\overset{-2r_1+r_2}{\sim}}\begin{pmatrix} 1 & 1 & -1 & -1 \\ 0 & -3 & 0 & 1 \\ 0 & -3 & 0 & 1 \end{pmatrix}\overset{-r_2+r_3}{\sim}$$

$$\begin{pmatrix} 1 & 1 & -1 & -1 \\ 0 & -3 & 0 & 1 \\ 0 & 0 & 0 & 0 \end{pmatrix}\underset{-\frac{1}{3}r_2}{\overset{\frac{1}{3}r_2+r_1}{\sim}}\begin{pmatrix} 1 & 0 & -1 & -\frac{2}{3} \\ 0 & 1 & 0 & -\frac{1}{3} \\ 0 & 0 & 0 & 0 \end{pmatrix}$$

$R(\boldsymbol{A})=R(\overline{\boldsymbol{A}})=2<3$，方程组有无穷多解，同解的线性方程组为$\begin{cases} x_1=-\frac{2}{3}+x_3, \\ x_2=-\frac{1}{3}. \end{cases}$

令 $x_3=0$ 得一个特解为 $\boldsymbol{\eta}^*=\begin{pmatrix} -\frac{2}{3} \\ -\frac{1}{3} \\ 0 \end{pmatrix}$.

其导出组为$\begin{cases}x_1=x_3,\\x_2=0\end{cases}$，令 $x_3=1$ 得基础解系为 $\boldsymbol{\xi}=\begin{pmatrix}1\\0\\1\end{pmatrix}$，故方程组

的通解为 $\boldsymbol{X}=k\begin{pmatrix}1\\0\\1\end{pmatrix}+\begin{pmatrix}-\frac{2}{3}\\-\frac{1}{3}\\0\end{pmatrix}$（$k$ 为任意实数）.

例 4.3.3　假设有三个平面，其方程分别为

$x+2y-z=a, 4x+y+3z=a+1, 3x-8y+(11+b)z=10.$

（1）当 a，b 分别取何值时三个平面不相交；

（2）当 a，b 分别取何值时三个平面相交于一点；

（3）当 a，b 分别取何值时三个平面相交于一条直线，并求直线方程.

解：联立三个平面方程可得方程组

$$\begin{cases}x+2y-z=a,\\4x+y+3z=a+1,\\3x-8y+(11+b)z=10.\end{cases}$$

$$\overline{\boldsymbol{A}}=\begin{pmatrix}1&2&-1&a\\4&1&3&a+1\\3&-8&11+b&10\end{pmatrix}\overset{-4r_1+r_2}{\underset{-3r_1+r_3}{\sim}}$$

$$\begin{pmatrix}1&2&-1&a\\0&-7&7&-3a+1\\0&-14&14+b&10-3a\end{pmatrix}\overset{-2r_2+r_3}{\sim}\begin{pmatrix}1&2&-1&a\\0&-7&7&-3a+1\\0&0&b&3a+8\end{pmatrix}$$

（1）当 $b=0$，$a\neq-\frac{8}{3}$时，$R(\boldsymbol{A})<R(\overline{\boldsymbol{A}})$，该方程组无解，三个平面不相交.

（2）当 $b\neq0$，a 取任意值时，$R(\boldsymbol{A})=R(\overline{\boldsymbol{A}})=3$，该方程组有唯一解，三个平面相交于一点.

（3）当 $b=0$，$a=-\frac{8}{3}$时，$R(\boldsymbol{A})=R(\overline{\boldsymbol{A}})=2<3$，该方程组有无穷多个解，三个平面相交于一条直线.

$$\begin{pmatrix}1&2&-1&-\frac{8}{3}\\0&-7&7&9\\0&0&0&0\end{pmatrix}\overset{-\frac{1}{7}r_2}{\sim}\begin{pmatrix}1&2&-1&-\frac{8}{3}\\0&1&-1&-\frac{9}{7}\\0&0&0&0\end{pmatrix}\overset{-2r_2+r_1}{\sim}$$

$$\begin{pmatrix} 1 & 0 & 1 & -\frac{2}{21} \\ 0 & 1 & -1 & -\frac{9}{7} \\ 0 & 0 & 0 & 0 \end{pmatrix}$$

与其同解的线性方程组为$\begin{cases} x+z=-\dfrac{2}{21}, \\ y-z=-\dfrac{9}{7}, \end{cases}$ 即$\begin{cases} x=-\dfrac{2}{21}-z, \\ y=-\dfrac{9}{7}+z. \end{cases}$

令 $z=0$，得一个特解为$\boldsymbol{\eta}^*=\begin{pmatrix} -\frac{2}{21} \\ -\frac{9}{7} \\ 0 \end{pmatrix}$.

导出组为$\begin{cases} x+z=0, \\ y-z=0 \end{cases}$ 即$\begin{cases} x=-z, \\ y=\ \ z \end{cases}$，令 $z=1$，得基础解系为 $\boldsymbol{\xi}=\begin{pmatrix} -1 \\ 1 \\ 1 \end{pmatrix}$，则方程组的通解为 $\boldsymbol{X}=k\begin{pmatrix} -1 \\ 1 \\ 1 \end{pmatrix}+\begin{pmatrix} -\frac{2}{21} \\ -\frac{9}{7} \\ 0 \end{pmatrix}$（$k$ 为任意实数）. 此时直线方程为$\dfrac{x+\frac{2}{21}}{-1}=\dfrac{y+\frac{9}{7}}{1}=\dfrac{z}{1}$.

习题 4.3

1. 设矩阵 $\boldsymbol{A}_{s\times t}$ 的秩 $R(\boldsymbol{A})=s<t$，下述结论中正确的是（　　）.

A. $\boldsymbol{A}$ 的任意 s 个列向量必线性无关

B. $\boldsymbol{A}$ 存在某一个 s 阶子式不等于零

C. 齐次方程组 $\boldsymbol{AX}=\boldsymbol{0}$ 只有零解

D. 非齐次方程组 $\boldsymbol{AX}=\boldsymbol{b}$ 无解

2. 解下列非齐次线性方程组.

（1）$\begin{cases} x_1-x_2+x_3=-1, \\ x_1+x_2=1, \\ 2x_1+x_3=2; \end{cases}$

（2）$\begin{cases} x_1+x_3+2x_4=2, \\ 2x_1-x_2+x_3+x_4=1, \\ 3x_1-2x_2+x_3=0, \\ x_1-x_2-x_4=-1. \end{cases}$

3. 为达到身体健康和营养均衡，人每天需要摄入各类营养物质，比如蛋白质，碳水化合物，各类维生素，脂肪等，现假设有四种食物，其提供的营养物质如下表所示，那么需要摄入各种食物多少单位能满足人体所需呢？

营养物质	单位食物所提供营养				需要的营养总量（参考值）
	食物 1	食物 2	食物 3	食物 4	
蛋白质/g	10	5	15	15	100
碳水化合物/g	20	30	10	30	250
各类维生素/mg	20	15	10	0	80
脂肪/g	3	2	4	3	25

总习题 4

1. 设有一矩阵 $\boldsymbol{A}_{3\times4}$，且 $R(\boldsymbol{A})=2$，则 $\boldsymbol{AX}=\boldsymbol{0}$ 的基础解系中所含的向量个数为____.

2. 设有一矩阵 $\boldsymbol{A}_{3\times4}$，且 $R(\boldsymbol{A})=3$，若 $\boldsymbol{\alpha}_1$，$\boldsymbol{\alpha}_2$ 是 $\boldsymbol{AX}=\boldsymbol{b}$ 的两个不同的解，则 $\boldsymbol{AX}=\boldsymbol{0}$ 的通解为(　　).

A. $k\boldsymbol{\alpha}_1$　　B. $k\boldsymbol{\alpha}_2$

C. $k(\boldsymbol{\alpha}_1+\boldsymbol{\alpha}_2)$　　D. $k(\boldsymbol{\alpha}_1-\boldsymbol{\alpha}_2)$

3. 设有一矩阵 $\boldsymbol{A}_{3\times5}$，且 $R(\boldsymbol{A})=3$，若 $\boldsymbol{\alpha}_1,\boldsymbol{\alpha}_2,\boldsymbol{\alpha}_3$ 是 $\boldsymbol{AX}=\boldsymbol{b}$ 的三个线性无关的解，则 $\boldsymbol{AX}=\boldsymbol{b}$ 的通解为(　　).

A. $k_1\boldsymbol{\alpha}_1+k_2\boldsymbol{\alpha}_2+\boldsymbol{\alpha}_3$

B. $k_1(\boldsymbol{\alpha}_1+\boldsymbol{\alpha}_2)+k_2(\boldsymbol{\alpha}_2+\boldsymbol{\alpha}_3)+\boldsymbol{\alpha}_3$

C. $(k_1+k_2)\boldsymbol{\alpha}_1-k_1\boldsymbol{\alpha}_2-k_2\boldsymbol{\alpha}_3+\boldsymbol{\alpha}_1$

D. $k_1(\boldsymbol{\alpha}_1-\boldsymbol{\alpha}_2)+k_2(\boldsymbol{\alpha}_2-\boldsymbol{\alpha}_3)$

4. 设有两个 n 阶方阵 $\boldsymbol{A}$，$\boldsymbol{B}$，其满足 $\boldsymbol{AB}=\boldsymbol{O}$，证明：$R(\boldsymbol{A})+R(\boldsymbol{B})\leqslant n$.

5. 设有一 $n(n\geqslant2)$ 阶方阵 $\boldsymbol{A}$，$\boldsymbol{A}^*$ 为 $\boldsymbol{A}$ 的伴随矩阵，证明：

$$R(\boldsymbol{A}^*)=\begin{cases} n, & R(\boldsymbol{A})=n, \\ 1, & R(\boldsymbol{A})=n-1, \\ 0, & R(\boldsymbol{A})<n-1. \end{cases}$$

总习题 4-第 5 题求解

6. 设有一 n 阶方阵 $\boldsymbol{A}$，若 $|\boldsymbol{A}|=0$，且存在某一元素 a_{ij} 的代数余子式 A_{ij} 不为零，则 $\boldsymbol{A}^*\boldsymbol{X}=\boldsymbol{0}$ 的基础解系中所含向量个数为(　　).

A. 1　　B. 2　　C. 0　　D. $n-1$

7. 解下列线性方程组.

(1) $\begin{cases} x_1+x_2+2x_3+x_4+x_5=0, \\ -x_1+x_2+x_4+3x_5=0, \\ 2x_1+x_3+3x_5=0. \end{cases}$

(2) $\begin{cases} 2x_1+x_2+2x_4=3, \\ x_1-x_2+3x_3+x_4=0, \\ 4x_1+2x_2+x_3+3x_4=2. \end{cases}$

8. 设有一非齐次线性方程组

$\begin{cases} kx_1+x_2+x_3=1, \\ x_1+kx_2+x_3=k, \\ x_1+x_2+kx_3=k^2, \end{cases}$ 讨论当 k 取何值时线性方程组无解，有唯一解及有无穷解，且当有无穷解时写出其通解.

9. 如果齐次线性方程组 $\boldsymbol{AX}=\boldsymbol{0}$ 的解均为另一齐次线性方程组 $\boldsymbol{BX}=\boldsymbol{0}$ 的解，试证明：$R(\boldsymbol{A})\geqslant R(\boldsymbol{B})$.

10. 设有一非齐次线性方程组

$\begin{cases} 2x_1+x_2+2x_4=1, \\ -x_1+x_2+2x_3+5x_4=3, \\ 3x_1-2x_3-3x_4=\lambda. \end{cases}$ 讨论当 λ 取何值时线性方程组有解，无解，有解时写出所有解.

课程思政小课堂：线性方程组研究的发展史

线性方程组的研究起源于中国. 中国数学经典著作《九章算术》大约成书于公元 1 世纪，其中“方程”一章，专门研究解线性方程组，而且有关解方程组的理论已经相对比较完整. 一次方程组问题，采用分离系数的方法表示线性方程组，相当于现在的矩阵，解线性方程组时使用的直除法求解，这就是消元法. 这是世界最早的完整的关于线性方程组的解法.

大约在公元 263 年，刘徽撰写了《九章算术注》一书，创立了方程组的“互乘相消法”，为《九章算术》中解方程组增加了新的内容.

公元 1247 年，秦九韶完成了《数书九章》一书，成为当时中国数学的最高峰. 在该书中，秦九韶将《九章算术》中解方程组的“直除法”改进为“互乘法”，使线性方程组理论又增加了新的内容，也就是说使用初等方法解线性方程组理论是由我国数学家基本创立完成的.

大约1678年，德国数学家莱布尼茨(Leibniz)首次开始线性方程组在西方的研究.

1729年，麦克劳林(Maclaurin)首次以行列式为工具解含有2、3、4个未知量的线性方程组.

1867年，道奇森(Dodgson)的著作《行列式初等理论》发表，他证明了含有 n 个未知量 m 个方程的一般线性方程组有解的充要条件是系数矩阵和增广矩阵有同阶的非零子式，这就是现在的结论：系数矩阵和增广矩阵的秩相等.

知识拓展：使用 MATLAB 求解线性方程组

在 MATLAB 中，求解非齐次线性方程组的方法是先求出系数矩阵的秩和增广矩阵的秩，判定方程组是否有解，使用的命令“rank(A), rank(B)”. 若有解，使用命令“rref(B)”将增广矩阵化为行最简形，再求非齐次线性方程组的通解.

例1 解线性方程组

$$\begin{cases} x_1+x_2+x_3+4x_4-3x_5=6, \\ x_1-x_2+3x_3-2x_4-x_5=-6, \\ 2x_1+x_2+3x_3+5x_4-5x_5=6. \end{cases}$$

```
>> A=[1, 1, 1, 4, -3; 1, -1, 3, -2, -1; 2, 1, 3, 5, -5];
>> b=[6; -6; 6];
>> B=[A b];
>> r=[rank(A), rank(B)]

r =

     2     2
```

此时可以看出，系数矩阵的秩等于增广矩阵的秩小于未知数的个数，因此方程组有无穷多解.

```
>> rref(B)

ans =
```

1	0	2	1	−2	0
0	1	−1	3	−1	6
0	0	0	0	0	0

此时得到方程组$\begin{cases} x_1 = -2x_3 - x_4 + 2x_5, \\ x_2 = x_3 - 3x_4 + x_5 + 6. \end{cases}$

方程组的通解为：$\boldsymbol{x} = k_1\begin{pmatrix} -2 \\ 1 \\ 1 \\ 0 \\ 0 \end{pmatrix} + k_2\begin{pmatrix} -1 \\ -3 \\ 0 \\ 1 \\ 0 \end{pmatrix} + k_3\begin{pmatrix} 2 \\ 1 \\ 0 \\ 0 \\ 1 \end{pmatrix} + \begin{pmatrix} 0 \\ 6 \\ 0 \\ 0 \\ 0 \end{pmatrix}$　（k_1，k_2，k_3 为任意实数）.

第5章 矩阵的特征值与二次型

知识思维导图

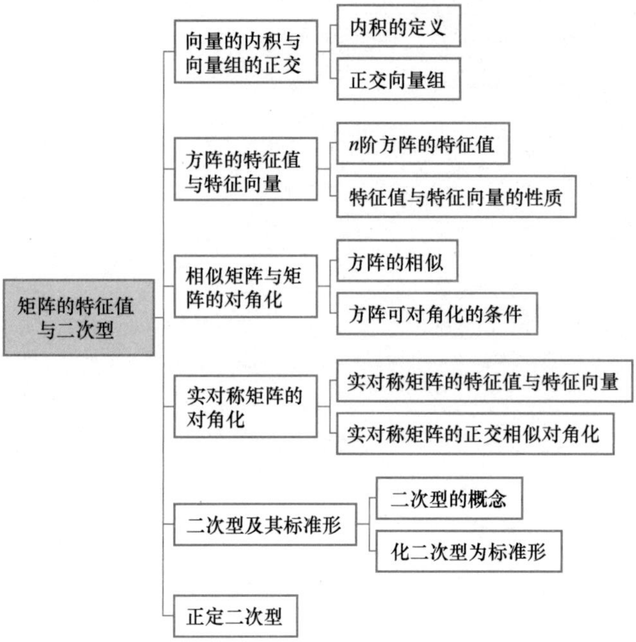

5.1 向量的内积与向量组的正交

一、内积的定义

第 5 章导学

定义 5.1.1　设有 n 维实向量

$$\boldsymbol{\alpha}=\begin{pmatrix}x_1\\x_2\\\vdots\\x_n\end{pmatrix},\boldsymbol{\beta}=\begin{pmatrix}y_1\\y_2\\\vdots\\y_n\end{pmatrix}.$$

令$(\boldsymbol{\alpha}, \boldsymbol{\beta})=x_1y_1+x_2y_2+\cdots+x_ny_n$，称$(\boldsymbol{\alpha}, \boldsymbol{\beta})$为**向量 $\boldsymbol{\alpha}$ 与 $\boldsymbol{\beta}$ 的内积**.

内积是向量的一种运算，其结果是一个数. 可以看出，当 $\boldsymbol{\alpha}$ 与 $\boldsymbol{\beta}$ 都是列向量时，$(\boldsymbol{\alpha}, \boldsymbol{\beta})=\boldsymbol{\alpha}^{\mathrm{T}}\boldsymbol{\beta}$.

易知，内积满足以下运算规律：

(1) $(\boldsymbol{\alpha}, \boldsymbol{\beta})=(\boldsymbol{\beta}, \boldsymbol{\alpha})$；

(2) $(k\boldsymbol{\alpha}, \boldsymbol{\beta})=k(\boldsymbol{\alpha}, \boldsymbol{\beta})$；

(3) $(\boldsymbol{\alpha}+\boldsymbol{\beta}, \boldsymbol{\gamma})=(\boldsymbol{\alpha}, \boldsymbol{\gamma})+(\boldsymbol{\beta}, \boldsymbol{\gamma})$；

(4) $(\boldsymbol{\alpha}, \boldsymbol{\alpha})\geqslant0$. 当且仅当 $\boldsymbol{\alpha}=\boldsymbol{0}$ 时，等号成立.

定义 5.1.2　设有 n 维实向量 $\boldsymbol{\alpha}=\begin{pmatrix}x_1\\x_2\\\vdots\\x_n\end{pmatrix}$，令 $\|\boldsymbol{\alpha}\|=\sqrt{(\boldsymbol{\alpha}, \boldsymbol{\alpha})}=\sqrt{x_1^2+x_2^2+\cdots+x_n^2}$，$\|\boldsymbol{\alpha}\|$称为 n 维**向量 $\boldsymbol{\alpha}$ 的长度(或范数)**.

向量的长度具有以下性质：

(1) 非负性　$\|\boldsymbol{\alpha}\|\geqslant0$. 当且仅当 $\boldsymbol{\alpha}=\boldsymbol{0}$ 时，等号成立；

(2) 齐次性　$\|k\boldsymbol{\alpha}\|=|k|\,\|\boldsymbol{\alpha}\|$；

(3) 三角不等式　$\|\boldsymbol{\alpha}+\boldsymbol{\beta}\|\leqslant\|\boldsymbol{\alpha}\|+\|\boldsymbol{\beta}\|$；

(4) 柯西 - 施瓦茨不等式　$(\boldsymbol{\alpha}, \boldsymbol{\beta})\leqslant\|\boldsymbol{\alpha}\|\|\boldsymbol{\beta}\|$.

我们只证明(4). 由 $(\boldsymbol{\alpha}+t\boldsymbol{\beta},\boldsymbol{\alpha}+t\boldsymbol{\beta})\geqslant0$ 得到$(\boldsymbol{\beta},\boldsymbol{\beta})t^2+2(\boldsymbol{\alpha},\boldsymbol{\beta})t+(\boldsymbol{\alpha},\boldsymbol{\alpha})\geqslant0$. 不等式左边为关于变量 t 的开口向上的抛物线，所以判别式$\leqslant0$，即$4(\boldsymbol{\alpha},\boldsymbol{\beta})^2-4(\boldsymbol{\alpha},\boldsymbol{\alpha})(\boldsymbol{\beta},\boldsymbol{\beta})\leqslant0$. 整理后可得性质(4).

当$\|\boldsymbol{\alpha}\|=1$ 时，称 $\boldsymbol{\alpha}$ 为单位向量. 若 $\boldsymbol{\alpha}\neq\boldsymbol{0}$，取 $\boldsymbol{x}=\dfrac{1}{\|\boldsymbol{\alpha}\|}\boldsymbol{\alpha}$，则 $\boldsymbol{x}$ 是一个单位向量，由向量 $\boldsymbol{\alpha}$ 得到单位向量 $\boldsymbol{x}$ 的过程称为**向量 $\boldsymbol{\alpha}$ 的单位化**.

二、正交向量组

定义 5.1.3　当$(\boldsymbol{\alpha}, \boldsymbol{\beta})=0$ 时，称**向量 $\boldsymbol{\alpha}$ 与 $\boldsymbol{\beta}$ 正交**.

显然零向量与任何向量都正交.

定义 5.1.4 一个**两两正交**的非零向量组称为**正交向量组**，**两两正交**的非零单位向量组称为**标准正交向量组**.

定理 5.1.1 正交向量组一定是**线性无关**的.

证明：设$\boldsymbol{\beta}_1,\boldsymbol{\beta}_2,\cdots,\boldsymbol{\beta}_m$是正交向量组，存在$\mu_1,\mu_2,\cdots,\mu_m$，使得

$$\mu_1\boldsymbol{\beta}_1+\mu_2\boldsymbol{\beta}_2+\cdots+\mu_m\boldsymbol{\beta}_m=\mathbf{0}.$$

用$\boldsymbol{\beta}_i$与等式两边作内积，得：$\mu_i(\boldsymbol{\beta}_i,\boldsymbol{\beta}_i)=0(i=1,2,\cdots,m)$. 由$\boldsymbol{\beta}_i\neq\mathbf{0}$，有$(\boldsymbol{\beta}_i,\boldsymbol{\beta}_i)>0$，从而得$\mu_i=0(i=1,2,\cdots,m)$. 故$\boldsymbol{\beta}_1,\boldsymbol{\beta}_2,\cdots,\boldsymbol{\beta}_m$线性无关. 证毕.

定义 5.1.5 设$\boldsymbol{\beta}_1,\boldsymbol{\beta}_2,\cdots,\boldsymbol{\beta}_r$是$r$维向量空间$V$的一个基. 若$\boldsymbol{\beta}_1,\boldsymbol{\beta}_2,\cdots,\boldsymbol{\beta}_r$**两两正交**，则称$\boldsymbol{\beta}_1,\boldsymbol{\beta}_2,\cdots,\boldsymbol{\beta}_r$是向量空间$V$的一个**正交基**. 由**单位向量**组成的正交基称为**标准正交基**.

例如：$\boldsymbol{\beta}_1=\begin{pmatrix}\frac{1}{\sqrt{2}}\\ \frac{1}{\sqrt{2}}\\ 0\end{pmatrix}$，$\boldsymbol{\beta}_2=\begin{pmatrix}\frac{1}{\sqrt{2}}\\ -\frac{1}{\sqrt{2}}\\ 0\end{pmatrix}$，$\boldsymbol{\beta}_3=\begin{pmatrix}0\\0\\1\end{pmatrix}$就是$\mathbf{R}^3$空间的一个标准正交基. 同时，$\boldsymbol{\beta}_1$，$\boldsymbol{\beta}_2$或$\boldsymbol{\beta}_1$，$\boldsymbol{\beta}_3$或$\boldsymbol{\beta}_1$，$\boldsymbol{\beta}_2$，$\boldsymbol{\beta}_3$等都是标准正交向量组. 所以，在一个向量空间中，若标准正交向量组中向量的个数与向量空间的维数相等，则该标准正交向量组即为该向量空间的一个标准正交基.

通过前面的讨论可知，一个两两正交的向量组一定线性无关. 反之，一个线性无关的向量组却不一定两两正交. 如$\begin{pmatrix}1\\0\end{pmatrix}$，$\begin{pmatrix}1\\1\end{pmatrix}$. 那么在向量空间$V$中，如何把一个线性无关的向量组化为一个正交向量组呢？我们可以按如下方法进行：

设$\boldsymbol{\alpha}_1,\boldsymbol{\alpha}_2,\cdots,\boldsymbol{\alpha}_s$线性无关，取

$$\boldsymbol{\beta}_1=\boldsymbol{\alpha}_1;$$

$$\boldsymbol{\beta}_2=\boldsymbol{\alpha}_2-\frac{(\boldsymbol{\alpha}_2,\boldsymbol{\beta}_1)}{(\boldsymbol{\beta}_1,\boldsymbol{\beta}_1)}\boldsymbol{\beta}_1;$$

$$\boldsymbol{\beta}_3=\boldsymbol{\alpha}_3-\frac{(\boldsymbol{\alpha}_3,\boldsymbol{\beta}_1)}{(\boldsymbol{\beta}_1,\boldsymbol{\beta}_1)}\boldsymbol{\beta}_1-\frac{(\boldsymbol{\alpha}_3,\boldsymbol{\beta}_2)}{(\boldsymbol{\beta}_2,\boldsymbol{\beta}_2)}\boldsymbol{\beta}_2;$$

$$\vdots$$

$$\boldsymbol{\beta}_s=\boldsymbol{\alpha}_s-\frac{(\boldsymbol{\alpha}_s,\boldsymbol{\beta}_1)}{(\boldsymbol{\beta}_1,\boldsymbol{\beta}_1)}\boldsymbol{\beta}_1-\frac{(\boldsymbol{\alpha}_s,\boldsymbol{\beta}_2)}{(\boldsymbol{\beta}_2,\boldsymbol{\beta}_2)}\boldsymbol{\beta}_2-\cdots-\frac{(\boldsymbol{\alpha}_s,\boldsymbol{\beta}_{s-1})}{(\boldsymbol{\beta}_{s-1},\boldsymbol{\beta}_{s-1})}\boldsymbol{\beta}_{s-1}.$$

容易验证，$\boldsymbol{\beta}_1,\boldsymbol{\beta}_2,\cdots,\boldsymbol{\beta}_s$ 两两正交，且对任何 $r(1\leqslant r\leqslant s)$，向量组 $\boldsymbol{\beta}_1,\boldsymbol{\beta}_2,\cdots,\boldsymbol{\beta}_r$ 与 $\boldsymbol{\alpha}_1,\boldsymbol{\alpha}_2,\cdots,\boldsymbol{\alpha}_r$ 等价. 上述从线性无关组 $\boldsymbol{\alpha}_1,\boldsymbol{\alpha}_2,\cdots,\boldsymbol{\alpha}_s$ 导出正交向量组 $\boldsymbol{\beta}_1,\boldsymbol{\beta}_2,\cdots,\boldsymbol{\beta}_s$ 的方法称为**施密特正交化方法**.

例 5.1.1　用施密特正交化方法把

$$\boldsymbol{\alpha}_1=\begin{pmatrix}1\\1\\1\end{pmatrix},\boldsymbol{\alpha}_2=\begin{pmatrix}1\\2\\3\end{pmatrix},\boldsymbol{\alpha}_3=\begin{pmatrix}1\\4\\9\end{pmatrix}$$

化为正交向量组.

解：$\boldsymbol{\beta}_1=\boldsymbol{\alpha}_1=\begin{pmatrix}1\\1\\1\end{pmatrix}$；

$$\boldsymbol{\beta}_2=\boldsymbol{\alpha}_2-\frac{(\boldsymbol{\alpha}_2,\boldsymbol{\beta}_1)}{(\boldsymbol{\beta}_1,\boldsymbol{\beta}_1)}\boldsymbol{\beta}_1=\begin{pmatrix}1\\2\\3\end{pmatrix}-\frac{6}{3}\begin{pmatrix}1\\1\\1\end{pmatrix}=\begin{pmatrix}-1\\0\\1\end{pmatrix};$$

$$\boldsymbol{\beta}_3=\boldsymbol{\alpha}_3-\frac{(\boldsymbol{\alpha}_3,\boldsymbol{\beta}_1)}{(\boldsymbol{\beta}_1,\boldsymbol{\beta}_1)}\boldsymbol{\beta}_1-\frac{(\boldsymbol{\alpha}_3,\boldsymbol{\beta}_2)}{(\boldsymbol{\beta}_2,\boldsymbol{\beta}_2)}\boldsymbol{\beta}_2=$$

$$\begin{pmatrix}1\\4\\9\end{pmatrix}-\frac{14}{3}\begin{pmatrix}1\\1\\1\end{pmatrix}-\frac{8}{2}\begin{pmatrix}-1\\0\\1\end{pmatrix}=\begin{pmatrix}\frac{1}{3}\\-\frac{2}{3}\\\frac{1}{3}\end{pmatrix}.$$

例 5.1.2　把例 5.1.1 中的向量组化为标准正交向量组.

解：把 $\boldsymbol{\beta}_1,\boldsymbol{\beta}_2,\boldsymbol{\beta}_3$ 单位化，从而得到标准正交向量组：

$$\boldsymbol{\xi}_1=\frac{1}{\sqrt{3}}\begin{pmatrix}1\\1\\1\end{pmatrix};\boldsymbol{\xi}_2=\frac{1}{\sqrt{2}}\begin{pmatrix}-1\\0\\1\end{pmatrix};\boldsymbol{\xi}_3=\frac{1}{\sqrt{6}}\begin{pmatrix}1\\-2\\1\end{pmatrix}.$$

由上面的求法不难得知，先施密特正交化再单位化所得的向量一定两两正交. 但先单位化再施密特正交化所得的向量不一定是单位向量，如$\begin{pmatrix}1\\0\end{pmatrix}$，$\begin{pmatrix}1\\1\end{pmatrix}$，单位化后得到$\begin{pmatrix}1\\0\end{pmatrix}$，$\begin{pmatrix}\frac{1}{\sqrt{2}}\\\frac{1}{\sqrt{2}}\end{pmatrix}$，再进行施密特正交化后得到$\begin{pmatrix}1\\0\end{pmatrix}$，$\begin{pmatrix}0\\\frac{1}{\sqrt{2}}\end{pmatrix}$，第二个向量不是单位向量. 因此，当我们求标准正交向量组时，一定要**先施密特正交化再单位化**.

例 5.1.3

已知 $\boldsymbol{\alpha}_1=\begin{pmatrix}1\\1\\1\end{pmatrix}$，求向量 $\boldsymbol{\alpha}_2,\boldsymbol{\alpha}_3$，使 $\boldsymbol{\alpha}_1,\boldsymbol{\alpha}_2,\boldsymbol{\alpha}_3$ 成为一个正交向量组.

解：向量 $\boldsymbol{\alpha}_2$，$\boldsymbol{\alpha}_3$ 应满足以 $\boldsymbol{x}$ 为未知向量的方程 $\boldsymbol{\alpha}_1^{\mathrm{T}}\boldsymbol{x}=\boldsymbol{0}$，其中 $\boldsymbol{x}=(x_1,x_2,x_3)^{\mathrm{T}}$，所以有

$$x_1+x_2+x_3=0.$$

它的一个基础解系为

$$\boldsymbol{\xi}_1=\begin{pmatrix}-1\\1\\0\end{pmatrix},\boldsymbol{\xi}_2=\begin{pmatrix}-1\\0\\1\end{pmatrix}.$$

将 $\boldsymbol{\xi}_1$，$\boldsymbol{\xi}_2$ 正交化，取

$$\boldsymbol{\alpha}_2=\boldsymbol{\xi}_1=\begin{pmatrix}-1\\1\\0\end{pmatrix},$$

$$\boldsymbol{\alpha}_3=\boldsymbol{\xi}_2-\frac{(\boldsymbol{\xi}_2,\boldsymbol{\xi}_1)}{(\boldsymbol{\xi}_1,\boldsymbol{\xi}_1)}\boldsymbol{\xi}_1=\begin{pmatrix}-1\\0\\1\end{pmatrix}-\frac{1}{2}\begin{pmatrix}-1\\1\\0\end{pmatrix}=\begin{pmatrix}-\frac{1}{2}\\-\frac{1}{2}\\1\end{pmatrix}.$$

则 $\boldsymbol{\alpha}_2$，$\boldsymbol{\alpha}_3$ 即为所求的向量.

定义 5.1.6 若 n 阶方阵 $\boldsymbol{A}$ 满足 $\boldsymbol{A}^{\mathrm{T}}\boldsymbol{A}=\boldsymbol{E}$，则称 $\boldsymbol{A}$ 为**正交矩阵**，简称为**正交阵**.

设 $\boldsymbol{A}=(\boldsymbol{\alpha}_1,\boldsymbol{\alpha}_2,\cdots,\boldsymbol{\alpha}_n)$. 其中 $\boldsymbol{\alpha}_1,\boldsymbol{\alpha}_2,\cdots,\boldsymbol{\alpha}_n$ 为 n 维向量.

由 $\boldsymbol{A}^{\mathrm{T}}\boldsymbol{A}=\boldsymbol{E}$，得到 $\begin{pmatrix}\boldsymbol{\alpha}_1^{\mathrm{T}}\\\boldsymbol{\alpha}_2^{\mathrm{T}}\\\vdots\\\boldsymbol{\alpha}_n^{\mathrm{T}}\end{pmatrix}(\boldsymbol{\alpha}_1,\boldsymbol{\alpha}_2,\cdots,\boldsymbol{\alpha}_n)=\begin{pmatrix}\boldsymbol{\alpha}_1^{\mathrm{T}}\boldsymbol{\alpha}_1&\boldsymbol{\alpha}_1^{\mathrm{T}}\boldsymbol{\alpha}_2&\cdots&\boldsymbol{\alpha}_1^{\mathrm{T}}\boldsymbol{\alpha}_n\\\boldsymbol{\alpha}_2^{\mathrm{T}}\boldsymbol{\alpha}_1&\boldsymbol{\alpha}_2^{\mathrm{T}}\boldsymbol{\alpha}_2&\cdots&\boldsymbol{\alpha}_2^{\mathrm{T}}\boldsymbol{\alpha}_n\\\vdots&\vdots&&\vdots\\\boldsymbol{\alpha}_n^{\mathrm{T}}\boldsymbol{\alpha}_1&\boldsymbol{\alpha}_n^{\mathrm{T}}\boldsymbol{\alpha}_2&\cdots&\boldsymbol{\alpha}_n^{\mathrm{T}}\boldsymbol{\alpha}_n\end{pmatrix}=\boldsymbol{E}$，

所以有如下关系式：

$$(\boldsymbol{\alpha}_i,\boldsymbol{\alpha}_j)=\boldsymbol{\alpha}_i^{\mathrm{T}}\boldsymbol{\alpha}_j=\begin{cases}1, & i=j,\\0, & i\neq j,\end{cases}(i,j=1,2,\cdots,n).$$

由此可知，方阵 $\boldsymbol{A}$ 为正交阵的一个充分必要条件是 $\boldsymbol{A}$ 的列向量组是标准正交向量组.

例如对下列方阵 $\boldsymbol{A}$，

$$\boldsymbol{A}=\begin{pmatrix}\frac{1}{\sqrt{2}} & -\frac{1}{\sqrt{2}} & 0\\ \frac{1}{\sqrt{2}} & \frac{1}{\sqrt{2}} & 0\\ 0 & 0 & 1\end{pmatrix}$$

容易验证，$\boldsymbol{A}$ 的 3 个列向量都是单位向量，且两两正交，故 $\boldsymbol{A}$ 是正交阵.

正交阵有如下性质：

(1) 若 $\boldsymbol{A}$ 为正交阵，则 $\boldsymbol{A}^{-1}=\boldsymbol{A}^{\mathrm{T}}$；

(2) 若 $\boldsymbol{A}$ 为正交阵，则 $\boldsymbol{A}^{-1}$ 也为正交阵；

(3) 若 $\boldsymbol{A}$，$\boldsymbol{B}$ 为同阶正交阵，则 $\boldsymbol{AB}$ 也为正交阵；

(4) 若 $\boldsymbol{A}$ 为正交阵，则 $|\boldsymbol{A}|=\pm 1$.

由于当 $\boldsymbol{A}$ 为正交阵时，$\boldsymbol{A}^{\mathrm{T}}$ 也为正交阵. 所以方阵 $\boldsymbol{A}$ 为正交阵的另一个充分必要条件是 $\boldsymbol{A}$ 的行向量组是标准正交向量组.

例 5.1.4　设 $\boldsymbol{\beta}_1$，$\boldsymbol{\beta}_2$ 是 $\mathbf{R}^n$ 的两个列向量，证明对任意一个 n 阶正交阵 $\boldsymbol{A}$，总有 $(\boldsymbol{A\beta}_1,\boldsymbol{A\beta}_2)=(\boldsymbol{\beta}_1,\boldsymbol{\beta}_2)$.

证明：$(\boldsymbol{A\beta}_1,\ \boldsymbol{A\beta}_2)=(\boldsymbol{A\beta}_1)^{\mathrm{T}}\boldsymbol{A\beta}_2=\boldsymbol{\beta}_1^{\mathrm{T}}\boldsymbol{A}^{\mathrm{T}}\boldsymbol{A\beta}_2=\boldsymbol{\beta}_1^{\mathrm{T}}\boldsymbol{\beta}_2=(\boldsymbol{\beta}_1,\ \boldsymbol{\beta}_2)$. 证毕.

习题 5.1

1. 将向量组

$$\boldsymbol{\alpha}_1=\begin{pmatrix}1\\2\\-1\end{pmatrix},\boldsymbol{\alpha}_2=\begin{pmatrix}-1\\3\\1\end{pmatrix},\boldsymbol{\alpha}_3=\begin{pmatrix}4\\-1\\0\end{pmatrix}$$

化为标准正交向量组.

2. 设 $\boldsymbol{\alpha}=(0,1,\cdots,0)^{\mathrm{T}}$,$\boldsymbol{\beta}=(b_1,b_2,\cdots,b_n)^{\mathrm{T}}$ 是 $\mathbf{R}^n$ 的两个列向量，$\boldsymbol{A}$ 是正交阵，求：$(\boldsymbol{A\alpha},\boldsymbol{A\beta})$.

5.2　方阵的特征值与特征向量

一、n 阶方阵的特征值

定义 5.2.1　设 $\boldsymbol{A}$ 是 n 阶方阵，如果存在数 λ 和 n 维**非零列向量** $\boldsymbol{\alpha}$，使得

$$\boldsymbol{A\alpha}=\lambda\boldsymbol{\alpha} \tag{5.1}$$

成立，则称数 λ 是方阵 $\boldsymbol{A}$ 的**特征值**，非零列向量 $\boldsymbol{\alpha}$ 称为方阵 $\boldsymbol{A}$ 对应于特征值 λ 的**特征向量**.

由式(5.1)可得，特征向量$\boldsymbol{\alpha}$是齐次线性方程组$(\boldsymbol{A}-\lambda\boldsymbol{E})\boldsymbol{x}=\boldsymbol{0}$的解. 由第4章可知，该方程组有非零解的充要条件是$R(\boldsymbol{A}-\lambda\boldsymbol{E})<n$，此时系数矩阵对应的行列式为零，即

$$|\boldsymbol{A}-\lambda\boldsymbol{E}|=\begin{vmatrix} a_{11}-\lambda & a_{12} & \cdots & a_{1n} \\ a_{21} & a_{22}-\lambda & \cdots & a_{2n} \\ \vdots & \vdots & & \vdots \\ a_{n1} & a_{n2} & \cdots & a_{nn}-\lambda \end{vmatrix}=0. \quad (5.2)$$

式(5.2)是以λ为未知量的一元n次方程，称为方阵$\boldsymbol{A}$的**特征方程**. 左端是λ的n次多项式，称为方阵$\boldsymbol{A}$的**特征多项式**，记作$f_{\boldsymbol{A}}(\lambda)$.

可以看出，方阵$\boldsymbol{A}$的特征值就是其特征方程的根；方阵$\boldsymbol{A}$的属于特征值λ的特征向量就是齐次线性方程组$(\boldsymbol{A}-\lambda\boldsymbol{E})\boldsymbol{x}=\boldsymbol{0}$的所有非零解. 并且由方程的理论知，特征方程在复数范围内恒有解，解的个数为方程的次数(重根按重数计)，因此n次方程在复数范围内有n个根，从而**n阶方阵在复数范围内有n个特征值(重特征值按重数计)**.

综上，我们得到求方阵$\boldsymbol{A}$特征值与特征向量的步骤：

(1) 求出方阵$\boldsymbol{A}$的特征多项式$|\boldsymbol{A}-\lambda\boldsymbol{E}|$；

(2) 解特征方程$|\boldsymbol{A}-\lambda\boldsymbol{E}|=0$，求出方阵$\boldsymbol{A}$的所有不同的特征值$\lambda_1,\lambda_2,\cdots,\lambda_s$；

(3) 对于方阵每一个不同的特征值$\lambda_1,\lambda_2,\cdots,\lambda_s$，求出对应的齐次线性方程组

$$(\boldsymbol{A}-\lambda_i\boldsymbol{E})\boldsymbol{x}=\boldsymbol{0} \quad (i=1,2,\cdots,s)$$

的一个基础解系$\boldsymbol{\xi}_1,\boldsymbol{\xi}_2,\cdots,\boldsymbol{\xi}_t$，则方阵$\boldsymbol{A}$的属于特征值$\lambda_i$的全部特征向量为

$$k_1\boldsymbol{\xi}_1+k_2\boldsymbol{\xi}_2+\cdots+k_t\boldsymbol{\xi}_t,$$

其中$k_1,k_2,\cdots,k_t$是不同时为零的常数.

例 5.2.1 求方阵

$$\boldsymbol{A}=\begin{pmatrix} 3 & -1 \\ -1 & 3 \end{pmatrix}$$

的特征值与特征向量.

解：$\boldsymbol{A}$的特征多项式：

$$|\boldsymbol{A}-\lambda\boldsymbol{E}|=\begin{vmatrix} 3-\lambda & -1 \\ -1 & 3-\lambda \end{vmatrix}=(\lambda-2)(\lambda-4).$$

由特征方程$|\boldsymbol{A}-\lambda\boldsymbol{E}|=0$，得$(\lambda-2)(\lambda-4)=0$. 从而$\boldsymbol{A}$的特征值为$\lambda_1=2$，$\lambda_2=4$.

当 $\lambda_1=2$ 时，求解方程组 $(\boldsymbol{A}-2\boldsymbol{E})\boldsymbol{x}=\boldsymbol{0}$. 对系数矩阵施加初等行变换，有

$$\boldsymbol{A}-2\boldsymbol{E}=\begin{pmatrix}1&-1\\-1&1\end{pmatrix}\overset{r_1+r_2}{\sim}\begin{pmatrix}1&-1\\0&0\end{pmatrix}.$$

同解方程组为 $x_1-x_2=0$，得基础解系 $\boldsymbol{\xi}_1=\begin{pmatrix}1\\1\end{pmatrix}$. 所以方阵 $\boldsymbol{A}$ 对应于特征值 $\lambda_1=2$ 的全部特征向量为 $k_1\boldsymbol{\xi}_1(k_1\neq0)$.

当 $\lambda_2=4$ 时，求解方程组 $(\boldsymbol{A}-4\boldsymbol{E})\boldsymbol{x}=\boldsymbol{0}$. 对系数矩阵施加初等行变换，有

$$\boldsymbol{A}-4\boldsymbol{E}=\begin{pmatrix}-1&-1\\-1&-1\end{pmatrix}\overset{-r_1+r_2}{\sim}\begin{pmatrix}-1&-1\\0&0\end{pmatrix}\overset{-r_1}{\sim}\begin{pmatrix}1&1\\0&0\end{pmatrix}.$$

同解方程组为 $x_1+x_2=0$，得基础解系 $\boldsymbol{\xi}_2=\begin{pmatrix}-1\\1\end{pmatrix}$. 所以方阵 $\boldsymbol{A}$ 对应于特征值 $\lambda_2=4$ 的全部特征向量为 $k_2\boldsymbol{\xi}_2(k_2\neq0)$.

例 5.2.2　求方阵

$$\boldsymbol{A}=\begin{pmatrix}0&0&1\\0&1&0\\1&0&0\end{pmatrix}$$

的特征值与特征向量.

解：由 $|\boldsymbol{A}-\lambda\boldsymbol{E}|=\begin{vmatrix}-\lambda&0&1\\0&1-\lambda&0\\1&0&-\lambda\end{vmatrix}=-(\lambda+1)(\lambda-1)^2=0$，

得到 $\boldsymbol{A}$ 的特征值为 $\lambda_1=-1$，$\lambda_2=\lambda_3=1$.

当 $\lambda_1=-1$ 时，求解方程组 $(\boldsymbol{A}+\boldsymbol{E})\boldsymbol{x}=\boldsymbol{0}$. 对系数矩阵施加初等行变换，有

$$\boldsymbol{A}+\boldsymbol{E}=\begin{pmatrix}1&0&1\\0&2&0\\1&0&1\end{pmatrix}\overset{-r_1+r_3}{\sim}\begin{pmatrix}1&0&1\\0&2&0\\0&0&0\end{pmatrix}\overset{\frac{1}{2}r_2}{\sim}\begin{pmatrix}1&0&1\\0&1&0\\0&0&0\end{pmatrix}.$$

同解方程组为 $\begin{cases}x_1+x_3=0,\\x_2=0,\end{cases}$ 得基础解系 $\boldsymbol{\xi}_1=\begin{pmatrix}-1\\0\\1\end{pmatrix}$. 所以方阵 $\boldsymbol{A}$ 对应于特征值 $\lambda_1=-1$ 的全部特征向量为 $k_1\boldsymbol{\xi}_1(k_1\neq0)$.

当 $\lambda_2=1$ 时，求解方程组 $(\boldsymbol{A}-\boldsymbol{E})\boldsymbol{x}=\boldsymbol{0}$.

$$A-E=\begin{pmatrix}-1&0&1\\0&0&0\\1&0&-1\end{pmatrix}\overset{r_1+r_3}{\sim}\begin{pmatrix}-1&0&1\\0&0&0\\0&0&0\end{pmatrix}\overset{-r_1}{\sim}\begin{pmatrix}1&0&-1\\0&0&0\\0&0&0\end{pmatrix}.$$

同解方程组为 $x_1-x_3=0$，得基础解系 $\boldsymbol{\xi}_2=\begin{pmatrix}0\\1\\0\end{pmatrix}$，$\boldsymbol{\xi}_3=\begin{pmatrix}1\\0\\1\end{pmatrix}$. 所以方阵 $\boldsymbol{A}$ 对应于特征值 $\lambda_2=1$ 的全部特征向量为 $k_2\boldsymbol{\xi}_2+k_3\boldsymbol{\xi}_3$（$k_2$，$k_3$ 不同时为零）.

定理 5.2.1 若 λ 是 n 阶方阵 $\boldsymbol{A}$ 的一个特征值，则有如下结论：

（1）$k\lambda$ 是 $k\boldsymbol{A}$ 的特征值（k 为常数）.

（2）λ^n 是 $\boldsymbol{A}^n$ 的特征值（n 为正整数）.

（3）若 $\varphi(x)=a_0x^m+a_1x^{m-1}+\cdots+a_{m-1}x+a_m$（$m$ 为正整数），则 $\varphi(\boldsymbol{A})$ 的特征值为 $\varphi(\lambda)=a_0\lambda^m+a_1\lambda^{m-1}+\cdots+a_{m-1}\lambda+a_m$.

（4）λ 是 $\boldsymbol{A}^{\mathrm{T}}$ 的特征值.

（5）若 $\boldsymbol{A}$ 可逆，则 $\dfrac{1}{\lambda}$ 为 $\boldsymbol{A}^{-1}$ 的特征值.

（6）若 $\boldsymbol{A}$ 可逆，则 $\dfrac{|\boldsymbol{A}|}{\lambda}$ 为伴随矩阵 $\boldsymbol{A}^*$ 的特征值.

我们只证明（1），（5），（6），其余留给读者.

证明：（1）由 $\boldsymbol{A\alpha}=\lambda\boldsymbol{\alpha}$，则 $k\boldsymbol{A\alpha}=k\lambda\boldsymbol{\alpha}$，故 $k\lambda$ 是 $k\boldsymbol{A}$ 的特征值.

（5）首先证 $\lambda\neq0$. 若 $\lambda=0$，则由 $\boldsymbol{A\alpha}=\lambda\boldsymbol{\alpha}$ 得 $\boldsymbol{A\alpha}=\boldsymbol{0}$. 又 $\boldsymbol{A}$ 可逆，得 $\boldsymbol{\alpha}=\boldsymbol{0}$，与特征向量的定义矛盾. 故 $\lambda\neq0$.

再由 $\boldsymbol{A\alpha}=\lambda\boldsymbol{\alpha}$ 两边左乘 $\boldsymbol{A}^{-1}$，得 $\boldsymbol{A}^{-1}\boldsymbol{\alpha}=\dfrac{1}{\lambda}\boldsymbol{\alpha}$. 故 $\dfrac{1}{\lambda}$ 为 $\boldsymbol{A}^{-1}$ 的特征值.

（6）由定理 2.3.1，$\boldsymbol{A}^{-1}=\dfrac{1}{|\boldsymbol{A}|}\boldsymbol{A}^*$. 所以 $\boldsymbol{A}^*=|\boldsymbol{A}|\boldsymbol{A}^{-1}$. 设 $\boldsymbol{A\alpha}=\lambda\boldsymbol{\alpha}$，故 $\boldsymbol{A}^*\boldsymbol{\alpha}=|\boldsymbol{A}|\boldsymbol{A}^{-1}\boldsymbol{\alpha}=\dfrac{|\boldsymbol{A}|}{\lambda}\boldsymbol{\alpha}$，所以，$\dfrac{|\boldsymbol{A}|}{\lambda}$ 为 $\boldsymbol{A}^*$ 的特征值. 证毕.

对于结论（3）举例如下：例如，若方阵 $\boldsymbol{A}$ 有一个特征值 $\lambda=2$，且 $\varphi(x)=3x^3-4x^2+5x+6$，则 $\varphi(\boldsymbol{A})=3\boldsymbol{A}^3-4\boldsymbol{A}^2+5\boldsymbol{A}+6\boldsymbol{E}$ 必有一个特征值 $\varphi(2)=3\times2^3-4\times2^2+5\times2+6=24$.

二、特征值与特征向量的性质

定理 5.2.2　设 $A=\begin{pmatrix} a_{11} & a_{12} & \cdots & a_{1n} \\ a_{21} & a_{22} & \cdots & a_{2n} \\ \vdots & \vdots & & \vdots \\ a_{n1} & a_{n2} & \cdots & a_{nn} \end{pmatrix}$是 n 阶方阵，$\lambda_1,\lambda_2,\cdots,\lambda_n$是 $\boldsymbol{A}$ 的 n 个特征值，则

（1）$\lambda_1+\lambda_2+\cdots+\lambda_n=a_{11}+a_{22}+\cdots+a_{nn}$；

（2）$\lambda_1\lambda_2\cdots\lambda_n=|\boldsymbol{A}|$.

通常称方阵 $\boldsymbol{A}$ 的主对角线元素之和 $a_{11}+a_{22}+\cdots+a_{nn}$ 为方阵 $\boldsymbol{A}$ 的**迹**，记作 $\mathbf{Tr}(\boldsymbol{A})$.

证明：（1）$|\boldsymbol{A}-\lambda\boldsymbol{E}|=\begin{vmatrix} a_{11}-\lambda & a_{12} & \cdots & a_{1n} \\ a_{21} & a_{22}-\lambda & \cdots & a_{2n} \\ \vdots & \vdots & & \vdots \\ a_{n1} & a_{n2} & \cdots & a_{nn}-\lambda \end{vmatrix}$.

$$(5.3)$$

由行列式定义 1.2.5，$|\boldsymbol{A}-\lambda\boldsymbol{E}|$为一个关于 λ 的多项式，其最高次幂出现在主对角线元素之积，且有

$$|\boldsymbol{A}-\lambda\boldsymbol{E}|=(-1)^n[\lambda^n-(a_{11}+a_{22}+\cdots+a_{nn})\lambda^{n-1}+\cdots]. \tag{5.4}$$

又因为 $\lambda_1,\lambda_2,\cdots,\lambda_n$ 是 $\boldsymbol{A}$ 的 n 个特征值，即为$|\boldsymbol{A}-\lambda\boldsymbol{E}|=0$ 的 n 个根，所以

$$|\boldsymbol{A}-\lambda\boldsymbol{E}|=(-1)^n(\lambda-\lambda_1)(\lambda-\lambda_2)\cdots(\lambda-\lambda_n). \tag{5.5}$$

比较式(5.4)和式(5.5)两式右边 λ^{n-1}的系数，可得

$$\lambda_1+\lambda_2+\cdots+\lambda_n=a_{11}+a_{22}+\cdots+a_{nn}.$$

（2）在式(5.5)中，令 $\lambda=0$，得 $\lambda_1\lambda_2\cdots\lambda_n=|\boldsymbol{A}|$.

定理 5.2.3　方阵 $\boldsymbol{A}$ 对应于不同特征值的特征向量**线性无关**.

证明：设 $\lambda_1,\lambda_2,\cdots,\lambda_m$ 是 $\boldsymbol{A}$ 的 m 个互不相同的特征值，$\boldsymbol{\alpha}_1,\boldsymbol{\alpha}_2,\cdots,\boldsymbol{\alpha}_m$ 是分别属于它们的特征向量，下证 $\boldsymbol{\alpha}_1,\boldsymbol{\alpha}_2,\cdots,\boldsymbol{\alpha}_m$ 线性无关.

用数学归纳法.

当 $m=1$ 时，定理显然正确.

假设 $m-1$ 时定理成立. 设有数 $k_1,k_2,\cdots,k_m$，使

$$k_1\boldsymbol{\alpha}_1+k_2\boldsymbol{\alpha}_2+\cdots+k_m\boldsymbol{\alpha}_m=\mathbf{0}. \tag{5.6}$$

上式两边左乘 $\boldsymbol{A}$，并由 $\boldsymbol{A}\boldsymbol{\alpha}_i=\lambda_i\boldsymbol{\alpha}_i(i=1,2,\cdots,m)$ 得

$$k_1\lambda_1\boldsymbol{\alpha}_1+k_2\lambda_2\boldsymbol{\alpha}_2+\cdots+k_m\lambda_m\boldsymbol{\alpha}_m=\mathbf{0}. \tag{5.7}$$

将式(5.6)乘 λ_m，与式(5.7)相减，得

$$k_1(\lambda_m-\lambda_1)\boldsymbol{\alpha}_1+k_2(\lambda_m-\lambda_2)\boldsymbol{\alpha}_2+\cdots+k_{m-1}(\lambda_m-\lambda_{m-1})\boldsymbol{\alpha}_{m-1}=\mathbf{0}.$$

由归纳假设，$\boldsymbol{\alpha}_1,\boldsymbol{\alpha}_2,\cdots,\boldsymbol{\alpha}_{m-1}$ 线性无关，所以 $k_i(\lambda_m-\lambda_i)=0(i=1,2,\cdots,m-1)$. 而 $\lambda_m-\lambda_i\neq0$，所以 $k_i=0(i=1,2,\cdots,m-1)$. 代入式(5.6)，即得 $k_m\boldsymbol{\alpha}_m=\mathbf{0}$. 又因为 $\boldsymbol{\alpha}_m\neq\mathbf{0}$，所以 $k_m=0$，于是 $\boldsymbol{\alpha}_1,\boldsymbol{\alpha}_2,\cdots,\boldsymbol{\alpha}_m$ 线性无关. 证毕.

定理 5.2.4 设 λ_1 与 λ_2 是方阵 $\boldsymbol{A}$ 的两个不同特征值，$\boldsymbol{\alpha}_1,\boldsymbol{\alpha}_2,\cdots,\boldsymbol{\alpha}_s$ 与 $\boldsymbol{\beta}_1,\boldsymbol{\beta}_2,\cdots,\boldsymbol{\beta}_t$ 分别是对应于 λ_1 与 λ_2 的线性无关的特征向量，则 $\boldsymbol{\alpha}_1,\boldsymbol{\alpha}_2,\cdots,\boldsymbol{\alpha}_s,\boldsymbol{\beta}_1,\boldsymbol{\beta}_2,\cdots,\boldsymbol{\beta}_t$ 线性无关.

证明：由 $k_1\boldsymbol{\alpha}_1+k_2\boldsymbol{\alpha}_2+\cdots+k_s\boldsymbol{\alpha}_s+l_1\boldsymbol{\beta}_1+l_2\boldsymbol{\beta}_2+\cdots+l_t\boldsymbol{\beta}_t=\mathbf{0}$. 记 $\boldsymbol{p}_1=k_1\boldsymbol{\alpha}_1+k_2\boldsymbol{\alpha}_2+\cdots+k_s\boldsymbol{\alpha}_s$，$\boldsymbol{p}_2=l_1\boldsymbol{\beta}_1+l_2\boldsymbol{\beta}_2+\cdots+l_t\boldsymbol{\beta}_t$，则上式记为

$$\boldsymbol{p}_1+\boldsymbol{p}_2=\mathbf{0}. \tag{5.8}$$

若 $\boldsymbol{p}_1\neq\mathbf{0}$，则 $\boldsymbol{p}_2\neq\mathbf{0}$. 而 $\boldsymbol{p}_1$，$\boldsymbol{p}_2$ 是分别对应于 λ_1 与 λ_2 的特征向量，由定理 5.2.3，$\boldsymbol{p}_1$，$\boldsymbol{p}_2$ 线性无关. 但由式(5.8)可知 $\boldsymbol{p}_1$，$\boldsymbol{p}_2$ 线性相关，产生矛盾. 故 $\boldsymbol{p}_1=\mathbf{0}$. 此时 $\boldsymbol{p}_2=\mathbf{0}$. 即

$$k_1\boldsymbol{\alpha}_1+k_2\boldsymbol{\alpha}_2+\cdots+k_s\boldsymbol{\alpha}_s=\mathbf{0},l_1\boldsymbol{\beta}_1+l_2\boldsymbol{\beta}_2+\cdots+l_t\boldsymbol{\beta}_t=\mathbf{0}.$$

由 $\boldsymbol{\alpha}_1,\boldsymbol{\alpha}_2,\cdots,\boldsymbol{\alpha}_s$ 线性无关，得 $k_1=k_2=\cdots=k_s=0$；由 $\boldsymbol{\beta}_1,\boldsymbol{\beta}_2,\cdots,\boldsymbol{\beta}_t$ 线性无关，得 $l_1=l_2=\cdots=l_t=0$. 所以 $\boldsymbol{\alpha}_1,\boldsymbol{\alpha}_2,\cdots,\boldsymbol{\alpha}_s,\boldsymbol{\beta}_1,\boldsymbol{\beta}_2,\cdots,\boldsymbol{\beta}_t$ 线性无关.

例 5.2.3 已知 0 是矩阵

$$\boldsymbol{A}=\begin{pmatrix}1&0&1\\0&2&0\\1&0&a\end{pmatrix}$$

的特征值，求 $\boldsymbol{A}$ 的另外两个特征值.

解：因为 0 是 $\boldsymbol{A}$ 的特征值，由 $|\boldsymbol{A}-0\boldsymbol{E}|=0\Rightarrow2a-2=0\Rightarrow a=1$. 再由 $|\boldsymbol{A}-\lambda\boldsymbol{E}|=-\lambda(\lambda-2)^2=0$，得到 $\boldsymbol{A}$ 的另外两个特征值为 $\lambda_1=\lambda_2=2$.

习题 5.2

1. 求下列方阵的特征值与特征向量.

(1) $\begin{pmatrix} -1 & 1 & 0 \\ -4 & 3 & 0 \\ 1 & 0 & 2 \end{pmatrix}$；(2) $\begin{pmatrix} -2 & 1 & 1 \\ 0 & 2 & 0 \\ -4 & 1 & 3 \end{pmatrix}$；

(3) $\begin{pmatrix} 0 & 0 & 0 & 1 \\ 0 & 0 & 1 & 0 \\ 0 & 1 & 0 & 0 \\ 1 & 0 & 0 & 0 \end{pmatrix}$.

5.1

2. 证明：幂等方阵 $\boldsymbol{A}=\boldsymbol{A}^2$ 的特征值只能是 0 或 1.

3. 已知三阶方阵 $\boldsymbol{A}$ 的特征值为 1，－1，2，设 $\boldsymbol{B}=\boldsymbol{A}^3-5\boldsymbol{A}^2$，试求：

(1) $\boldsymbol{B}$ 的特征值.

(2) $|\boldsymbol{B}|$及$|\boldsymbol{A}-5\boldsymbol{E}|$.

5.3 相似矩阵与矩阵的对角化

一、方阵的相似

定义 5.3.1 设 $\boldsymbol{A}$，$\boldsymbol{B}$ 是两个 n 阶方阵，若存在可逆矩阵 $\boldsymbol{C}$，使得

$$\boldsymbol{C}^{-1}\boldsymbol{A}\boldsymbol{C}=\boldsymbol{B},$$

则称 $\boldsymbol{A}$ 与 $\boldsymbol{B}$ **相似**，运算 $\boldsymbol{C}^{-1}\boldsymbol{A}\boldsymbol{C}$ 称为对 $\boldsymbol{A}$ 进行**相似变换**，可逆矩阵 $\boldsymbol{C}$ 称为将 $\boldsymbol{A}$ 变换成 $\boldsymbol{B}$ 的**相似变换矩阵**.

矩阵相似有如下性质：

(1) 反身性　$\boldsymbol{A}$ 与 $\boldsymbol{A}$ 相似；

(2) 对称性　若 $\boldsymbol{A}$ 与 $\boldsymbol{B}$ 相似，$\boldsymbol{B}$ 与 $\boldsymbol{A}$ 相似；

(3) 传递性　若 $\boldsymbol{A}$ 与 $\boldsymbol{B}$ 相似，$\boldsymbol{B}$ 与 $\boldsymbol{C}$ 相似，则 $\boldsymbol{A}$ 与 $\boldsymbol{C}$ 相似.

定理 5.3.1 相似矩阵具有相同的特征多项式和特征值.

证明：设 $\boldsymbol{A}$ 与 $\boldsymbol{B}$ 相似，则存在可逆矩阵 $\boldsymbol{C}$，使 $\boldsymbol{C}^{-1}\boldsymbol{A}\boldsymbol{C}=\boldsymbol{B}$. 因此

$$\begin{aligned}|\boldsymbol{B}-\lambda\boldsymbol{E}| &= |\boldsymbol{C}^{-1}\boldsymbol{A}\boldsymbol{C}-\lambda\boldsymbol{C}^{-1}\boldsymbol{C}| = |\boldsymbol{C}^{-1}\boldsymbol{A}\boldsymbol{C}-\lambda\boldsymbol{C}^{-1}\boldsymbol{E}\boldsymbol{C}| \\ &= |\boldsymbol{C}^{-1}(\boldsymbol{A}-\lambda\boldsymbol{E})\boldsymbol{C}| = |\boldsymbol{C}^{-1}||\boldsymbol{A}-\lambda\boldsymbol{E}||\boldsymbol{C}| = |\boldsymbol{A}-\lambda\boldsymbol{E}|.\end{aligned}$$

则 $\boldsymbol{A}$ 与 $\boldsymbol{B}$ 具有相同的特征多项式，进一步 $\boldsymbol{A}$ 与 $\boldsymbol{B}$ 具有相同的特征方程和相同的特征值. 证毕.

例 5.3.1 若$\begin{pmatrix} a & b \\ 7 & 5 \end{pmatrix}$与$\begin{pmatrix} 2 & 1 \\ 0 & 4 \end{pmatrix}$相似，求 a，b.

解：由定理 5.3.1，两个矩阵有相同的特征值. 再根据定理 5.2.2，两个矩阵的迹与行列式相等，从而有 $\begin{cases} a+5=2+4, \\ 5a-7b=8. \end{cases}$ 解得 $a=1$，$b=-\dfrac{3}{7}$.

容易看出，对角矩阵 $\begin{pmatrix} \lambda_1 & & & \\ & \lambda_2 & & \\ & & \ddots & \\ & & & \lambda_n \end{pmatrix}$ 的特征值为 $\lambda_1,\lambda_2,\cdots,\lambda_n$，所以有如下推论：

推论 5.3.1 若 n 阶方阵 $\boldsymbol{A}$ 与对角矩阵 $\begin{pmatrix} \lambda_1 & & & \\ & \lambda_2 & & \\ & & \ddots & \\ & & & \lambda_n \end{pmatrix}$ 相似，则 $\lambda_1,\lambda_2,\cdots,\lambda_n$ 是 $\boldsymbol{A}$ 的 n 个特征值（$\lambda_1,\lambda_2,\cdots,\lambda_n$ 中可以有重复的值）.

上述推论反过来不一定成立.

一般来说，如果方阵 $\boldsymbol{A}$ 与某个对角矩阵相似，那么就称方阵 $\boldsymbol{A}$ **可对角化**. 下面我们来推导方阵可对角化的条件.

二、方阵可对角化的条件

5.2

定理 5.3.2 n 阶方阵 $\boldsymbol{A}$ 可对角化的充分必要条件是 $\boldsymbol{A}$ 有 n 个线性无关的特征向量.

证明：充分性. 设 $\boldsymbol{A}$ 有 n 个线性无关的特征向量 $\boldsymbol{\alpha}_1,\boldsymbol{\alpha}_2,\cdots,\boldsymbol{\alpha}_n$，且

$$\boldsymbol{A}\boldsymbol{\alpha}_i=\lambda\boldsymbol{\alpha}_i(i=1,2,\cdots,n).$$

令 $\boldsymbol{C}=(\boldsymbol{\alpha}_1,\boldsymbol{\alpha}_2,\cdots,\boldsymbol{\alpha}_n)$，则

$$\begin{aligned}\boldsymbol{AC}&=(\boldsymbol{A}\boldsymbol{\alpha}_1,\boldsymbol{A}\boldsymbol{\alpha}_2,\cdots,\boldsymbol{A}\boldsymbol{\alpha}_n)=(\lambda_1\boldsymbol{\alpha}_1,\lambda_2\boldsymbol{\alpha}_2,\cdots,\lambda_n\boldsymbol{\alpha}_n)\\&=(\boldsymbol{\alpha}_1,\boldsymbol{\alpha}_2,\cdots,\boldsymbol{\alpha}_n)\begin{pmatrix} \lambda_1 & & & \\ & \lambda_2 & & \\ & & \ddots & \\ & & & \lambda_n \end{pmatrix}.\end{aligned}$$

又 $\boldsymbol{\alpha}_1,\boldsymbol{\alpha}_2,\cdots,\boldsymbol{\alpha}_n$ 线性无关，故 $\boldsymbol{C}^{-1}$ 存在，即

$$C^{-1}AC=\begin{pmatrix}\lambda_1 & & & \\ & \lambda_2 & & \\ & & \ddots & \\ & & & \lambda_n\end{pmatrix}.$$

必要性. 若 $\boldsymbol{A}$ 可对角化，则存在可逆矩阵 $\boldsymbol{C}$，使得 $\boldsymbol{C}^{-1}\boldsymbol{A}\boldsymbol{C}$ 为对角矩阵. 设

$$C^{-1}AC=\begin{pmatrix}\lambda_1 & & & \\ & \lambda_2 & & \\ & & \ddots & \\ & & & \lambda_n\end{pmatrix}.\ 则\ AC=C\begin{pmatrix}\lambda_1 & & & \\ & \lambda_2 & & \\ & & \ddots & \\ & & & \lambda_n\end{pmatrix}.$$

令 $\boldsymbol{C}=(\boldsymbol{\alpha}_1,\boldsymbol{\alpha}_2,\cdots,\boldsymbol{\alpha}_n)$. 则有

$$\begin{aligned}A(\boldsymbol{\alpha}_1,\boldsymbol{\alpha}_2,\cdots,\boldsymbol{\alpha}_n)&=(\boldsymbol{\alpha}_1,\boldsymbol{\alpha}_2,\cdots,\boldsymbol{\alpha}_n)\begin{pmatrix}\lambda_1 & & & \\ & \lambda_2 & & \\ & & \ddots & \\ & & & \lambda_n\end{pmatrix}\\&=(\lambda_1\boldsymbol{\alpha}_1,\lambda_2\boldsymbol{\alpha}_2,\cdots,\lambda_n\boldsymbol{\alpha}_n).\end{aligned}$$

所以 $\boldsymbol{A}\boldsymbol{\alpha}_i=\lambda\boldsymbol{\alpha}_i(i=1,2,\cdots,n)$. 即 $\boldsymbol{\alpha}_i$ 是方阵 $\boldsymbol{A}$ 对应于特征值 λ_i 的特征向量. 又因为 $\boldsymbol{C}$ 可逆，所以 $\boldsymbol{C}$ 的列向量组 $\boldsymbol{\alpha}_1,\boldsymbol{\alpha}_2,\cdots,\boldsymbol{\alpha}_n$ 线性无关，且为非零向量. 即 $\boldsymbol{\alpha}_i$ 是方阵 $\boldsymbol{A}$ 对应于特征值 λ_i 的特征向量. 证毕.

注 1　定理 5.3.2 中，不同特征向量对应的特征值可能相同.

注 2　根据定理 5.3.2，若 $\boldsymbol{A}$ 有 n 个线性无关的特征向量 $\boldsymbol{\alpha}_1,\boldsymbol{\alpha}_2,\cdots,\boldsymbol{\alpha}_n$，则有 $C^{-1}AC=\begin{pmatrix}\lambda_1 & & & \\ & \lambda_2 & & \\ & & \ddots & \\ & & & \lambda_n\end{pmatrix}$，其中 $\boldsymbol{C}=(\boldsymbol{\alpha}_1,\boldsymbol{\alpha}_2,\cdots,\boldsymbol{\alpha}_n)$，$\boldsymbol{\alpha}_i$ 为矩阵 $\boldsymbol{A}$ 对应于特征值 λ_i 的特征向量.

注 3　若矩阵 $\boldsymbol{C}$ 中特征向量的顺序改变，则对角矩阵中特征值的顺序也做相应改变. 因此，矩阵 $\boldsymbol{C}$ 一般不是唯一的.

推论 5.3.2　n 阶方阵 $\boldsymbol{A}$ 可对角化的**充分**条件是 $\boldsymbol{A}$ 有 $\boldsymbol{n}$ **个互不相同的特征值**.

推论 5.3.2 可由定理 5.2.3 和定理 5.3.2 推出.

推论 5.3.3　n 阶方阵 $\boldsymbol{A}$ 可对角化的**充分必要**条件是对于 $\boldsymbol{A}$ 的每一个 k_i 重特征值 λ_i，齐次线性方程组 $(\boldsymbol{A}-\lambda_i\boldsymbol{E})\boldsymbol{x}=\boldsymbol{0}$ 的基础解系由 k_i 个解向量组成 $(k_i\geqslant 1, i=1,2,\cdots,r, k_1+k_2+\cdots+k_r=n)$.

推论 5.3.3 可由定理 5.2.4 和定理 5.3.2 推出.

推论 5.3.4 n 阶方阵 $\boldsymbol{A}$ 可对角化的**充分必要**条件是对于 $\boldsymbol{A}$ 的每一个 k_i 重特征值 λ_i，$R(\boldsymbol{A}-\lambda_i\boldsymbol{E})=n-k_i$($k_i\geqslant 1$，$i=1$，2，…，$r$，$k_1+k_2+\cdots+k_r=n$).

推论 5.3.4 可由推论 5.3.3 结合齐次线性方程组基础解系的判定推出.

例 5.3.2 设矩阵

$$\boldsymbol{A}=\begin{pmatrix}-2 & 1 & 1\\ 0 & 2 & 0\\ -4 & 1 & 3\end{pmatrix},$$

问矩阵 $\boldsymbol{A}$ 能否进行对角化？若能，则求可逆矩阵 $\boldsymbol{C}$ 和对角矩阵 $\boldsymbol{\Lambda}$，使 $\boldsymbol{C}^{-1}\boldsymbol{A}\boldsymbol{C}=\boldsymbol{\Lambda}$.

解：先求 $\boldsymbol{A}$ 的特征值. 由

$$|\boldsymbol{A}-\lambda\boldsymbol{E}|=\begin{vmatrix}-2-\lambda & 1 & 1\\ 0 & 2-\lambda & 0\\ -4 & 1 & 3-\lambda\end{vmatrix}=-(\lambda-2)^2(\lambda+1)=0$$

得到 $\boldsymbol{A}$ 的特征值为 $\lambda_1=\lambda_2=2$，$\lambda_3=-1$.

当 $\lambda_1=\lambda_2=2$ 时，求解齐次线性方程组 $(\boldsymbol{A}-2\boldsymbol{E})\boldsymbol{x}=\boldsymbol{0}$，得基础解系

$$\boldsymbol{\alpha}_1=\begin{pmatrix}0\\ 1\\ -1\end{pmatrix},\ \boldsymbol{\alpha}_2=\begin{pmatrix}1\\ 0\\ 4\end{pmatrix}.$$

当 $\lambda_3=-1$ 时，求解齐次线性方程组 $(\boldsymbol{A}+\boldsymbol{E})\boldsymbol{x}=\boldsymbol{0}$，得基础解系

$$\boldsymbol{\alpha}_3=\begin{pmatrix}1\\ 0\\ 1\end{pmatrix}.$$

由定理 5.2.4 知，$\boldsymbol{\alpha}_1,\boldsymbol{\alpha}_2,\boldsymbol{\alpha}_3$ 线性无关. 根据定理 5.3.2，$\boldsymbol{A}$ 可以对角化. 若记

$$\boldsymbol{C}=(\boldsymbol{\alpha}_1,\boldsymbol{\alpha}_2,\cdots,\boldsymbol{\alpha}_n)=\begin{pmatrix}0 & 1 & 1\\ 1 & 0 & 0\\ -1 & 4 & 1\end{pmatrix},\text{则有 }\boldsymbol{C}^{-1}\boldsymbol{A}\boldsymbol{C}=\boldsymbol{\Lambda}=\begin{pmatrix}2 & 0 & 0\\ 0 & 2 & 0\\ 0 & 0 & -1\end{pmatrix}.$$

例 5.3.3　设矩阵

$$A=\begin{pmatrix}0&0&1\\1&1&t\\1&0&0\end{pmatrix},$$

问 t 为何值时，矩阵 A 可对角化.

解：由

$$|A-\lambda E|=\begin{vmatrix}-\lambda&0&1\\1&1-\lambda&t\\1&0&-\lambda\end{vmatrix}=-(\lambda-1)^2(\lambda+1)=0,$$

解出特征值 $\lambda_1=\lambda_2=1$，$\lambda_3=-1$. 由推论 5.3.4 可知，若 A 可对角化，则 $R(A-E)=1$，$R(A+E)=2$. 根据

$$A-E=\begin{pmatrix}-1&0&1\\1&0&t\\1&0&-1\end{pmatrix}\sim\begin{pmatrix}-1&0&1\\0&0&t+1\\0&0&0\end{pmatrix},$$

$$A+E=\begin{pmatrix}1&0&1\\1&2&t\\1&0&1\end{pmatrix}\sim\begin{pmatrix}1&0&1\\0&2&t-1\\0&0&0\end{pmatrix},$$

得 $t+1=0$. 即 $t=-1$.

例 5.3.4　已知三阶矩阵 A 的三个特征值为 $1,4,-2$，相应的特征向量为 $(-2,-1,2)^{\mathrm T}$，$(2,-2,1)^{\mathrm T}$，$(1,2,2)^{\mathrm T}$，求矩阵 A.

解：因为 A 三个特征向量线性无关，故令

$$C=\begin{pmatrix}-2&2&1\\-1&-2&2\\2&1&2\end{pmatrix},$$

则 C 为可逆矩阵，且

$$C^{-1}AC=\Lambda=\begin{pmatrix}1&0&0\\0&4&0\\0&0&-2\end{pmatrix}.$$

于是

$$A=C\Lambda C^{-1}=\begin{pmatrix}-2&2&1\\-1&-2&2\\2&1&2\end{pmatrix}\begin{pmatrix}1&0&0\\0&4&0\\0&0&-2\end{pmatrix}\begin{pmatrix}-2&2&1\\-1&-2&2\\2&1&2\end{pmatrix}^{-1}$$

$$=\begin{pmatrix}2&-2&0\\-2&1&-2\\0&-2&0\end{pmatrix}.$$

习题 5.3

1. 简单证明相似矩阵的几个性质：

(1) 反身性　$\boldsymbol{A}$ 与 $\boldsymbol{A}$ 自身相似；

(2) 对称性　若 $\boldsymbol{A}$ 与 $\boldsymbol{B}$ 相似，则 $\boldsymbol{B}$ 与 $\boldsymbol{A}$ 相似；

(3) 传递性　若 $\boldsymbol{A}$ 与 $\boldsymbol{B}$ 相似，$\boldsymbol{B}$ 与 $\boldsymbol{C}$ 相似，则 $\boldsymbol{A}$ 与 $\boldsymbol{C}$ 相似.

2. 设矩阵

$$\boldsymbol{A}=\begin{pmatrix}4&6&0\\-3&-5&0\\-3&-6&1\end{pmatrix},$$

问矩阵 $\boldsymbol{A}$ 能否进行对角化？若能，则求可逆矩阵 $\boldsymbol{C}$ 和对角矩阵 $\boldsymbol{\Lambda}$，使 $\boldsymbol{C}^{-1}\boldsymbol{A}\boldsymbol{C}=\boldsymbol{\Lambda}$.

5.4 实对称矩阵的对角化

前面我们知道，如果一个矩阵能够与对角矩阵相似，则对于讨论矩阵特征值和特征向量以及矩阵的性质等方面都是非常有意义的. 5.3 节我们讨论了一般矩阵可对角化的条件，本节我们将专门讨论实对称矩阵的相似对角化问题.

一、实对称矩阵的特征值与特征向量

定义 5.4.1　一个复数 λ 的共轭复数记为 $\overline{\lambda}$，一个复矩阵 $\boldsymbol{A}=(a_{ij})_{n\times n}$ 的共轭矩阵记为 $\overline{\boldsymbol{A}}=(\overline{a}_{ij})_{n\times n}$.

例，若 $\boldsymbol{A}=\begin{pmatrix}2+3\mathbf{i}&\mathbf{i}\\0&-1+4\mathbf{i}\end{pmatrix}$，则 $\overline{\boldsymbol{A}}=\begin{pmatrix}\overline{2+3\mathbf{i}}&\overline{\mathbf{i}}\\\overline{0}&\overline{-1+4\mathbf{i}}\end{pmatrix}=\begin{pmatrix}2-3\mathbf{i}&-\mathbf{i}\\0&-1-4\mathbf{i}\end{pmatrix}$.

共轭矩阵满足下列运算规律：

(1) $\overline{\boldsymbol{A}+\boldsymbol{B}}=\overline{\boldsymbol{A}}+\overline{\boldsymbol{B}}$；　(2) $\overline{\lambda\boldsymbol{A}}=\overline{\lambda}\ \overline{\boldsymbol{A}}$；　(3) $\overline{\boldsymbol{A}\boldsymbol{B}}=\overline{\boldsymbol{A}}\ \overline{\boldsymbol{B}}$.

设 $\boldsymbol{A}=(a_{ij})_{n\times n}$ 是实对称矩阵，即满足 $a_{ij}\in\mathbf{R}$，且 $\boldsymbol{A}^{\mathrm{T}}=\boldsymbol{A}$. 则有下面的定理.

定理 5.4.1　实对称矩阵的特征值都是实数.

证明：设 λ 是实对称矩阵 $\boldsymbol{A}$ 的任意特征值，对应的特征向量

$\boldsymbol{\alpha}=\begin{pmatrix}a_1\\a_2\\\vdots\\a_n\end{pmatrix}$，即 $\boldsymbol{A\alpha}=\lambda\boldsymbol{\alpha}$. 两边取共轭得到 $\overline{\boldsymbol{A}}\ \overline{\boldsymbol{\alpha}}=\overline{\lambda}\ \overline{\boldsymbol{\alpha}}$. 再取转置，

得到

$$\overline{\boldsymbol{\alpha}}^{\mathrm{T}}\overline{\boldsymbol{A}}^{\mathrm{T}}=\overline{\lambda}\,\overline{\boldsymbol{\alpha}}^{\mathrm{T}}.$$

因为 $\boldsymbol{A}$ 是实对称矩阵，所以有 $\overline{\boldsymbol{A}}=\boldsymbol{A}$，$\boldsymbol{A}^{\mathrm{T}}=\boldsymbol{A}$．于是 $\overline{\boldsymbol{A}}^{\mathrm{T}}=\boldsymbol{A}$．即有

$$\overline{\boldsymbol{\alpha}}^{\mathrm{T}}\boldsymbol{A}=\overline{\lambda}\,\overline{\boldsymbol{\alpha}}^{\mathrm{T}}.$$

两边右乘向量 $\boldsymbol{\alpha}$，得到 $\overline{\boldsymbol{\alpha}}^{\mathrm{T}}\boldsymbol{A}\boldsymbol{\alpha}=\overline{\lambda}\,\overline{\boldsymbol{\alpha}}^{\mathrm{T}}\boldsymbol{\alpha}$，即 $\overline{\boldsymbol{\alpha}}^{\mathrm{T}}(\boldsymbol{A}\boldsymbol{\alpha})=\overline{\lambda}\,\overline{\boldsymbol{\alpha}}^{\mathrm{T}}\boldsymbol{\alpha}$．故 $\overline{\boldsymbol{\alpha}}^{\mathrm{T}}(\lambda\boldsymbol{\alpha})=\overline{\lambda}\,\overline{\boldsymbol{\alpha}}^{\mathrm{T}}\boldsymbol{\alpha}$，即 $\lambda\,\overline{\boldsymbol{\alpha}}^{\mathrm{T}}\boldsymbol{\alpha}=\overline{\lambda}\,\overline{\boldsymbol{\alpha}}^{\mathrm{T}}\boldsymbol{\alpha}$，所以 $(\overline{\lambda}-\lambda)\overline{\boldsymbol{\alpha}}^{\mathrm{T}}\boldsymbol{\alpha}=\mathbf{0}$.

由于向量 $\boldsymbol{\alpha}\neq\mathbf{0}$，所以

$$\overline{\boldsymbol{\alpha}}^{\mathrm{T}}\boldsymbol{\alpha}=(\overline{a}_1,\overline{a}_2,\cdots,\overline{a}_n)\begin{pmatrix}a_1\\a_2\\\vdots\\a_n\end{pmatrix}=\sum_{i=1}^{n}\overline{a}_i a_i=\sum_{i=1}^{n}|a_i|^2>0,$$

这里 $|a_i|$ 表示复数 a_i 的模．因此 $\overline{\lambda}-\lambda=0$，$\overline{\lambda}=\lambda$．即 λ 是实数．证毕.

当特征值 λ_i 为实数时，方程组 $(\boldsymbol{A}-\lambda_i\boldsymbol{E})\boldsymbol{x}=\mathbf{0}$ 是实系数齐次线性方程组，因而与特征值 λ_i 对应的特征向量可取为实向量.

定理 5.4.2　实对称矩阵对应于不同特征值的特征向量相互正交.

证明：设 $\boldsymbol{\alpha}_1$，$\boldsymbol{\alpha}_2$ 是实对称矩阵 $\boldsymbol{A}$ 的对应于不同特征值 λ_1 与 λ_2 的特征向量，即 $\boldsymbol{A}\boldsymbol{\alpha}_1=\lambda_1\boldsymbol{\alpha}_1$，$\boldsymbol{A}\boldsymbol{\alpha}_2=\lambda_2\boldsymbol{\alpha}_2$．因为 $\boldsymbol{A}$ 是实对称矩阵，所以有

$$\lambda_1\boldsymbol{\alpha}_1^{\mathrm{T}}=(\lambda_1\boldsymbol{\alpha}_1)^{\mathrm{T}}=(\boldsymbol{A}\boldsymbol{\alpha}_1)^{\mathrm{T}}=\boldsymbol{\alpha}_1^{\mathrm{T}}\boldsymbol{A}^{\mathrm{T}}=\boldsymbol{\alpha}_1^{\mathrm{T}}\boldsymbol{A}.$$

进一步，$\lambda_1\boldsymbol{\alpha}_1^{\mathrm{T}}\boldsymbol{\alpha}_2=\boldsymbol{\alpha}_1^{\mathrm{T}}\boldsymbol{A}\boldsymbol{\alpha}_2=\boldsymbol{\alpha}_1^{\mathrm{T}}(\lambda_2\boldsymbol{\alpha}_2)=\lambda_2\boldsymbol{\alpha}_1^{\mathrm{T}}\boldsymbol{\alpha}_2$，亦即 $(\lambda_1-\lambda_2)\boldsymbol{\alpha}_1^{\mathrm{T}}\boldsymbol{\alpha}_2=0$．因为 $\lambda_1-\lambda_2\neq0$，所以有 $\boldsymbol{\alpha}_1^{\mathrm{T}}\boldsymbol{\alpha}_2=0$．即 $\boldsymbol{\alpha}_1$ 与 $\boldsymbol{\alpha}_2$ 正交．证毕.

定理 5.4.3　设 $\boldsymbol{A}$ 为 n 阶实对称矩阵，λ 是 $\boldsymbol{A}$ 的特征方程的 r 重根，则矩阵 $\boldsymbol{A}$ 对应于特征值 λ 恰有 r 个线性无关的特征向量.

证明(略).

因为 n 阶矩阵在复数范围内有 n 个特征值(重特征值按重数计)，根据定理 5.4.3 和定理 5.2.4，n 阶实对称矩阵一定有 n 个线性无关的特征向量．进一步，由定理 5.3.2，矩阵 $\boldsymbol{A}$ 可对角化，即存在**可逆矩阵** $\boldsymbol{C}$，使得 $\boldsymbol{C}^{-1}\boldsymbol{A}\boldsymbol{C}$ 为对角矩阵.

二、实对称矩阵的正交相似对角化

定理 5.4.4(实对称矩阵基本定理) 设 $\boldsymbol{A}$ 为 n 阶实对称矩阵，则存在正交矩阵 $\boldsymbol{C}$，使得

$$\boldsymbol{C}^{-1}\boldsymbol{A}\boldsymbol{C}=\boldsymbol{C}^{\mathrm{T}}\boldsymbol{A}\boldsymbol{C}=\boldsymbol{\Lambda}=\begin{pmatrix}\lambda_1 & & & & & & \\ & \ddots & & & & & \\ & & \lambda_1 & & & & \\ & & & \ddots & & & \\ & & & & \lambda_r & & \\ & & & & & \ddots & \\ & & & & & & \lambda_r\end{pmatrix},$$

其中，$\boldsymbol{\Lambda}$ 是以 $\boldsymbol{A}$ 的特征值 $\lambda_1,\lambda_2,\cdots,\lambda_r$ 为对角元的对角矩阵.

证明：设 $\boldsymbol{A}$ 的所有互不相等的特征值为 $\lambda_1,\lambda_2,\cdots,\lambda_r$，它们的重数依次为 $k_1,k_2,\cdots,k_r(k_1+k_2+\cdots+k_r=n)$. 由定理 5.4.1 和定理 5.4.3，对应于特征值 $\lambda_i(i=1,2,\cdots,r)$，恰有 k_i 个线性无关的实特征向量，把它们标准正交化，即可得到 k_i 个标准正交的特征向量(当 $k_i=1$ 时只需要单位化). 由 $k_1+k_2+\cdots+k_r=n$ 知，这样的特征向量共有 n 个.

由定理 5.4.2，对应于不同特征值的特征向量正交，故这 n 个单位特征向量是两两正交的，也是线性无关的. 于是以它们为列向量构成的矩阵 $\boldsymbol{C}$ 为正交矩阵，所以 $\boldsymbol{C}^{-1}=\boldsymbol{C}^{\mathrm{T}}$，且由定理 5.3.2，$\boldsymbol{C}^{-1}\boldsymbol{A}\boldsymbol{C}=\boldsymbol{C}^{\mathrm{T}}\boldsymbol{A}\boldsymbol{C}=\boldsymbol{\Lambda}$，其中 $\boldsymbol{\Lambda}$ 是对角矩阵. 证毕.

由于正交矩阵必定也是可逆矩阵，所以定理 5.4.4 是定理 5.3.2 的特例.

例 5.4.1 设 $\boldsymbol{A}=\begin{pmatrix}2&1&1\\1&2&1\\1&1&2\end{pmatrix}$，求正交矩阵 $\boldsymbol{C}$，使 $\boldsymbol{C}^{-1}\boldsymbol{A}\boldsymbol{C}$ 为对角矩阵.

解：

$$|\boldsymbol{A}-\lambda\boldsymbol{E}|=\begin{vmatrix}2-\lambda&1&1\\1&2-\lambda&1\\1&1&2-\lambda\end{vmatrix}=\begin{vmatrix}4-\lambda&1&1\\4-\lambda&2-\lambda&1\\4-\lambda&1&2-\lambda\end{vmatrix}$$

$$=\begin{vmatrix}4-\lambda&1&1\\0&1-\lambda&0\\0&0&1-\lambda\end{vmatrix}$$

$$=(1-\lambda)^2(4-\lambda)=0,$$

得 $\boldsymbol{A}$ 的特征值为 $\lambda_1=\lambda_2=1$，$\lambda_3=4$.

对于 $\lambda=1$(二重)，由 $(\boldsymbol{A}-\boldsymbol{E})\boldsymbol{x}=\boldsymbol{0}$，即 $\begin{pmatrix}1&1&1\\1&1&1\\1&1&1\end{pmatrix}\begin{pmatrix}x_1\\x_2\\x_3\end{pmatrix}=\begin{pmatrix}0\\0\\0\end{pmatrix}$,

解得基础解系 $\boldsymbol{\xi}_1=\begin{pmatrix}-1\\1\\0\end{pmatrix}$，$\boldsymbol{\xi}_2=\begin{pmatrix}-1\\0\\1\end{pmatrix}$,

正交化得到 $\boldsymbol{\eta}_1=\begin{pmatrix}-1\\1\\0\end{pmatrix}$，$\boldsymbol{\eta}_2=\boldsymbol{\xi}_2-\dfrac{(\boldsymbol{\xi}_2,\ \boldsymbol{\eta}_1)}{(\boldsymbol{\eta}_1,\ \boldsymbol{\eta}_1)}\boldsymbol{\eta}_1=\begin{pmatrix}-\frac{1}{2}\\-\frac{1}{2}\\1\end{pmatrix}$,

然后再单位化得到 $\boldsymbol{\zeta}_1=\dfrac{1}{\|\boldsymbol{\eta}_1\|}\boldsymbol{\eta}_1=\begin{pmatrix}-\frac{1}{\sqrt{2}}\\\frac{1}{\sqrt{2}}\\0\end{pmatrix}$，$\boldsymbol{\zeta}_2=\dfrac{1}{\|\boldsymbol{\eta}_2\|}\boldsymbol{\eta}_2=\begin{pmatrix}-\frac{1}{\sqrt{6}}\\-\frac{1}{\sqrt{6}}\\\frac{2}{\sqrt{6}}\end{pmatrix}$.

对于 $\lambda=4$,

由 $(\boldsymbol{A}-4\boldsymbol{E})\boldsymbol{x}=\boldsymbol{0}$，即 $\begin{pmatrix}-2&1&1\\1&-2&1\\1&1&-2\end{pmatrix}\begin{pmatrix}x_1\\x_2\\x_3\end{pmatrix}=\begin{pmatrix}0\\0\\0\end{pmatrix}$，解得基础解系

$\boldsymbol{\xi}_3=\begin{pmatrix}1\\1\\1\end{pmatrix}$，再单位化得到 $\boldsymbol{\zeta}_3=\dfrac{1}{\|\boldsymbol{\xi}_3\|}\boldsymbol{\xi}_3=\begin{pmatrix}\frac{1}{\sqrt{3}}\\\frac{1}{\sqrt{3}}\\\frac{1}{\sqrt{3}}\end{pmatrix}$.

令 $\boldsymbol{C}=(\boldsymbol{\zeta}_1,\boldsymbol{\zeta}_2,\boldsymbol{\zeta}_3)=\begin{pmatrix}-\frac{1}{\sqrt{2}}&-\frac{1}{\sqrt{6}}&\frac{1}{\sqrt{3}}\\\frac{1}{\sqrt{2}}&-\frac{1}{\sqrt{6}}&\frac{1}{\sqrt{3}}\\0&\frac{2}{\sqrt{6}}&\frac{1}{\sqrt{3}}\end{pmatrix}$，则 $\boldsymbol{C}$ 为正交矩阵，且

$\boldsymbol{C}^{-1}\boldsymbol{A}\boldsymbol{C}=\begin{pmatrix}1&&\\&1&\\&&4\end{pmatrix}$.

在例 5.4.1 中，若改变矩阵 $\boldsymbol{C}$ 中列向量的次序，且相应改变对角矩阵中特征值的次序，结果仍然正确.

例 5.4.2

例 5.4.2 已知实对称矩阵 $\boldsymbol{A}$ 的三个特征值为 $\lambda_1=2,\lambda_2=\lambda_3=1$，且对应于特征值 λ_2，λ_3 的特征向量为

$$\boldsymbol{\xi}_2=\begin{pmatrix}1\\1\\-1\end{pmatrix},\ \boldsymbol{\xi}_3=\begin{pmatrix}2\\3\\-3\end{pmatrix},\text{ 求}$$

（1）对应于 $\boldsymbol{A}$ 的特征值 $\lambda_1=2$ 的一个特征向量；

（2）矩阵 $\boldsymbol{A}$.

解：(1) 设 $\boldsymbol{A}$ 的对应于特征值 $\lambda_1=2$ 的特征向量为 $\boldsymbol{\xi}_1=\begin{pmatrix}x_1\\x_2\\x_3\end{pmatrix}$，

则由

$$(\boldsymbol{\xi}_1,\boldsymbol{\xi}_2)=0,(\boldsymbol{\xi}_1,\boldsymbol{\xi}_3)=0.$$

得方程组

$$\begin{cases}x_1+x_2-x_3=0,\\2x_1+3x_2-3x_3=0,\end{cases}$$

解得

$$\boldsymbol{\xi}_1=\begin{pmatrix}0\\1\\1\end{pmatrix}.$$

（2）取 $\boldsymbol{C}=(\boldsymbol{\xi}_1,\boldsymbol{\xi}_2,\boldsymbol{\xi}_3)=\begin{pmatrix}0&1&2\\1&1&3\\1&-1&-3\end{pmatrix}$，则有

$$\boldsymbol{C}^{-1}\boldsymbol{A}\boldsymbol{C}=\begin{pmatrix}2&0&0\\0&1&0\\0&0&1\end{pmatrix}.$$

所以有

$$\boldsymbol{A}=\boldsymbol{C}\begin{pmatrix}2&0&0\\0&1&0\\0&0&1\end{pmatrix}\boldsymbol{C}^{-1}=\begin{pmatrix}1&0&0\\0&\frac{3}{2}&\frac{1}{2}\\0&\frac{1}{2}&\frac{3}{2}\end{pmatrix}.$$

例 5.4.3 设 $\boldsymbol{A}$ 与 $\boldsymbol{B}$ 都是 n 阶实对称矩阵，证明：$\boldsymbol{A}$ 与 $\boldsymbol{B}$ 相似的充要条件是 $\boldsymbol{A}$ 与 $\boldsymbol{B}$ 有相同的特征值.

证明：必要性显然成立，下证充分性.

设 $\boldsymbol{A}$ 与 $\boldsymbol{B}$ 有相同的特征值 $\lambda_1,\lambda_2,\cdots,\lambda_n$，则存在可逆矩阵 $\boldsymbol{P}$，$\boldsymbol{Q}$，使

$$\boldsymbol{P}^{-1}\boldsymbol{A}\boldsymbol{P}=\boldsymbol{\Lambda}=\boldsymbol{Q}^{-1}\boldsymbol{B}\boldsymbol{Q},$$

其中 $\boldsymbol{\Lambda}=\mathbf{diag}(\lambda_1,\lambda_2,\cdots,\lambda_n)$. 由矩阵相似的传递性可知 $\boldsymbol{A}$ 与 $\boldsymbol{B}$ 相似. 证毕.

例 5.4.4　设 $\boldsymbol{A}$, $\boldsymbol{B}$ 都是 n 阶实对称矩阵，若存在正交矩阵 $\boldsymbol{T}$，使 $\boldsymbol{T}^{-1}\boldsymbol{AT}$，$\boldsymbol{T}^{-1}\boldsymbol{BT}$ 都是对角矩阵，证明：$\boldsymbol{AB}$ 是实对称矩阵.

证明：由 $(\boldsymbol{AB})^{\mathrm{T}}=\boldsymbol{B}^{\mathrm{T}}\boldsymbol{A}^{\mathrm{T}}=\boldsymbol{BA}$ 可知，$\boldsymbol{AB}$ 对称的充要条件是 $\boldsymbol{A}$ 与 $\boldsymbol{B}$ 可交换. 因此只需证 $\boldsymbol{AB}=\boldsymbol{BA}$.

根据已知，设 $\boldsymbol{T}^{-1}\boldsymbol{AT}=\mathbf{diag}(\lambda_1,\lambda_2,\cdots,\lambda_n)$，$\boldsymbol{T}^{-1}\boldsymbol{BT}=\mathbf{diag}(\mu_1,\mu_2,\cdots,\mu_n)$，则有

$$(\boldsymbol{T}^{-1}\boldsymbol{AT})(\boldsymbol{T}^{-1}\boldsymbol{BT})=(\boldsymbol{T}^{-1}\boldsymbol{BT})(\boldsymbol{T}^{-1}\boldsymbol{AT})=\mathbf{diag}(\lambda_1\mu_1,\lambda_2\mu_2,\cdots,\lambda_n\mu_n),$$

即 $\boldsymbol{T}^{-1}\boldsymbol{ABT}=\boldsymbol{T}^{-1}\boldsymbol{BAT}$. 左乘 $\boldsymbol{T}$，右乘 $\boldsymbol{T}^{-1}$，得到 $\boldsymbol{AB}=\boldsymbol{BA}$，故 $\boldsymbol{AB}$ 是实对称矩阵. 证毕.

习题 5.4

1. 设 $\boldsymbol{A}=\begin{pmatrix}1&-2&2\\-2&4&-4\\2&-4&4\end{pmatrix}$，求正交矩阵 $\boldsymbol{C}$ 及对角矩阵 $\boldsymbol{\Lambda}$，使 $\boldsymbol{C}^{-1}\boldsymbol{AC}=\boldsymbol{\Lambda}$.

2. 设 $\boldsymbol{A}=\begin{pmatrix}2&0&0\\0&3&a\\0&a&3\end{pmatrix}$，$a>0$，存在正交矩阵 $\boldsymbol{P}$，使 $\boldsymbol{P}^{\mathrm{T}}\boldsymbol{AP}=\begin{pmatrix}1&0&0\\0&2&0\\0&0&5\end{pmatrix}$，求常数 a 与矩阵 $\boldsymbol{P}$.

3. 设三阶实对称矩阵 $\boldsymbol{A}$ 的特征值是 1,3,5，矩阵 $\boldsymbol{A}$ 对应于特征值 3，5 的特征向量分别是 $\boldsymbol{\alpha}_1=(-1,-1,1)^{\mathrm{T}}$，$\boldsymbol{\alpha}_2=(1,-2,-1)^{\mathrm{T}}$.

（1）求 $\boldsymbol{A}$ 对应于特征值 1 的一个特征向量；

（2）求矩阵 $\boldsymbol{A}$.

4. 设 $\boldsymbol{A}$ 是三阶实矩阵，且有 3 个相互正交的特征向量. 证明：$\boldsymbol{A}$ 是实对称矩阵.

5. 设 $\boldsymbol{A}$ 是 n 阶实对称矩阵，$\boldsymbol{A}^2=\boldsymbol{A}$. 证明：存在正交矩阵 $\boldsymbol{T}$，使得

$$\boldsymbol{T}^{-1}\boldsymbol{AT}=\mathbf{diag}(1,1,\cdots,1,0,0,\cdots,0).$$

5.5　二次型及其标准形

一、二次型的概念

定义 5.5.1　含有 n 个变量 $x_1,x_2,\cdots,x_n$ 的二次齐次多项式

$$f(x_1,x_2,\cdots,x_n)=a_{11}x_1^2+2a_{12}x_1x_2+\cdots+2a_{1n}x_1x_n+a_{22}x_2^2+\cdots+2a_{2n}x_2x_n+\cdots+a_{nn}x_n^2 \tag{5.9}$$

称为关于 $x_1,x_2,\cdots,x_n$ 的 **n 元二次型**，简称为**二次型**. 当系数 $a_{ij}(1\leqslant i,\ j\leqslant n)$ 为实(复)数时，称 f 为实(复)二次型. 如果二次型只包含平方项，则称为二次型的**标准形**.

例如，二次型 $f(x_1,x_2,x_3)=5x_1^2-4x_2^2+x_3^2$, $f(y_1,y_2,y_3)=6y_1^2+7y_2^2+2y_3^2$, $f(z_1,z_2,z_3,z_4)=3z_1^2+2z_2^2+5z_3^2-z_4^2$ 等都为标准形.

令 $\boldsymbol{X}=(x_1, x_2, \cdots, x_n)^{\mathrm{T}}$，$\boldsymbol{A}=(a_{ij})_{n\times n}$，且令 $a_{ji}=a_{ij}$ $(i<j)$，则二次型

$$f(x_1,x_2,\cdots,x_n)=(x_1,x_2,\cdots,x_n)\begin{pmatrix}a_{11}&a_{12}&\cdots&a_{1n}\\a_{21}&a_{22}&\cdots&a_{2n}\\\vdots&\vdots&&\vdots\\a_{n1}&a_{n2}&\cdots&a_{nn}\end{pmatrix}\begin{pmatrix}x_1\\x_2\\\vdots\\x_n\end{pmatrix}=\boldsymbol{X}^{\mathrm{T}}\boldsymbol{A}\boldsymbol{X}. \tag{5.10}$$

定义 5.5.2 式(5.10)中，对称矩阵 $\boldsymbol{A}$ 称为二次型 $f(x_1, x_2, \cdots, x_n)$ 的矩阵，矩阵 $\boldsymbol{A}$ 的秩称为二次型 $f(x_1, x_2, \cdots, x_n)$ 的秩.

由上述定义可见，二次型与它的矩阵是一一对应的.

例如，二次型 $f(x_1,x_2,x_3)=2x_1^2+4x_1x_2-3x_2^2-2x_1x_3+x_3^2$ 的矩阵为

$$\boldsymbol{A}=\begin{pmatrix}2&2&-1\\2&-3&0\\-1&0&1\end{pmatrix}.$$

定义 5.5.3 令 $\boldsymbol{X}=\begin{pmatrix}x_1\\x_2\\\vdots\\x_n\end{pmatrix}$, $\boldsymbol{Y}=\begin{pmatrix}y_1\\y_2\\\vdots\\y_n\end{pmatrix}$, $\boldsymbol{C}=(c_{ij})_{n\times n}$. 称 $\boldsymbol{X}=\boldsymbol{C}\boldsymbol{Y}$ 为由变量 $y_1,y_2,\cdots,y_n$ 到变量 $x_1,x_2,\cdots,x_n$ 的**线性变换**；若 $\boldsymbol{C}$ 为可逆矩阵，则称为**可逆线性变换**；若 $\boldsymbol{C}$ 为正交矩阵，则称为**正交变换**.

定义 5.5.4 对 n 阶矩阵 $\boldsymbol{A}$，$\boldsymbol{B}$，若存在一个可逆矩阵 $\boldsymbol{C}$，使 $\boldsymbol{C}^{\mathrm{T}}\boldsymbol{A}\boldsymbol{C}=\boldsymbol{B}$，则称矩阵 $\boldsymbol{A}$ 与矩阵 $\boldsymbol{B}$ 合同.

通过上述定义，结合 2.4 节推论 2.4.3 可以看出，两个合同矩阵是等价矩阵，从而具有相同的秩. 与矩阵相似的性质类似，矩阵的合同也具有反身性、对称性、传递性.

在一个可逆线性变换 $\boldsymbol{X}=\boldsymbol{C}\boldsymbol{Y}$ 下，

$$f(x_1,x_2,\cdots,x_n)=\boldsymbol{X}^{\mathrm{T}}\boldsymbol{A}\boldsymbol{X}=(\boldsymbol{C}\boldsymbol{Y})^{\mathrm{T}}\boldsymbol{A}(\boldsymbol{C}\boldsymbol{Y})=\boldsymbol{Y}^{\mathrm{T}}(\boldsymbol{C}^{\mathrm{T}}\boldsymbol{A}\boldsymbol{C})\boldsymbol{Y}. \tag{5.11}$$

若令 $\boldsymbol{B}=\boldsymbol{C}^{\mathrm{T}}\boldsymbol{A}\boldsymbol{C}$，则可以看出 $\boldsymbol{B}^{\mathrm{T}}=\boldsymbol{B}$，从而 $\boldsymbol{B}$ 是对称矩阵，并且是变换后关于 $\boldsymbol{Y}$ 的二次型的矩阵. 同时可以看到，可逆线性变换前后两个二次型的矩阵是合同的. 因为合同矩阵具有相同的秩，所以可逆线性变换前后两个二次型也具有相同的秩.

二、化二次型为标准形

观察式(5.11)，如果 $\boldsymbol{C}^{\mathrm{T}}\boldsymbol{A}\boldsymbol{C}$ 为对角矩阵，即 $\boldsymbol{C}^{\mathrm{T}}\boldsymbol{A}\boldsymbol{C}=\boldsymbol{\Lambda}=\begin{pmatrix}\lambda_1 & & & \\ & \lambda_2 & & \\ & & \ddots & \\ & & & \lambda_n\end{pmatrix}$，则二次型(5.11)可记为 $f=\lambda_1y_1^2+\lambda_2y_2^2+\cdots+\lambda_ny_n^2$. 由定义 5.5.1 可知，这是二次型的标准形.

一般有三种方法可以将二次型化为标准形：正交变换法，初等变换法，配方法.

1. 正交变换法

由定理 5.4.4 可知，对实对称矩阵 $\boldsymbol{A}$，总存在正交矩阵 $\boldsymbol{C}$，使得 $\boldsymbol{C}^{-1}\boldsymbol{A}\boldsymbol{C}=\boldsymbol{C}^{\mathrm{T}}\boldsymbol{A}\boldsymbol{C}=\boldsymbol{\Lambda}$ 为对角矩阵. 从而有如下定理.

定理 5.5.1　对任意实二次型 $f=\boldsymbol{X}^{\mathrm{T}}\boldsymbol{A}\boldsymbol{X}$，总存在正交变换 $\boldsymbol{X}=\boldsymbol{C}\boldsymbol{Y}$，使该二次型化为标准形 $f=\lambda_1y_1^2+\lambda_2y_2^2+\cdots+\lambda_ny_n^2$，其中 $\lambda_1,\lambda_2,\cdots,\lambda_n$ 是矩阵 $\boldsymbol{A}$ 的特征值.

用正交变换法化二次型为标准形的一般步骤如下：

(1) 写出二次型的矩阵 $\boldsymbol{A}$，并求出 $\boldsymbol{A}$ 的所有互不相同的特征值；

(2) 对每个特征值 λ_i，求出齐次线性方程组 $(\boldsymbol{A}-\lambda_i\boldsymbol{E})\boldsymbol{X}=\boldsymbol{0}$ 的一个基础解系. 然后对**向量个数大于等于 2 的基础解系进行标准正交化**(即先进行施密特正交化，再单位化)；对**向量个数为 1 的基础解系只进行单位化**；

(3) 以上述向量作为列向量构造矩阵 $\boldsymbol{C}$，则 $\boldsymbol{C}$ 为正交矩阵；

(4) 作正交变换 $\boldsymbol{X}=\boldsymbol{C}\boldsymbol{Y}$，将二次型化为标准形.

例 5.5.1　求正交变换 $\boldsymbol{X}=\boldsymbol{C}\boldsymbol{Y}$，将二次型

$$f=2x_1^2+2x_1x_2+2x_1x_3+2x_2^2+2x_2x_3+2x_3^2$$

化为标准形.

解：二次型的矩阵为

$$A=\begin{pmatrix}2&1&1\\1&2&1\\1&1&2\end{pmatrix}.$$

根据5.4节例5.4.1可知，存在正交矩阵

$$C=\begin{pmatrix}-\frac{1}{\sqrt{2}}&-\frac{1}{\sqrt{6}}&\frac{1}{\sqrt{3}}\\\frac{1}{\sqrt{2}}&-\frac{1}{\sqrt{6}}&\frac{1}{\sqrt{3}}\\0&\frac{2}{\sqrt{6}}&\frac{1}{\sqrt{3}}\end{pmatrix},$$

使 $C^{-1}AC=C^{\mathrm{T}}AC=\begin{pmatrix}1&0&0\\0&1&0\\0&0&4\end{pmatrix}$.

做正交变换 $X=CY$，则

$$f=X^{\mathrm{T}}AX=Y^{\mathrm{T}}C^{\mathrm{T}}ACY=y_1^2+y_2^2+4y_3^2.$$

需要注意的是，上述结果不唯一. 例如，若 $C=\begin{pmatrix}-\frac{1}{\sqrt{6}}&-\frac{1}{\sqrt{2}}&\frac{1}{\sqrt{3}}\\-\frac{1}{\sqrt{6}}&\frac{1}{\sqrt{2}}&\frac{1}{\sqrt{3}}\\\frac{2}{\sqrt{6}}&0&\frac{1}{\sqrt{3}}\end{pmatrix}$，则得到的标准形也为 $f=y_1^2+y_2^2+4y_3^2$. 若 $C=\begin{pmatrix}-\frac{1}{\sqrt{2}}&\frac{1}{\sqrt{3}}&-\frac{1}{\sqrt{6}}\\\frac{1}{\sqrt{2}}&\frac{1}{\sqrt{3}}&-\frac{1}{\sqrt{6}}\\0&\frac{1}{\sqrt{3}}&\frac{2}{\sqrt{6}}\end{pmatrix}$，则

$$f=X^{\mathrm{T}}AX=Y^{\mathrm{T}}C^{\mathrm{T}}ACY=y_1^2+4y_2^2+y_3^2.$$

例 5.5.2 用正交变换 $X=CY$ 把二次型 $f(x_1,x_2,x_3)=2x_1x_2-2x_1x_3+2x_2x_3$ 化为标准形.

例 5.5.2

解：二次型的矩阵为 $A=\begin{pmatrix}0&1&-1\\1&0&1\\-1&1&0\end{pmatrix}$，由

$$|A-\lambda E|=\begin{vmatrix}-\lambda&1&-1\\1&-\lambda&1\\-1&1&-\lambda\end{vmatrix}=-(\lambda-1)^2(\lambda+2),$$

故 $\boldsymbol{A}$ 的特征值为 $\lambda_1=\lambda_2=1$，$\lambda_3=-2$.

对 $\lambda_1=\lambda_2=1$，求解方程组 $(\boldsymbol{A}-\boldsymbol{E})\boldsymbol{x}=\boldsymbol{0}$，得基础解系为

$$\boldsymbol{\alpha}_1=\begin{pmatrix}1\\1\\0\end{pmatrix},\boldsymbol{\alpha}_2=\begin{pmatrix}-1\\0\\1\end{pmatrix}.$$

先正交化，得

$$\boldsymbol{\beta}_1=\boldsymbol{\alpha}_1=\begin{pmatrix}1\\1\\0\end{pmatrix},\boldsymbol{\beta}_2=\boldsymbol{\alpha}_2-\frac{(\boldsymbol{\alpha}_2,\boldsymbol{\beta}_1)}{(\boldsymbol{\beta}_1,\boldsymbol{\beta}_1)}\boldsymbol{\beta}_1=\begin{pmatrix}-\frac{1}{2}\\\frac{1}{2}\\1\end{pmatrix},$$

再单位化，得

$$\boldsymbol{C}_1=\begin{pmatrix}\frac{\sqrt{2}}{2}\\\frac{\sqrt{2}}{2}\\0\end{pmatrix},\boldsymbol{C}_2=\begin{pmatrix}-\frac{\sqrt{6}}{6}\\\frac{\sqrt{6}}{6}\\\frac{\sqrt{6}}{3}\end{pmatrix}.$$

对 $\lambda_3=-2$，求解方程组 $(\boldsymbol{A}+2\boldsymbol{E})\boldsymbol{x}=\boldsymbol{0}$，得基础解系为

$\boldsymbol{\alpha}_3=\begin{pmatrix}1\\-1\\1\end{pmatrix}$,

单位化，得 $\boldsymbol{C}_3=\begin{pmatrix}\frac{\sqrt{3}}{3}\\-\frac{\sqrt{3}}{3}\\\frac{\sqrt{3}}{3}\end{pmatrix}$.

以 $\boldsymbol{C}_1,\boldsymbol{C}_2,\boldsymbol{C}_3$ 为列向量构造正交矩阵 $\boldsymbol{C}=\begin{pmatrix}\frac{\sqrt{2}}{2}&-\frac{\sqrt{6}}{6}&\frac{\sqrt{3}}{3}\\\frac{\sqrt{2}}{2}&\frac{\sqrt{6}}{6}&-\frac{\sqrt{3}}{3}\\0&\frac{\sqrt{6}}{3}&\frac{\sqrt{3}}{3}\end{pmatrix}$,

做正交变换 $\boldsymbol{X}=\boldsymbol{C}\boldsymbol{Y}$，得标准形为 $f=y_1^2+y_2^2-2y_3^2$.

***2. 初等变换法**

若存在可逆线性变换 $\boldsymbol{X}=\boldsymbol{C}\boldsymbol{Y}$，使二次型 $f=\boldsymbol{X}^{\mathrm{T}}\boldsymbol{A}\boldsymbol{X}$ 化为标准形

$$f=a_1y_1^2+a_2y_2^2+\cdots+a_ny_n^2=(y_1,y_2,\cdots,y_n)\begin{pmatrix}a_1&&&\\&a_2&&\\&&\ddots&\\&&&a_n\end{pmatrix}\begin{pmatrix}y_1\\y_2\\\vdots\\y_n\end{pmatrix},$$

则有 $\boldsymbol{C}^{\mathrm{T}}\boldsymbol{A}\boldsymbol{C}=\begin{pmatrix}a_1&&&\\&a_2&&\\&&\ddots&\\&&&a_n\end{pmatrix}$. 因为 $\boldsymbol{C}$ 可逆，由推论 2.4.4，$\boldsymbol{C}$ 可以表示成有限个初等矩阵的乘积，即存在 n 阶初等矩阵 $\boldsymbol{Q}_1,\boldsymbol{Q}_2,\cdots,\boldsymbol{Q}_m$，使 $\boldsymbol{C}=\boldsymbol{Q}_1\boldsymbol{Q}_2\cdots\boldsymbol{Q}_m$. 所以有

$$\boldsymbol{C}^{\mathrm{T}}\boldsymbol{A}\boldsymbol{C}=\boldsymbol{Q}_m^{\mathrm{T}}\cdots\boldsymbol{Q}_2^{\mathrm{T}}\boldsymbol{Q}_1^{\mathrm{T}}\boldsymbol{A}\boldsymbol{Q}_1\boldsymbol{Q}_2\cdots\boldsymbol{Q}_m. \tag{5.12}$$

上式表明，对二次型的矩阵 $\boldsymbol{A}$ 作一次初等行变换(相当于对 $\boldsymbol{A}$ 左乘 $\boldsymbol{Q}_i^{\mathrm{T}}$)，同时对所得矩阵作一次同类型的初等列变换(相当于对 $\boldsymbol{A}$ 右乘 $\boldsymbol{Q}_i$). 总共施行 m 次这样成对的初等变换，可将矩阵 $\boldsymbol{A}$ 化为对角矩阵.

又因为 $\boldsymbol{C}=\boldsymbol{Q}_1\boldsymbol{Q}_2\cdots\boldsymbol{Q}_m=\boldsymbol{E}\boldsymbol{Q}_1\boldsymbol{Q}_2\cdots\boldsymbol{Q}_m$，所以对单位矩阵进行 m 次与上面相同的初等列变换，可化为矩阵 $\boldsymbol{C}$. 从而有下面的定理.

定理 5.5.2 二次型 $f(x_1,\cdots,x_n)$ 的矩阵为 $\boldsymbol{A}$. 若对 $\boldsymbol{A}$ 进行有限次成对的初等行变换和初等列变换后化为对角矩阵 $\boldsymbol{\Lambda}$，且对单位矩阵 $\boldsymbol{E}$ 进行相应的初等列变换后可化为矩阵 $\boldsymbol{C}$，则在可逆线性变换 $\boldsymbol{X}=\boldsymbol{C}\boldsymbol{Y}$ 下，可将二次型化为标准形.

$$\begin{pmatrix}\boldsymbol{A}\\\boldsymbol{E}\end{pmatrix}\overset{\text{有限次成对的初等行变换和初等列变换}}{\underset{\text{相应的初等列变换}}{\sim}}\begin{pmatrix}\boldsymbol{\Lambda}\\\boldsymbol{C}\end{pmatrix}$$

*3. 配方法

例 5.5.3 化二次型

$$f=x_1^2+2x_1x_2+2x_1x_3+2x_2^2+6x_2x_3+5x_3^2$$

为标准形，并求出所用的线性变换.

解：由于 f 中含有变量 x_1 的平方项，故把含 x_1 的项归并起来，配方可得

$$\begin{aligned}f&=[x_1^2+2x_1(x_2+x_3)]+2x_2^2+6x_2x_3+5x_3^2\\&=(x_1+x_2+x_3)^2+(x_2+2x_3)^2.\end{aligned}$$

作变换 $\begin{cases} y_1 = x_1 + x_2 + x_3, \\ y_2 = x_2 + 2x_3, \\ y_3 = x_3, \end{cases}$ 或 $\begin{cases} x_1 = y_1 - y_2 + y_3, \\ x_2 = y_2 - 2y_3, \\ x_3 = y_3, \end{cases}$

即通过线性变换 $\boldsymbol{X} = \boldsymbol{CY}$，其中

$$\boldsymbol{X} = \begin{pmatrix} x_1 \\ x_2 \\ x_3 \end{pmatrix}, \boldsymbol{C} = \begin{pmatrix} 1 & -1 & 1 \\ 0 & 1 & -2 \\ 0 & 0 & 1 \end{pmatrix}, \boldsymbol{Y} = \begin{pmatrix} y_1 \\ y_2 \\ y_3 \end{pmatrix},$$

二次型可化为标准形 $f = y_1^2 + y_2^2$.

例 5.5.4　化二次型

$$f = 2x_1x_2 + 2x_1x_3 - 6x_2x_3$$

为标准形，并求出所用线性变换.

解：由于 f 中不含有平方项，只含有乘积项，故令

$$\begin{cases} x_1 = y_1 + y_2, \\ x_2 = y_1 - y_2, \\ x_3 = y_3, \end{cases}$$

即 $\boldsymbol{X} = \begin{pmatrix} x_1 \\ x_2 \\ x_3 \end{pmatrix} = \begin{pmatrix} 1 & 1 & 0 \\ 1 & -1 & 0 \\ 0 & 0 & 1 \end{pmatrix}\begin{pmatrix} y_1 \\ y_2 \\ y_3 \end{pmatrix} = \boldsymbol{C}_1\boldsymbol{Y}$，则 $f = 2y_1^2 - 2y_2^2 - 4y_1y_3 + 8y_2y_3$.

再配方，得

$$\begin{aligned} f &= 2(y_1^2 - 2y_1y_3 + y_3^2) - 2y_2^2 + 8y_2y_3 - 2y_3^2 \\ &= 2(y_1 - y_3)^2 - 2(y_2^2 - 4y_2y_3 + 4y_3^2) + 6y_3^2 \\ &= 2(y_1 - y_3)^2 - 2(y_2 - 2y_3)^2 + 6y_3^2. \end{aligned}$$

做变换 $\begin{cases} z_1 = y_1 - y_3, \\ z_2 = y_2 - 2y_3, \\ z_3 = y_3, \end{cases}$ 或 $\begin{cases} y_1 = z_1 + z_3, \\ y_2 = z_2 + 2z_3, \\ y_3 = z_3, \end{cases}$ 即 $\boldsymbol{Y} = \begin{pmatrix} y_1 \\ y_2 \\ y_3 \end{pmatrix} = \begin{pmatrix} 1 & 0 & 1 \\ 0 & 1 & 2 \\ 0 & 0 & 1 \end{pmatrix}\begin{pmatrix} z_1 \\ z_2 \\ z_3 \end{pmatrix} = \boldsymbol{C}_2\boldsymbol{Z}$,

则二次型可化为标准形 $f = 2z_1^2 - 2z_2^2 + 6z_3^2$. 且所用的线性变换为

$\boldsymbol{X} = \boldsymbol{C}_1\boldsymbol{Y} = \boldsymbol{C}_1\boldsymbol{C}_2\boldsymbol{Z} = \boldsymbol{CZ}$，其中 $\boldsymbol{C} = \boldsymbol{C}_1\boldsymbol{C}_2 = \begin{pmatrix} 1 & 1 & 3 \\ 1 & -1 & -1 \\ 0 & 0 & 1 \end{pmatrix}$.

习题 5.5

1. 写出下列二次型的矩阵

(1) $f(x_1, x_2, x_3) = x_1^2 + 8x_1x_2 + 2x_2^2 + 4x_1x_3 + x_3^2 + 4x_2x_3$;

(2) $f(x_1, x_2, x_3, x_4) = 2x_1x_2 + 4x_1x_3 - 2x_1x_4 + 6x_2x_4 - 2x_3x_4$;

(3) $f(x_1,x_2,x_3)$

$$=(x_1,x_2,x_3)\begin{pmatrix}0&3&-2\\3&2&-3\\-2&-3&0\end{pmatrix}\begin{pmatrix}x_1\\x_2\\x_3\end{pmatrix}.$$

2. 求一个正交变换 $\boldsymbol{X}=\boldsymbol{CY}$，将二次型 $f(x_1,x_2,x_3)=2x_1^2+3x_2^2+3x_3^2+4x_2x_3$ 化为标准形.

5.6 正定二次型

对二次型经过可逆线性变换 $\boldsymbol{X}=\boldsymbol{CY}$ 化为标准形，一般来说 $\boldsymbol{C}$ 的选择不是唯一的.

定理 5.6.1(惯性定理) 设实二次型 $f=\boldsymbol{X}^{\mathrm{T}}\boldsymbol{AX}$ 的秩为 r. 若有两个可逆线性变换 $\boldsymbol{X}=\boldsymbol{C}_1\boldsymbol{Y}$ 及 $\boldsymbol{X}=\boldsymbol{C}_2\boldsymbol{Z}$ 将二次型分别化为标准形

$$f=\lambda_1y_1^2+\lambda_2y_2^2+\cdots+\lambda_ry_r^2(\lambda_i\neq0,i=1,2,\cdots,r)$$

及

$$f=\mu_1z_1^2+\mu_2z_2^2+\cdots+\mu_rz_r^2(\mu_i\neq0,i=1,2,\cdots,r),$$

则 λ_1，λ_2，…，λ_r 中正数的个数与 μ_1，μ_2，…，μ_r 中正数的个数相等.

证明(略).

设其中正数的个数为 m，则 m 称为**正惯性指数**，$r-m$ 称为**负惯性指数**，正惯性指数和负惯性指数之差 $2m-r$ 称为**符号差**.

形如 $f=y_1^2+\cdots+y_m^2-y_{m+1}^2-\cdots-y_r^2$ 的标准形称为二次型 f 的**规范形**.

由定理 5.5.1 可知，二次型正(负)惯性指数分别等于二次型矩阵正(负)特征值的个数(重特征值按重数计).

定义 5.6.1 设 $f(\boldsymbol{X})=\boldsymbol{X}^{\mathrm{T}}\boldsymbol{AX}$ 为实二次型，其中 $\boldsymbol{A}$ 为实对称矩阵. 如果对任意非零列向量 $\boldsymbol{X}$，都有 $f(\boldsymbol{X})>0$，则称 f 为**正定二次型**，并称 $\boldsymbol{A}$ 为**正定矩阵**；如果对非零列向量 $\boldsymbol{X}$，都有 $f(\boldsymbol{X})<0$，则称 f 为**负定二次型**，并称 $\boldsymbol{A}$ 为**负定矩阵**.

定义 5.6.2 设 $f(\boldsymbol{X})=\boldsymbol{X}^{\mathrm{T}}\boldsymbol{AX}$ 为实二次型，其中 $\boldsymbol{A}$ 为实对称矩阵. 如果对任意非零列向量 $\boldsymbol{X}$，都有 $f(\boldsymbol{X})\geqslant0$，则称 f 为**半正定二次型**，并称 $\boldsymbol{A}$ 为**半正定矩阵**；如果对非零列向量 $\boldsymbol{X}$，都有 $f(\boldsymbol{X})\leqslant0$，则称 f 为**半负定二次型**，并称 $\boldsymbol{A}$ 为**半负定矩阵**.

如果一个二次型不是正定的，负定的，半正定的，半负定的，则称二次型为不定的.

利用定义判断正定性往往是比较困难的，实际中往往用如下判定方法.

定理 5.6.2　n 元实二次型 $f(\boldsymbol{X})=\boldsymbol{X}^{\mathrm{T}}\boldsymbol{A}\boldsymbol{X}$ 为正定二次型的充分必要条件是正惯性指数为 n.

证明：设二次型 $f(\boldsymbol{X})=\boldsymbol{X}^{\mathrm{T}}\boldsymbol{A}\boldsymbol{X}$ 经过可逆线性变换 $\boldsymbol{X}=\boldsymbol{C}\boldsymbol{Y}$ 化成如下标准形

$$f=\mu_1 y_1^2+\mu_2 y_2^2+\cdots+\mu_n y_n^2.$$

充分性. 若正惯性指数为 n，则标准形中 n 个系数全大于零，即 $\mu_i>0(i=1,2,\cdots,n)$. 于是对任意的 n 维非零列向量 $\boldsymbol{X}$，有 $\boldsymbol{Y}=\boldsymbol{C}^{-1}\boldsymbol{X}\neq\boldsymbol{0}$. 所以

$$f(\boldsymbol{X})=f(\boldsymbol{C}\boldsymbol{Y})=\mu_1 y_1^2+\mu_2 y_2^2+\cdots+\mu_n y_n^2>0.$$

由定义 5.6.1 知，二次型 f 是正定的.

必要性. 若二次型 f 是正定的. 假设其正惯性指数小于 n，则其标准形中存在某个系数 $\mu_j\leqslant 0$. 取 $\boldsymbol{Y}=\boldsymbol{e}_j$（即第 j 个坐标为 1 的单位向量），则易知 $\boldsymbol{X}=\boldsymbol{C}\boldsymbol{e}_j\neq\boldsymbol{0}$，且 $f(\boldsymbol{X})=f(\boldsymbol{C}\boldsymbol{e}_j)=\mu_j\leqslant 0$. 与 f 为正定二次型矛盾. 所以 $\mu_i>0(i=1,2,\cdots,n)$. 证毕.

推论 5.6.1　n 元实二次型 $f(\boldsymbol{X})=\boldsymbol{X}^{\mathrm{T}}\boldsymbol{A}\boldsymbol{X}$ 为正定二次型的充分必要条件是它的标准形中 n 个系数全大于零.

结合定理 5.5.1，得到如下推论.

推论 5.6.2　实对称矩阵 $\boldsymbol{A}$ 正定的充分必要条件是 $\boldsymbol{A}$ 的特征值全为正.

定义 5.6.3　n 阶矩阵 $\boldsymbol{A}=(a_{ij})_{n\times n}$ 的前 k 行前 k 列元素构成的 k 阶行列式

$$\begin{vmatrix} a_{11} & a_{12} & \cdots & a_{1k} \\ a_{21} & a_{22} & \cdots & a_{2k} \\ \vdots & \vdots & & \vdots \\ a_{k1} & a_{k2} & \cdots & a_{kk} \end{vmatrix}(k=1,2,\cdots,n),$$

称为矩阵 $\boldsymbol{A}$ 的 **k 阶顺序主子式**.

定理 5.6.3 对 n 元实二次型 $f(\boldsymbol{x})=\boldsymbol{X}^{\mathrm{T}}\boldsymbol{A}\boldsymbol{X}$，正定的充分必要条件是：$\boldsymbol{A}$ 的所有顺序主子式都为正；负定的充分必要条件是：$\boldsymbol{A}$ 的所有奇数阶顺序主子式都为负，所有偶数阶顺序主子式都为正.

证明(略).

例 5.6.1 判断下列二次型的正定性.

(1) $f=5x_1^2+6x_1x_2+8x_1x_3+2x_2^2+2x_2x_3+16x_3^2$;

(2) $f=-x_1^2+2x_1x_2-6x_1x_3-2x_2^2-24x_3^2$.

解：(1) 二次型 f 的矩阵为

$$\boldsymbol{A}=\begin{pmatrix}5&3&4\\3&2&1\\4&1&16\end{pmatrix}.$$

若将它的 k 阶顺序主子式记为 D_k，则有

$$D_1=5>0,D_2=\begin{vmatrix}5&3\\3&2\end{vmatrix}=1>0,D_3=\begin{vmatrix}5&3&4\\3&2&1\\4&1&16\end{vmatrix}=3>0.$$

由定理 5.6.3，矩阵 $\boldsymbol{A}$ 正定，从而二次型 f 是正定二次型.

(2) 二次型 f 的矩阵为

$$\boldsymbol{A}=\begin{pmatrix}-1&1&-3\\1&-2&0\\-3&0&-24\end{pmatrix}.$$

若将它的 k 阶顺序主子式记为 D_k，则有

$$D_1=-1<0,D_2=\begin{vmatrix}-1&1\\1&-2\end{vmatrix}=1>0,D_3=\begin{vmatrix}-1&1&-3\\1&-2&0\\-3&0&-24\end{vmatrix}=-6<0.$$

由定理 5.6.3，矩阵 $\boldsymbol{A}$ 负定，从而二次型 f 是负定二次型.

定理 5.6.4 对 n 元实二次型 $f(\boldsymbol{X})=\boldsymbol{X}^{\mathrm{T}}\boldsymbol{A}\boldsymbol{X}$，下列命题等价：

(1) 二次型是半正(负)定的；

(2) $\boldsymbol{A}$ 的所有正(负)惯性指数与秩相等，且小于 n；

(3) $\boldsymbol{A}$ 的所有特征值都大于(小于)等于零，且至少有一个为零.

习题 5.6

1. 已知二次型 $f(x_1,x_2,x_3,x_4)=2x_1^2+x_2^2-3x_3^2+x_4^2$，求二次型 f 的正负惯性指数和符号差.

2. 判定下列二次型的正定性

(1) $f=x_1^2+3x_2^2+9x_3^2+x_4^2$；

(2) $f=x_1^2+4x_2^2+5x_3^2+2x_1x_2+3x_1x_3$；

(3) $f=5x_1^2-3x_2^2-4x_3^2+2x_1x_2+4x_2x_3$.

总习题 5

1. 判断题.

(1) 若 λ_0 是方阵 $\boldsymbol{A}$ 的一个特征值，则 $(\boldsymbol{A}-\lambda_0\boldsymbol{E})\boldsymbol{x}=\boldsymbol{0}$ 的任意一个解向量均为 $\boldsymbol{A}$ 的属于 λ_0 的特征向量.（　）

(2) 如果 λ 是方阵 $\boldsymbol{A}$ 的 r 重特征值，则 $\boldsymbol{A}$ 的属于 λ 的线性无关特征向量一定有 r 个.（　）

(3) 相似矩阵具有相同的迹.（　）

2. 选择题.

(1) 设 $\boldsymbol{A}$ 是三阶实对称矩阵，$\boldsymbol{E}$ 是三阶单位矩阵，若 $\boldsymbol{A}^2+\boldsymbol{A}=2\boldsymbol{E}$，且 $|\boldsymbol{A}|=4$，则二次型 $\boldsymbol{X}^{\mathrm{T}}\boldsymbol{A}\boldsymbol{X}$ 的规范形为（　）.

A. $y_1^2+y_2^2+y_3^2$　　B. $y_1^2+y_2^2-y_3^2$

C. $y_1^2-y_2^2-y_3^2$　　D. $-y_1^2-y_2^2-y_3^2$

(2) 二次型 $f(x_1,x_2,x_3)=(x_1+x_2)^2+(x_2+x_3)^2-(x_3-x_1)^2$ 的正惯性指数和负惯性指数分别是（　）.

A. 2，0　　B. 1，1

C. 2，1　　D. 1，2

3. 填空题.

(1) n 阶方阵 $\boldsymbol{A}-3\boldsymbol{E}$ 的秩小于 n，则 $\boldsymbol{A}$ 有一个特征值为________.

(2) 设 n 阶方阵 $\boldsymbol{A}$ 的元素全为 1，则 $\boldsymbol{A}$ 的特征值为________.

(3) 若 4 阶方阵 $\boldsymbol{A}$ 与 $\boldsymbol{B}$ 相似，$\boldsymbol{A}$ 的特征值为 $\frac{1}{2},\frac{1}{3},\frac{1}{4},\frac{1}{5}$，则行列式 $|\boldsymbol{B}^{-1}-\boldsymbol{E}|=$________.

(4) 设 $\boldsymbol{A}=\begin{pmatrix} \boldsymbol{x} & 1 & 2 \\ -10 & 6 & 7 \\ \boldsymbol{y} & -2 & -1 \end{pmatrix}$ 的特征值 $\boldsymbol{\lambda}_1=\boldsymbol{\lambda}_2=1$，$\boldsymbol{\lambda}_3=2$，则 $\boldsymbol{x}=$________，$\boldsymbol{y}=$________.

(5) 二次型 $f(x_1,x_2,x_3)=(x_1+x_2)^2+(x_2-x_3)^2+(x_3+x_1)^2$ 的秩为________.

4. 用施密特正交化方法把下列向量组正交化、单位化.

$$\boldsymbol{\alpha}_1=\begin{pmatrix}1\\0\\-1\\1\end{pmatrix},\boldsymbol{\alpha}_2=\begin{pmatrix}1\\-1\\0\\1\end{pmatrix},\boldsymbol{\alpha}_3=\begin{pmatrix}-1\\1\\1\\0\end{pmatrix}.$$

5. 判断下列矩阵是否为正交阵？并说明理由：

(1) $\begin{pmatrix} 1 & \frac{1}{2} & \frac{1}{3} \\ \frac{1}{2} & 1 & \frac{1}{2} \\ \frac{1}{3} & \frac{1}{2} & -1 \end{pmatrix}$；(2) $\begin{pmatrix} \frac{1}{9} & -\frac{8}{9} & -\frac{4}{9} \\ -\frac{8}{9} & \frac{1}{9} & -\frac{4}{9} \\ -\frac{4}{9} & -\frac{4}{9} & \frac{7}{9} \end{pmatrix}$.

6. 已知 $\boldsymbol{A}$，$\boldsymbol{B}$ 是 n 阶正交阵，证明：

(1) $\boldsymbol{AB}$ 是正交阵；

(2) $\boldsymbol{A}^{-1}$ 是正交阵；

(3) 若 $\boldsymbol{C}$ 也是 n 阶正交阵，则 $\boldsymbol{C}^{-1}\boldsymbol{AC}$ 也是正交阵.

7. 已知三阶方阵 $\boldsymbol{A}$ 的特征值为 1,2,3，求 $|\boldsymbol{A}^3-5\boldsymbol{A}^2+7\boldsymbol{A}|$.

8. 设 $\boldsymbol{A}$ 是三阶方阵，且 $|\boldsymbol{A}-\boldsymbol{E}|=|\boldsymbol{A}+2\boldsymbol{E}|=|2\boldsymbol{A}+3\boldsymbol{E}|=0$，求 $|2\boldsymbol{A}^*-3\boldsymbol{E}|$.

9. 已知 $\boldsymbol{A}=\begin{pmatrix} 2 & 0 & 0 \\ 0 & 0 & 1 \\ 0 & 1 & x \end{pmatrix}$ 与 $\boldsymbol{B}=\begin{pmatrix} 2 & 0 & 0 \\ 0 & y & 0 \\ 0 & 0 & -1 \end{pmatrix}$ 相似，求 x 与 y 的值.

10. 设 $\boldsymbol{A}$，$\boldsymbol{B}$ 是 n 阶矩阵，且 $\boldsymbol{A}$ 可逆，证明：$\boldsymbol{AB}$ 与 $\boldsymbol{BA}$ 相似.

11. 已知 $\boldsymbol{\alpha}=\begin{pmatrix}1\\1\\-1\end{pmatrix}$ 是矩阵 $\boldsymbol{A}=\begin{pmatrix} 2 & -1 & 2 \\ 5 & \boldsymbol{a} & 3 \\ -1 & \boldsymbol{b} & -2 \end{pmatrix}$ 的一个特征向量.

(1) 求 $\boldsymbol{a}$，$\boldsymbol{b}$ 的值及特征向量 $\boldsymbol{\alpha}$ 对应的特征值.

(2) 问 $\boldsymbol{A}$ 能否进行对角化？说明理由.

12. 已知方阵 $\boldsymbol{A}$ 的特征值 $\lambda_1=0,\lambda_2=1,\lambda_3=3$，相应的特征向量分别为

$$\boldsymbol{\alpha}_1=\begin{pmatrix}1\\1\\1\end{pmatrix},\boldsymbol{\alpha}_2=\begin{pmatrix}1\\0\\-1\end{pmatrix},\boldsymbol{\alpha}_3=\begin{pmatrix}1\\-2\\1\end{pmatrix}.$$

求矩阵 $\boldsymbol{A}$.

13. 已知 $\boldsymbol{A}=\begin{pmatrix}4&-5\\2&-3\end{pmatrix}$，求 $\boldsymbol{A}^{100}$.

14. 证明：对实对称矩阵 $\boldsymbol{A}$，若 $\boldsymbol{A}^2=\boldsymbol{O}$，则 $\boldsymbol{A}=\boldsymbol{O}$.

15. 设矩阵 $\boldsymbol{A}=\begin{pmatrix}1&-2&-4\\-2&x&-2\\-4&-2&1\end{pmatrix}$ 与 $\boldsymbol{\Lambda}=\begin{pmatrix}5&&\\&-4&\\&&y\end{pmatrix}$ 相似，求一个正交矩阵 $\boldsymbol{C}$ 使得 $\boldsymbol{C}^{-1}\boldsymbol{A}\boldsymbol{C}=\boldsymbol{\Lambda}$.

第 5 章总习题

16. 设三阶实对称矩阵 $\boldsymbol{A}$ 的特征值为 1,2,2，特征值 1 对应的特征向量为 $\boldsymbol{\alpha}_1=\begin{pmatrix}1\\-1\\1\end{pmatrix}$，求 $\boldsymbol{A}$.

17. 设矩阵 $\boldsymbol{A}=\begin{pmatrix}0&-1&4\\-1&3&a\\4&a&0\end{pmatrix}$，存在正交矩阵 $\boldsymbol{C}$，使 $\boldsymbol{C}^{-1}\boldsymbol{A}\boldsymbol{C}$ 为对角矩阵，若 $\boldsymbol{C}$ 的第一列为 $\frac{1}{\sqrt{6}}\begin{pmatrix}1\\2\\1\end{pmatrix}$，求 a 和 $\boldsymbol{C}$.

18. 求一个正交变换 $\boldsymbol{X}=\boldsymbol{C}\boldsymbol{Y}$，将二次型

$f(x_1,x_2,x_3,x_4)=x_1^2+x_2^2+x_3^2+x_4^2-2x_1x_2+6x_1x_3-4x_1x_4-4x_2x_3+6x_2x_4-2x_3x_4$ 化为标准形.

19. 已知二次型 $f=2x_1^2+3x_2^2+3x_3^2+2kx_2x_3\,(k>0)$ 经过正交变换 $\boldsymbol{X}=\boldsymbol{C}\boldsymbol{Y}$ 化为标准形 $f=y_1^2+2y_2^2+5y_3^2$，求 k 的值及所用的正交矩阵 $\boldsymbol{C}$.

20. 已知二次型 $f=2x_1^2+x_2^2+5x_3^2+2tx_1x_2-2x_1x_3+4x_2x_3$ 是正定的，求 t 的范围.

21. 设 $\boldsymbol{A}$ 是三阶正定矩阵，证明：$|\boldsymbol{A}+2\boldsymbol{E}|>8$.

22. 已知 $\boldsymbol{A}$ 是 n 阶实对称矩阵，λ_1，λ_2，…，λ_n 是 $\boldsymbol{A}$ 的特征值，问当 t 为何值时，矩阵 $\boldsymbol{A}+t\boldsymbol{E}$ 是正定，半正定，负定，半负定，不定的.

课程思政小课堂：特征值与特征向量

历史上，数学界对特征值和特征向量发生兴趣，应该是源自约翰·伯努利（Johann Bernoulli）、丹尼尔·伯努利（Daniel Bernoulli）、欧拉（Euler）、达朗贝尔（D′Alembert）等人对刚体转动的惯性张量的研究，惯性张量就是一个三维实对称矩阵，他们首先引入了惯量主轴和主转动惯量. 拉格朗日首先意识到，惯量主轴就是惯性张量矩阵的特征向量，而主转动惯量就是惯性张量矩阵的特征值. 拉格朗日的学生、法国数学家柯西把关于矩阵的特征值和特征向量的研究成果用于二次型之中，用来给二次曲面分类. 柯西还第一次给出了一些正式的专有名词，比如 équation caractéristique（characteristic equation，特征方程）、racine caractéristique（characteristic root，特征根）. 20 世纪初，德国大数学家希尔伯特（Hilbert），在将算子视为无限矩阵来研究算子的特征值的过程中，第一次使用 eigenvalue 这个词汇来表示特征值（本征值）. eigen 是个德语词，大意是“自己的、特有的、独特的、固有的、本征的”这种含义，由于希尔伯特的巨大影响力，现在 eigenvalue(本征值)成了数学中最常用的词汇，比英法系的 characteristic value(特征值)用得更多.

特征值和特征向量在实际中应用是非常广泛的，比如搜索引擎是大家几乎每天都会用到的工具，其中对搜索结果进行排序的算法是所有搜索引擎的关键技术. Google 搜索利用 PageRank 向量对搜索结果进行排序，其中值越大的分量对应的网页就被认为越重要，越应被排在前面. PageRank 向量建立的原理简单描述就是：根据网页之间的链接对网页进行打分，从而确定搜索结果中网页的排序.

特征值与特征向量在大数据分析中的应用是现在的研究热点之一. 对大数据进行处理时，为了降低处理难度，通常需要对样本数据进行降维，主成分分析法(PCA)就是一种在尽可能少损失信息的前提下利用线性变换将高维数据投影到低维空间的方法. PCA 是大数据分析和机器学习常用的算法之一，是计算机、电子信息、经济学、医学等专业的学习中会涉及的算法.

特征值和特征向量是矩阵的重要属性，除了在以上例子中的应用外，它在力学、控制论、统计学等方面都有重要应用.

知识拓展：使用 MATLAB 求特征值与特征向量

在 MATLAB 中，可以利用命令“eig(A)”求解矩阵的特征值与对应的特征向量.

例 1

求矩阵 $\boldsymbol{A}=\begin{pmatrix}1&6&5\\0&2&4\\0&0&3\end{pmatrix}$的特征值和特征向量.

```
>> A=[1, 6, 5; 0, 2, 4; 0, 0, 3];
>> A1 =sym(A)

A1 =

[1, 6, 5]
[0, 2, 4]
[0, 0, 3]

>> [V, D] =eig(A1)

V =
```

```
[29/2, 1, 6]
[   4, 0, 1]
[   1, 0, 0]

D =

[3, 0, 0]
[0, 1, 0]
[0, 0, 2]
```

最终的结果可知，特征值为 $\lambda_1=3$，$\lambda_2=1$，$\lambda_3=2$. 与 $\lambda_1=3$ 对应的全部特征向量为 $k_1\begin{pmatrix}\frac{29}{2}\\4\\1\end{pmatrix}$，与 $\lambda_2=1$ 对应的全部特征向量为 $k_2\begin{pmatrix}1\\0\\0\end{pmatrix}$，与 $\lambda_3=2$ 对应的全部特征向量为 $k_3\begin{pmatrix}6\\1\\0\end{pmatrix}$.

注 1 通过此命令，我们也可以判定一个矩阵是否可以对角化. 在例 1 中，特征向量的个数等于特征值的个数，因此是可以对角化的，如果经过验证，特征向量的个数小于特征值的个数，那么矩阵就不可对角化.

注 2 如果给定的矩阵 $\boldsymbol{A}$ 是一个实对称矩阵，那么可以作为一个二次型的矩阵，因此使用此命令还可以将二次型化为标准形.

注 3 通过此命令可以求矩阵 $\boldsymbol{A}$ 的特征值，因此也可用来判定二次型是否是正定二次型.

第 6 章 线性空间与线性变换

知识思维导图

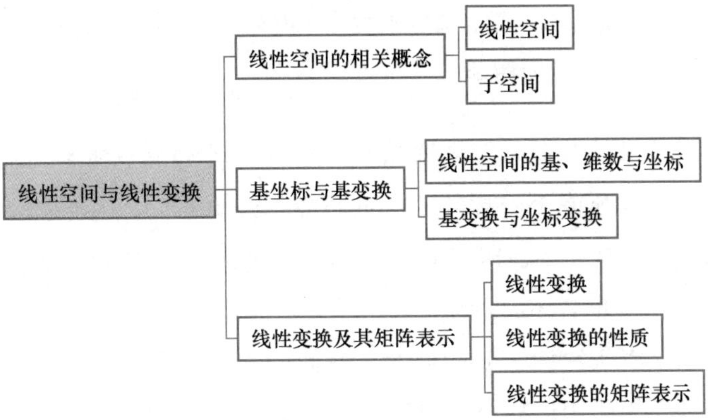

第 3 章中，我们把有序数组称为向量，并且讨论了向量组的线性相关性、向量组的极大线性无关组与秩等重要概念. 本章中，我们将这些概念推广，在更广泛的意义下讨论向量及有关性质，这就是线性空间的内容. 在线性空间中，事物之间的联系表现为元素之间的对应关系，而线性变换就是反映线性空间的元素间最基本的线性联系. 在某种意义上，线性代数就是研究线性空间与线性变换的学科.

第 6 章导学

6.1 线性空间的相关概念

一、线性空间

线性空间是近代数学中最重要的基本概念之一，本节我们将介绍它的一些基本性质，在引入线性空间之前，我们先给出数域的概念.

以有理数集 $\mathbf{Q}$ 为例，任意两个有理数的和、差、积、商(除数不为零)仍是有理数，即有理数集对加、减、乘、除四则运算封闭. 类似地，实数集 $\mathbf{R}$ 和复数集 $\mathbf{C}$ 也具有这样的性质.

定义 6.1.1 设 F 是一个包含 0,1 的数集，如果 F 中任何两个数的和、差、积、商(除数不为零)仍在 F 中(即 F 对四则运算封闭)，则称 F 为**数域**.

最常见的数域是有理数域 $\mathbf{Q}$、实数域 $\mathbf{R}$ 和复数域 $\mathbf{C}$，此外还可以构造其他形式的数域. 不难验证，数集 $Q(\sqrt{3})=\{a+b\sqrt{3}\mid a,b\in\mathbf{Q}\}$ 也是一个数域. 而全体整数组成的集合 $\mathbf{Z}$ 对于除法运算不封闭，因此 $\mathbf{Z}$ 不是数域.

为了引入线性空间的概念，我们先来看一个例子，对全体 m 行 n 列实矩阵组成的集合 $\mathbf{R}^{m\times n}=\{\boldsymbol{A},\boldsymbol{B},\boldsymbol{C},\cdots\}$，赋予它通常的矩阵加法和数乘矩阵运算，具有以下运算性质：

(1) $\boldsymbol{A}+\boldsymbol{B}=\boldsymbol{B}+\boldsymbol{A}$;

(2) $(\boldsymbol{A}+\boldsymbol{B})+\boldsymbol{C}=\boldsymbol{A}+(\boldsymbol{B}+\boldsymbol{C})$;

(3) 存在零矩阵 $\boldsymbol{O}$，满足 $\boldsymbol{A}+\boldsymbol{O}=\boldsymbol{A}$;

(4) 对任意 $\boldsymbol{A}\in\mathbf{R}^{m\times n}$，存在 $\boldsymbol{A}$ 的负矩阵 $\boldsymbol{B}\in\mathbf{R}^{m\times n}$，使得 $\boldsymbol{A}+\boldsymbol{B}=\boldsymbol{O}$;

(5) $1\boldsymbol{A}=\boldsymbol{A}$;

(6) $k(l\boldsymbol{A})=(kl)\boldsymbol{A}$;

(7) $(k+l)\boldsymbol{A}=k\boldsymbol{A}+l\boldsymbol{A}$;

(8) $k(\boldsymbol{A}+\boldsymbol{B})=k\boldsymbol{A}+k\boldsymbol{B}$.

又比如，在第 3 章中，n 维实向量的全体组成的集合，其向量间的加法运算和数乘向量运算，也满足以上 8 条运算性质.

舍去这些集合中元素的具体意义，抽象出运算的本质特征，我们引入线性空间的概念.

定义 6.1.2　设 V 是一个非空集合，$\boldsymbol{\alpha}$，$\boldsymbol{\beta}$，$\boldsymbol{\gamma}$ 是 V 中的元素，F 是一个数域，k，$l \in F$. 在 V 中定义**封闭的加法运算**，且满足以下四条运算法则：

(1) $\boldsymbol{\alpha}+\boldsymbol{\beta}=\boldsymbol{\beta}+\boldsymbol{\alpha}$;

(2) $(\boldsymbol{\alpha}+\boldsymbol{\beta})+\boldsymbol{\gamma}=\boldsymbol{\alpha}+(\boldsymbol{\beta}+\boldsymbol{\gamma})$;

(3) 在 V 中存在零元素 $\mathbf{0}$，对任意 $\boldsymbol{\alpha} \in V$，都有 $\boldsymbol{\alpha}+\mathbf{0}=\boldsymbol{\alpha}$;

(4) 对任意 $\boldsymbol{\alpha} \in V$，存在 $\boldsymbol{\alpha}$ 的负元素 $\boldsymbol{\beta} \in V$，使得 $\boldsymbol{\alpha}+\boldsymbol{\beta}=\mathbf{0}$.

在集合 V 和数域 F 之间定义**封闭的数乘运算**，且满足以下四条运算法则：

(5) $1\boldsymbol{\alpha}=\boldsymbol{\alpha}$;

(6) $k(l\boldsymbol{\alpha})=(kl)\boldsymbol{\alpha}$;

(7) $(k+l)\boldsymbol{\alpha}=k\boldsymbol{\alpha}+l\boldsymbol{\alpha}$;

(8) $k(\boldsymbol{\alpha}+\boldsymbol{\beta})=k\boldsymbol{\alpha}+k\boldsymbol{\beta}$.

则称 V 是**数域 F 上的线性空间**或**向量空间**. V 中的元素不论其本来的意义如何，统称为向量.

显然，前面所述的 m 行 n 列实矩阵集合 $\mathbf{R}^{m\times n}$ 是实数域 $\mathbf{R}$ 上的线性空间. n 维实向量的集合也是实数域 $\mathbf{R}$ 上的线性空间. 我们再给出几个线性空间的例子.

例 6.1.1　定义在闭区间 $[a,b]$ 上的实值连续函数的全体组成的集合 $C[a,b]$，按照函数的加法和数乘运算构成线性空间.

例 6.1.2　记次数不超过 n 的多项式的全体为 $P_n(x)$，即

$$P_n(x)=\{a_nx^n+\cdots+a_1x+a_0 \mid a_n,\cdots,a_1,a_0 \in \mathbf{R}\}$$

按照通常的多项式的加法和数乘运算构成线性空间.

例 6.1.3　n 阶实矩阵的集合 $\mathbf{R}^{n\times n}$ 是实数域 $\mathbf{R}$ 上的线性空间，n 阶实对称矩阵的集合 $\mathbf{R}^{n\times n}=\{a_{ij}=a_{ji} \mid i,j=1,2,\cdots,n\}$ 也是实数域 $\mathbf{R}$ 上的线性空间，但 n 阶可逆矩阵的集合不构成实数域 $\mathbf{R}$ 上的线性空间.

例 6.1.4　讨论下列两个向量集合是否构成实数域 $\mathbf{R}$ 上的线性空间：

(1) $V_1=\left\{(a_1,a_2,\cdots,a_n) \,\middle|\, \sum\limits_{i=1}^{n} a_i=0, a_i \in \mathbf{R}\right\}$;

(2) $V_2=\left\{(a_1,a_2,\cdots,a_n) \,\middle|\, \sum\limits_{i=1}^{n} a_i=1, a_i \in \mathbf{R}\right\}$.

例 6.1.4

解：(1) 对 n 维向量的集合 V_1，首先，容易验证，按照向量

的加法和数乘运算法则，满足线性空间定义中的 8 条运算法则；其次，对 V_1 中任意两个向量

$$\boldsymbol{\alpha} = (a_1, a_2, \cdots, a_n) \in V_1, \sum_{i=1}^{n} a_i = 0,$$

$$\boldsymbol{\beta} = (b_1, b_2, \cdots, b_n) \in V_1, \sum_{i=1}^{n} b_i = 0,$$

总有 $\boldsymbol{\alpha}+\boldsymbol{\beta}=(a_1+b_1, a_2+b_2, \cdots, a_n+b_n) \in V_1$，且对任意实数 $k \in \mathbf{R}$，总有 $k\boldsymbol{\alpha}=(ka_1, ka_2, \cdots, ka_n) \in V_1$，即 V_1 对加法和数乘运算封闭. 因此 V_1 构成实数域 $\mathbf{R}$ 上的线性空间.

（2）对集合 V_2，可以验证，按照向量的加法和数乘运算法则，满足线性空间定义中的 8 条运算法则，但容易验证 V_2 对于加法运算不封闭，因此 V_2 不能构成实数域 $\mathbf{R}$ 上的线性空间.

由以上各例可见，线性空间包含的内容非常广泛，线性空间的元素可以是具体的 n 维向量，也可以是函数、矩阵等，甚至可以是抽象的元素. 研究线性空间看重的不是研究对象本身，而是研究对象之间的结构关系.

线性空间具有以下性质：

（1）线性空间中具有唯一的零向量；

（2）线性空间中任意一个向量具有唯一的负向量；

（3）$0\boldsymbol{\alpha}=\mathbf{0}$，$(-1)\boldsymbol{\alpha}=-\boldsymbol{\alpha}$，$k\mathbf{0}=\mathbf{0}$；

（4）如果 $k\boldsymbol{\alpha}=\mathbf{0}$，则 $k=0$ 或 $\boldsymbol{\alpha}=\mathbf{0}$.

我们只证明性质(2)，其他性质的证明留给读者.

证明：设向量 $\boldsymbol{\alpha} \in \boldsymbol{V}$，且 $\boldsymbol{\alpha}$ 有两个负向量 $\boldsymbol{\beta}$ 和 $\boldsymbol{\gamma}$，则

$$\boldsymbol{\alpha}+\boldsymbol{\beta}=\mathbf{0}, \boldsymbol{\alpha}+\boldsymbol{\gamma}=\mathbf{0}.$$

于是 $\boldsymbol{\beta}=\boldsymbol{\beta}+\mathbf{0}=\boldsymbol{\beta}+(\boldsymbol{\alpha}+\boldsymbol{\gamma})=(\boldsymbol{\beta}+\boldsymbol{\alpha})+\boldsymbol{\gamma}=\mathbf{0}+\boldsymbol{\gamma}=\boldsymbol{\gamma}$. 证毕.

由于 $\boldsymbol{\alpha}$ 的负向量是唯一的，一般将 $\boldsymbol{\alpha}$ 的负向量记作 $-\boldsymbol{\alpha}$.

二、子空间

在第 3 章中，我们定义过子空间，比如在例 6.1.4 中，集合 V_1 不仅是实数域 $\mathbf{R}$ 上全体 n 维向量构成的线性空间 $\mathbf{R}^n$ 的一个子集，同时又因为 V_1 本身是一个线性空间，因此可以称 V_1 是 $\mathbf{R}^n$ 的一个子空间. 下面我们在一般的线性空间中引进子空间的概念.

定义 6.1.3 设 W 是线性空间 V 的一个非空子集，如果 W 对于 V 中定义的加法和数乘运算也构成一个线性空间，那么称 W 是 V 的**子空间**.

线性空间中的零向量可以构成只含一个向量的子空间，称为

零空间. 线性空间 V 本身也是 V 的子空间. 这两个特殊的子空间称为 V 的**平凡子空间**，V 的其他子空间称为非平凡子空间.

在例 6.1.4 中，集合 V_2 是线性空间 $\mathbf{R}^n$ 的一个子集，但因为 V_2 不是一个线性空间，因此不能称 V_2 是 $\mathbf{R}^n$ 的子空间.

定理 6.1.1　线性空间 V 的非空子集 W 构成 V 的子空间的充分必要条件是：

（1）$\forall \boldsymbol{\alpha}, \boldsymbol{\beta} \in W$，有 $\boldsymbol{\alpha}+\boldsymbol{\beta} \in W$；

（2）$\forall \boldsymbol{\alpha} \in W$，$k \in F$，有 $k\boldsymbol{\alpha} \in W$.

例 6.1.5　设 $\mathbf{R}^{3\times3}$ 是全体三阶方阵组成的线性空间，W 是全体三阶上三角矩阵组成的集合. 证明：W 是 $\mathbf{R}^{3\times3}$ 的子空间.

证明：显然 W 是 $\mathbf{R}^{3\times3}$ 的非空子集. 设 $\boldsymbol{A}$，$\boldsymbol{B} \in W$，$k \in \mathbf{R}$，则 $\boldsymbol{A}+\boldsymbol{B}$，$k\boldsymbol{A}$ 仍为上三角矩阵，即

$$\boldsymbol{A}+\boldsymbol{B} \in W, k\boldsymbol{A} \in \mathbf{R},$$

因此 W 是 $\mathbf{R}^{3\times3}$ 的子空间. 证毕.

例 6.1.6　设 $\boldsymbol{\alpha}_1=(1,-1,2,0)$，$\boldsymbol{\alpha}_2=(2,4,1,3)$，$\boldsymbol{\alpha}_3=(0,1,1,-2)$，记

$$L(\boldsymbol{\alpha}_1,\boldsymbol{\alpha}_2,\boldsymbol{\alpha}_3)=\{k_1\boldsymbol{\alpha}_1+k_2\boldsymbol{\alpha}_2+k_3\boldsymbol{\alpha}_3 \mid k_1,k_2,k_3 \in \mathbf{R}\},$$

任取 $\boldsymbol{\alpha},\boldsymbol{\beta} \in L(\boldsymbol{\alpha}_1,\boldsymbol{\alpha}_2,\boldsymbol{\alpha}_3)$，即

$$\boldsymbol{\alpha}=t_1\boldsymbol{\alpha}_1+t_2\boldsymbol{\alpha}_2+t_3\boldsymbol{\alpha}_3, \boldsymbol{\beta}=l_1\boldsymbol{\alpha}_1+l_2\boldsymbol{\alpha}_2+l_3\boldsymbol{\alpha}_3,$$

则有

$$\boldsymbol{\alpha}+\boldsymbol{\beta}=(t_1+l_1)\boldsymbol{\alpha}_1+(t_2+l_2)\boldsymbol{\alpha}_2+(t_3+l_3)\boldsymbol{\alpha}_3 \in L(\boldsymbol{\alpha}_1,\boldsymbol{\alpha}_2,\boldsymbol{\alpha}_3),$$
$$k\boldsymbol{\alpha}=kt_1\boldsymbol{\alpha}_1+kt_2\boldsymbol{\alpha}_2+kt_3\boldsymbol{\alpha}_3 \in L(\boldsymbol{\alpha}_1,\boldsymbol{\alpha}_2,\boldsymbol{\alpha}_3).$$

所以 $L(\boldsymbol{\alpha}_1,\boldsymbol{\alpha}_2,\boldsymbol{\alpha}_3)$ 是 $\mathbf{R}^4$ 的子空间.

一般地，如果 V 是数域 F 上的线性空间，$\boldsymbol{\alpha}_1$，$\boldsymbol{\alpha}_2$，$\cdots$，$\boldsymbol{\alpha}_r \in V$，则

$$L(\boldsymbol{\alpha}_1,\boldsymbol{\alpha}_2,\cdots,\boldsymbol{\alpha}_r)=\{k_1\boldsymbol{\alpha}_1+k_2\boldsymbol{\alpha}_2+\cdots+k_r\boldsymbol{\alpha}_r \mid k_1,k_2,\cdots,k_r \in F\}$$

是 V 的子空间，称为由 $\boldsymbol{\alpha}_1,\boldsymbol{\alpha}_2,\cdots,\boldsymbol{\alpha}_r$ 生成的子空间.

习题 6.1

1. 验证下列集合对于矩阵的加法和数乘运算是否构成实数域上的线性空间.

（1）四阶下三角矩阵的全体 S_1；

（2）第一行元素之和等于 0 的三阶矩阵的全体 S_2；

（3）第一行元素之和等于 1 的三阶矩阵的全体 S_3.

2. 验证下列集合对于函数的加法及数与函数的乘法运算是否构成实数域上的线性空间.

（1）微分方程 $y''-6y'+8y=0$ 的全部解；

（2）微分方程 $y''-6y'+8y=1$ 的全部解.

3. 判断下列 $\mathbf{R}^3$ 的子集是否构成 $\mathbf{R}^3$ 的子空间.

（1）形如 $(a,b,0)$ 的向量全体；

（2）形如 (a,b,a^2) 的向量全体.

6.2 基坐标与基变换

在 n 元有序数组组成的向量空间 $\mathbf{R}^n$ 中，我们详细讨论了向量组的线性相关性、向量组的线性表示、向量组的等价关系等重要概念，这些概念及有关性质只涉及向量的线性运算，对于一般的线性空间中的元素仍然适用，今后我们将直接引用这些概念和有关性质.

例如，在线性空间 $P_n(x)$ 中，多项式组 $1,x,\cdots,x^n$ 是线性无关的，$P_n(x)$ 中任意一个多项式可以记为 $p(x)=a_0+a_1x+\cdots+a_nx^n$，显然 $p(x)$ 可以由 $1,x,\cdots,x^n$ 线性表示，且表示方法唯一.

一、线性空间的基、维数与坐标

$\mathbf{R}^n$ 中向量组的极大线性无关组和秩的概念推广到线性空间中，就是基与维数的概念.

定义 6.2.1　在线性空间 V 中，如果有 n 个向量 $\boldsymbol{\alpha}_1,\boldsymbol{\alpha}_2,\cdots,\boldsymbol{\alpha}_n$ 满足

（1）$\boldsymbol{\alpha}_1,\boldsymbol{\alpha}_2,\cdots,\boldsymbol{\alpha}_n$ 线性无关；

（2）V 中任一向量 $\boldsymbol{\alpha}$ 可由 $\boldsymbol{\alpha}_1,\boldsymbol{\alpha}_2,\cdots,\boldsymbol{\alpha}_n$ 线性表示，则称 $\boldsymbol{\alpha}_1,\boldsymbol{\alpha}_2,\cdots,\boldsymbol{\alpha}_n$ 是线性空间 V 的一组基，n 称为线性空间 V 的维数.

维数为 n 的线性空间称为 n 维线性空间，记为 V^n. 只含零向量的线性空间称为零空间，规定它的维数为零，零空间没有基.

例如，$\mathbf{R}^3$ 是一个三维向量空间，$\boldsymbol{e}_1=(1,0,0)$，$\boldsymbol{e}_2=(0,1,0)$，$\boldsymbol{e}_3=(0,0,1)$ 是它的一组基；$1,x,\cdots,x^n$ 是线性空间 $P_n(x)$ 的一组基，$P_n(x)$ 是一个 $n+1$ 维线性空间；如果 n 元齐次线性方程组 $\boldsymbol{Ax}=\boldsymbol{0}$ 的系数矩阵的秩为 r，则其解空间是一个 $n-r$ 维的线性空间，一个基础解系就是它的一组基.

对于实数域上的 n 维线性空间 V^n，如果 $\boldsymbol{\alpha}_1,\boldsymbol{\alpha}_2,\cdots,\boldsymbol{\alpha}_n$ 是 V^n 的一组基，则 V^n 可以看作由 $\boldsymbol{\alpha}_1,\boldsymbol{\alpha}_2,\cdots,\boldsymbol{\alpha}_n$ 生成的线性空间，即

$$V^n=\{\boldsymbol{\alpha}=x_1\boldsymbol{\alpha}_1+x_2\boldsymbol{\alpha}_2+\cdots+x_n\boldsymbol{\alpha}_n \mid x_1,x_2,\cdots,x_n\in\mathbf{R}\},$$

对任一向量 $\boldsymbol{\alpha}\in V^n$，都存在数组 $x_1,x_2,\cdots,x_n$，使得

$$\boldsymbol{\alpha}=x_1\boldsymbol{\alpha}_1+x_2\boldsymbol{\alpha}_2+\cdots+x_n\boldsymbol{\alpha}_n,$$

由于 $\boldsymbol{\alpha}_1,\boldsymbol{\alpha}_2,\cdots,\boldsymbol{\alpha}_n$ 是 V^n 的一组基，可知这组数是唯一存在的，可以用这组有序数组来表示向量 $\boldsymbol{\alpha}$.

定义 6.2.2　设 $\boldsymbol{\alpha}_1,\boldsymbol{\alpha}_2,\cdots,\boldsymbol{\alpha}_n$ 是线性空间 V^n 的一组基，对任一向量 $\boldsymbol{\alpha}\in V^n$，有且仅有一个数组 $x_1,x_2,\cdots,x_n$，使得

$$\boldsymbol{\alpha}=x_1\boldsymbol{\alpha}_1+x_2\boldsymbol{\alpha}_2+\cdots+x_n\boldsymbol{\alpha}_n,$$

则称有序数组 $x_1,x_2,\cdots,x_n$ 为向量 $\boldsymbol{\alpha}$ 在基 $\boldsymbol{\alpha}_1,\boldsymbol{\alpha}_2,\cdots,\boldsymbol{\alpha}_n$ 下的坐标，并记作

$$(x_1,x_2,\cdots,x_n)^{\mathrm{T}}.$$

例 6.2.1　全体二阶实矩阵的集合 $\mathbf{R}^{2\times2}$是实数域 $\mathbf{R}$ 上的线性空间. 验证

$$\boldsymbol{E}_{11}=\begin{pmatrix}1&0\\0&0\end{pmatrix},\boldsymbol{E}_{12}=\begin{pmatrix}0&1\\0&0\end{pmatrix},\boldsymbol{E}_{21}=\begin{pmatrix}0&0\\1&0\end{pmatrix},\boldsymbol{E}_{22}=\begin{pmatrix}0&0\\0&1\end{pmatrix},$$

是 $\mathbf{R}^{2\times2}$的一组基，并写出矩阵 $\boldsymbol{A}=\begin{pmatrix}a_{11}&a_{12}\\a_{21}&a_{22}\end{pmatrix}$在这组基下的坐标.

解：先证明向量组 $\boldsymbol{E}_{11}$，$\boldsymbol{E}_{12}$，$\boldsymbol{E}_{21}$，$\boldsymbol{E}_{22}$线性无关，设

$$k_1\boldsymbol{E}_{11}+k_2\boldsymbol{E}_{12}+k_3\boldsymbol{E}_{21}+k_4\boldsymbol{E}_{22}=\begin{pmatrix}0&0\\0&0\end{pmatrix},$$

则 $k_1=k_2=k_3=k_4=0$，即 $\boldsymbol{E}_{11}$，$\boldsymbol{E}_{12}$，$\boldsymbol{E}_{21}$，$\boldsymbol{E}_{22}$线性无关.

又对于任一矩阵 $\boldsymbol{A}=\begin{pmatrix}a_{11}&a_{12}\\a_{21}&a_{22}\end{pmatrix}$，有

$$\boldsymbol{A}=a_{11}\boldsymbol{E}_{11}+a_{12}\boldsymbol{E}_{12}+a_{21}\boldsymbol{E}_{21}+a_{22}\boldsymbol{E}_{22},$$

因此 $\boldsymbol{E}_{11}$，$\boldsymbol{E}_{12}$，$\boldsymbol{E}_{21}$，$\boldsymbol{E}_{22}$是 $\mathbf{R}^{2\times2}$的一组基，$\mathbf{R}^{2\times2}$是 4 维线性空间，矩阵 $\boldsymbol{A}$ 在这一组基下的坐标为$(a_{11},a_{12},a_{21},a_{22})^{\mathrm{T}}$.

例 6.2.2　在三维线性空间 $P_2(x)$中取一组基 $1,x,x^2$，则多项式

$$p(x)=3-2x+4x^2$$

在这组基下的坐标为$(3,-2,4)^{\mathrm{T}}$. 容易验证 $1,x-1,(x-1)^2$ 也是 $P_2(x)$的一组基. 求 $p(x)$在基 $1,x-1,(x-1)^2$ 下的坐标.

解：设 $p(x)=3-2x+4x^2=k_1+k_2(x-1)+k_3(x-1)^2$，则

$$\begin{cases}k_1-k_2+k_3=3,\\ k_2-2k_3=-2,\\ k_3=4.\end{cases}$$

解得 $k_1=5$，$k_2=6$，$k_3=4$，因此 $p(x)$在基 $1,x-1,(x-1)^2$ 下的坐标为$(5,6,4)^{\mathrm{T}}$.

显然线性空间中同一向量在不同基下的坐标一般是不同的，

那么不同的坐标之间又有什么样的关系呢?

二、基变换与坐标变换

在某些应用中，问题最初用基 $\boldsymbol{\alpha}_1,\boldsymbol{\alpha}_2,\cdots,\boldsymbol{\alpha}_n$ 描述，但解答问题却需要把基 $\boldsymbol{\alpha}_1,\boldsymbol{\alpha}_2,\cdots,\boldsymbol{\alpha}_n$ 转化成一组新的基 $\boldsymbol{\beta}_1,\boldsymbol{\beta}_2,\cdots,\boldsymbol{\beta}_n$，现在我们讨论两组基之间的变换公式及向量 $\boldsymbol{\alpha}$ 在两组基下的坐标变换关系.

设 $\boldsymbol{\alpha}_1,\boldsymbol{\alpha}_2,\cdots,\boldsymbol{\alpha}_n$ 和 $\boldsymbol{\beta}_1,\boldsymbol{\beta}_2,\cdots,\boldsymbol{\beta}_n$ 是线性空间 V^n 的两组基，由于 $\boldsymbol{\beta}_1,\boldsymbol{\beta}_2,\cdots,\boldsymbol{\beta}_n$ 是 V^n 中的向量，因此每个 $\boldsymbol{\beta}_i(i=1,2,\cdots,n)$ 都可以由基 $\boldsymbol{\alpha}_1,\boldsymbol{\alpha}_2,\cdots,\boldsymbol{\alpha}_n$ 线性表示，即

$$\begin{cases}\boldsymbol{\beta}_1=a_{11}\boldsymbol{\alpha}_1+a_{21}\boldsymbol{\alpha}_2+\cdots+a_{n1}\boldsymbol{\alpha}_n,\\ \boldsymbol{\beta}_2=a_{12}\boldsymbol{\alpha}_1+a_{22}\boldsymbol{\alpha}_2+\cdots+a_{n2}\boldsymbol{\alpha}_n,\\ \qquad\qquad\vdots\\ \boldsymbol{\beta}_n=a_{1n}\boldsymbol{\alpha}_1+a_{2n}\boldsymbol{\alpha}_2+\cdots+a_{nn}\boldsymbol{\alpha}_n.\end{cases}$$

则

$$\begin{pmatrix}\boldsymbol{\beta}_1\\ \boldsymbol{\beta}_2\\ \vdots\\ \boldsymbol{\beta}_n\end{pmatrix}=\begin{pmatrix}a_{11}&a_{21}&\cdots&a_{n1}\\ a_{12}&a_{22}&\cdots&a_{n2}\\ \vdots&\vdots&&\vdots\\ a_{1n}&a_{2n}&\cdots&a_{nn}\end{pmatrix}\begin{pmatrix}\boldsymbol{\alpha}_1\\ \boldsymbol{\alpha}_2\\ \vdots\\ \boldsymbol{\alpha}_n\end{pmatrix}.$$

将上式两端转置后，得

$$(\boldsymbol{\beta}_1,\boldsymbol{\beta}_2,\cdots,\boldsymbol{\beta}_n)=(\boldsymbol{\alpha}_1,\boldsymbol{\alpha}_2,\cdots,\boldsymbol{\alpha}_n)\begin{pmatrix}a_{11}&a_{12}&\cdots&a_{1n}\\ a_{21}&a_{22}&\cdots&a_{2n}\\ \vdots&\vdots&&\vdots\\ a_{n1}&a_{n2}&\cdots&a_{nn}\end{pmatrix}.\tag{6.1}$$

记 $\boldsymbol{P}=\begin{pmatrix}a_{11}&a_{12}&\cdots&a_{1n}\\ a_{21}&a_{22}&\cdots&a_{2n}\\ \vdots&\vdots&&\vdots\\ a_{n1}&a_{n2}&\cdots&a_{nn}\end{pmatrix}$，则式(6.1)变为

$$(\boldsymbol{\beta}_1,\boldsymbol{\beta}_2,\cdots,\boldsymbol{\beta}_n)=(\boldsymbol{\alpha}_1,\boldsymbol{\alpha}_2,\cdots,\boldsymbol{\alpha}_n)\boldsymbol{P}.\tag{6.2}$$

称式(6.2)为**基变换公式**，称矩阵 $\boldsymbol{P}$ 为由基 $\boldsymbol{\alpha}_1,\boldsymbol{\alpha}_2,\cdots,\boldsymbol{\alpha}_n$ 到基 $\boldsymbol{\beta}_1,\boldsymbol{\beta}_2,\cdots,\boldsymbol{\beta}_n$ 的**过渡矩阵**.

6.2　线性空间的基变换公式及过渡矩阵定义

过渡矩阵 $\boldsymbol{P}$ 必定是可逆的. 事实上，如果 $\boldsymbol{P}$ 不可逆，则存在 n 维非零列向量 $\boldsymbol{X}$，使得 $\boldsymbol{PX}=\boldsymbol{0}$. 由式(6.2)有

$$(\boldsymbol{\beta}_1,\boldsymbol{\beta}_2,\cdots,\boldsymbol{\beta}_n)\boldsymbol{X}=(\boldsymbol{\alpha}_1,\boldsymbol{\alpha}_2,\cdots,\boldsymbol{\alpha}_n)\boldsymbol{PX}=\boldsymbol{0}.$$

而 $\boldsymbol{\beta}_1,\boldsymbol{\beta}_2,\cdots,\boldsymbol{\beta}_n$ 是线性空间 V^n 的基，是线性无关的向量组，因此矛盾.

此外，式(6.2)还可以写成

$$(\boldsymbol{\alpha}_1,\boldsymbol{\alpha}_2,\cdots,\boldsymbol{\alpha}_n)=(\boldsymbol{\beta}_1,\boldsymbol{\beta}_2,\cdots,\boldsymbol{\beta}_n)\boldsymbol{P}^{-1}. \tag{6.3}$$

此式说明矩阵 $\boldsymbol{P}^{-1}$是由基 $\boldsymbol{\beta}_1,\boldsymbol{\beta}_2,\cdots,\boldsymbol{\beta}_n$ 到基 $\boldsymbol{\alpha}_1,\boldsymbol{\alpha}_2,\cdots,\boldsymbol{\alpha}_n$ 的过渡矩阵.

利用由基 $\boldsymbol{\alpha}_1,\boldsymbol{\alpha}_2,\cdots,\boldsymbol{\alpha}_n$ 到基 $\boldsymbol{\beta}_1,\boldsymbol{\beta}_2,\cdots,\boldsymbol{\beta}_n$ 的过渡矩阵，可以得到任意一个向量 $\boldsymbol{\alpha}$ 在两组基下的坐标变换关系.

定理 6.2.1　设在线性空间 V^n 中，向量 $\boldsymbol{\alpha}$ 在基 $\boldsymbol{\alpha}_1,\boldsymbol{\alpha}_2,\cdots,\boldsymbol{\alpha}_n$ 和基 $\boldsymbol{\beta}_1,\boldsymbol{\beta}_2,\cdots,\boldsymbol{\beta}_n$ 下的坐标分别为$(x_1,x_2,\cdots,x_n)^{\mathrm{T}}$ 和$(y_1,y_2,\cdots,y_n)^{\mathrm{T}}$，$\boldsymbol{P}$ 是由基 $\boldsymbol{\alpha}_1,\boldsymbol{\alpha}_2,\cdots,\boldsymbol{\alpha}_n$ 到基 $\boldsymbol{\beta}_1,\boldsymbol{\beta}_2,\cdots,\boldsymbol{\beta}_n$ 的过渡矩阵，则有基坐标变换公式：

$$\begin{pmatrix}x_1\\x_2\\\vdots\\x_n\end{pmatrix}=\boldsymbol{P}\begin{pmatrix}y_1\\y_2\\\vdots\\y_n\end{pmatrix}\text{或}\begin{pmatrix}y_1\\y_2\\\vdots\\y_n\end{pmatrix}=\boldsymbol{P}^{-1}\begin{pmatrix}x_1\\x_2\\\vdots\\x_n\end{pmatrix}. \tag{6.4}$$

证明：由向量的坐标的定义可知

$$\boldsymbol{\alpha}=(\boldsymbol{\alpha}_1,\boldsymbol{\alpha}_2,\cdots,\boldsymbol{\alpha}_n)\begin{pmatrix}x_1\\x_2\\\vdots\\x_n\end{pmatrix}=(\boldsymbol{\beta}_1,\boldsymbol{\beta}_2,\cdots,\boldsymbol{\beta}_n)\boldsymbol{P}^{-1}\begin{pmatrix}x_1\\x_2\\\vdots\\x_n\end{pmatrix}.$$

又

$$\boldsymbol{\alpha}=(\boldsymbol{\beta}_1,\boldsymbol{\beta}_2,\cdots,\boldsymbol{\beta}_n)\begin{pmatrix}y_1\\y_2\\\vdots\\y_n\end{pmatrix},$$

由于 $\boldsymbol{\beta}_1,\boldsymbol{\beta}_2,\cdots,\boldsymbol{\beta}_n$ 线性无关，因此式(6.4)成立，证毕.

例 6.2.3　在线性空间 $\mathbf{R}^3$ 中，给定两组基

$$\boldsymbol{\alpha}_1=(-2,-1,2),\boldsymbol{\alpha}_2=(2,2,-3),\boldsymbol{\alpha}_3=(1,2,-3);$$

$$\boldsymbol{\beta}_1=(1,2,3),\boldsymbol{\beta}_2=(2,0,1),\boldsymbol{\beta}_3=(1,1,1).$$

求向量 $\boldsymbol{\alpha}$ 在两组基下的坐标变换公式.

解：先求基 $\boldsymbol{\alpha}_1,\boldsymbol{\alpha}_2,\boldsymbol{\alpha}_3$ 到基 $\boldsymbol{\beta}_1,\boldsymbol{\beta}_2,\boldsymbol{\beta}_3$ 的过渡矩阵. 取 $\mathbf{R}^3$ 的一组基 $\boldsymbol{e}_1=(1,0,0)$，$\boldsymbol{e}_2=(0,1,0)$，$\boldsymbol{e}_3=(0,0,1)$，则有

$$(\boldsymbol{\alpha}_1,\boldsymbol{\alpha}_2,\boldsymbol{\alpha}_3)=(\boldsymbol{e}_1,\boldsymbol{e}_2,\boldsymbol{e}_3)\begin{pmatrix}-2&2&1\\-1&2&2\\2&-3&-3\end{pmatrix},$$

$$(\boldsymbol{\beta}_1,\boldsymbol{\beta}_2,\boldsymbol{\beta}_3)=(\boldsymbol{e}_1,\boldsymbol{e}_2,\boldsymbol{e}_3)\begin{pmatrix}1&2&1\\2&0&1\\3&1&1\end{pmatrix}$$

$$=(\boldsymbol{\alpha}_1,\boldsymbol{\alpha}_2,\boldsymbol{\alpha}_3)\begin{pmatrix}-2&2&1\\-1&2&2\\2&-3&-3\end{pmatrix}^{-1}\begin{pmatrix}1&2&1\\2&0&1\\3&1&1\end{pmatrix}$$

$$=(\boldsymbol{\alpha}_1,\boldsymbol{\alpha}_2,\boldsymbol{\alpha}_3)\begin{pmatrix}12&2&5\\18&5&8\\-11&-4&-5\end{pmatrix},$$

即基 $\boldsymbol{\alpha}_1,\boldsymbol{\alpha}_2,\boldsymbol{\alpha}_3$ 到基 $\boldsymbol{\beta}_1,\boldsymbol{\beta}_2,\boldsymbol{\beta}_3$ 的过渡矩阵为

$$\boldsymbol{P}=\begin{pmatrix}12&2&5\\18&5&8\\-11&-4&-5\end{pmatrix},$$

由式(6.4)得

$$\begin{pmatrix}x_1\\x_2\\x_3\end{pmatrix}=\begin{pmatrix}12&2&5\\18&5&8\\-11&-4&-5\end{pmatrix}\begin{pmatrix}y_1\\y_2\\y_3\end{pmatrix},$$

$$\text{或}\begin{pmatrix}y_1\\y_2\\y_3\end{pmatrix}=\boldsymbol{P}^{-1}\begin{pmatrix}x_1\\x_2\\x_3\end{pmatrix}=\begin{pmatrix}\frac{7}{3}&-\frac{10}{3}&-3\\\frac{2}{3}&-\frac{5}{3}&-2\\-\frac{17}{3}&\frac{26}{3}&8\end{pmatrix}\begin{pmatrix}x_1\\x_2\\x_3\end{pmatrix}.$$

例 6.2.4 在线性空间 $\mathbf{R}^{2\times 2}$ 中，给定两组基

$$\boldsymbol{E}_{11}=\begin{pmatrix}1&0\\0&0\end{pmatrix},\boldsymbol{E}_{12}=\begin{pmatrix}0&1\\0&0\end{pmatrix},\boldsymbol{E}_{21}=\begin{pmatrix}0&0\\1&0\end{pmatrix},\boldsymbol{E}_{22}=\begin{pmatrix}0&0\\0&1\end{pmatrix};$$

$$\boldsymbol{\alpha}_1=\begin{pmatrix}1&1\\1&0\end{pmatrix},\boldsymbol{\alpha}_2=\begin{pmatrix}1&1\\0&1\end{pmatrix},\boldsymbol{\alpha}_3=\begin{pmatrix}1&0\\1&1\end{pmatrix},\boldsymbol{\alpha}_4=\begin{pmatrix}0&1\\1&1\end{pmatrix}.$$

（1）求基 $\boldsymbol{E}_{11},\boldsymbol{E}_{12},\boldsymbol{E}_{21},\boldsymbol{E}_{22}$ 到基 $\boldsymbol{\alpha}_1,\boldsymbol{\alpha}_2,\boldsymbol{\alpha}_3,\boldsymbol{\alpha}_4$ 的过渡矩阵；

（2）求向量 $\boldsymbol{\alpha}=\begin{pmatrix}3&-1\\0&2\end{pmatrix}$ 在基 $\boldsymbol{\alpha}_1,\boldsymbol{\alpha}_2,\boldsymbol{\alpha}_3,\boldsymbol{\alpha}_4$ 下的坐标.

例 6.2.4(1)

解：（1）因为 $(\boldsymbol{\alpha}_1,\boldsymbol{\alpha}_2,\boldsymbol{\alpha}_3,\boldsymbol{\alpha}_4)=(\boldsymbol{E}_{11},\boldsymbol{E}_{12},\boldsymbol{E}_{21},\boldsymbol{E}_{22})\begin{pmatrix}1&1&1&0\\1&1&0&1\\1&0&1&1\\0&1&1&1\end{pmatrix}$，故基 $\boldsymbol{E}_{11},\boldsymbol{E}_{12},\boldsymbol{E}_{21},\boldsymbol{E}_{22}$ 到基 $\boldsymbol{\alpha}_1,\boldsymbol{\alpha}_2,\boldsymbol{\alpha}_3,\boldsymbol{\alpha}_4$ 的过渡矩

阵为 $\boldsymbol{P}=\begin{pmatrix}1&1&1&0\\1&1&0&1\\1&0&1&1\\0&1&1&1\end{pmatrix}$,

（2）由 $\boldsymbol{\alpha}=(\boldsymbol{E}_{11},\boldsymbol{E}_{12},\boldsymbol{E}_{21},\boldsymbol{E}_{22})\begin{pmatrix}3\\-1\\0\\2\end{pmatrix}$. 设 $\boldsymbol{\alpha}=(\boldsymbol{\alpha}_1,\boldsymbol{\alpha}_2,\boldsymbol{\alpha}_3,\boldsymbol{\alpha}_4)\begin{pmatrix}x_1\\x_2\\x_3\\x_4\end{pmatrix}$,

则由定理 6.2.1 得

$$\begin{pmatrix}x_1\\x_2\\x_3\\x_4\end{pmatrix}=\boldsymbol{P}^{-1}\begin{pmatrix}3\\-1\\0\\2\end{pmatrix}=\begin{pmatrix}1&1&1&0\\1&1&0&1\\1&0&1&1\\0&1&1&1\end{pmatrix}^{-1}\begin{pmatrix}3\\-1\\0\\2\end{pmatrix}=\begin{pmatrix}-\frac{2}{3}\\\frac{4}{3}\\\frac{7}{3}\\-\frac{5}{3}\end{pmatrix}.$$

即向量 $\boldsymbol{\alpha}=\begin{pmatrix}3&-1\\0&2\end{pmatrix}$在基 $\boldsymbol{\alpha}_1,\boldsymbol{\alpha}_2,\boldsymbol{\alpha}_3,\boldsymbol{\alpha}_4$ 下的坐标为$\begin{pmatrix}-\frac{2}{3}\\\frac{4}{3}\\\frac{7}{3}\\-\frac{5}{3}\end{pmatrix}$.

习题 6.2

1. 验证 $\boldsymbol{\alpha}_1=(1,1,1)$, $\boldsymbol{\alpha}_2=(1,1,0)$, $\boldsymbol{\alpha}_3=(1,0,0)$ 是 $\mathbf{R}^3$ 的一组基，并求向量 $\boldsymbol{\alpha}=(-3,7,2)$ 在这组基下的坐标.

2. 在三维线性空间 $P_2(x)$ 中取一组基 $1,1+x,1+x^2$，求多项式 $p(x)=2-3x+11x^2$ 在这组基下的坐标.

3. 全体二阶实矩阵的集合 $\mathbf{R}^{2\times2}$ 是实数域 $\mathbf{R}$ 上的线性空间. 验证

$$\boldsymbol{A}_1=\begin{pmatrix}1&0\\0&0\end{pmatrix},\boldsymbol{A}_2=\begin{pmatrix}1&-1\\0&0\end{pmatrix},$$

$$\boldsymbol{A}_3=\begin{pmatrix}1&0\\-1&0\end{pmatrix},\boldsymbol{A}_4=\begin{pmatrix}1&0\\0&-1\end{pmatrix},$$

是 $\mathbf{R}^{2\times2}$ 的一组基，并写出矩阵 $\boldsymbol{A}=\begin{pmatrix}-5&1\\2&7\end{pmatrix}$在这组基下的坐标.

4. 在线性空间 $\mathbf{R}^3$ 中，给定两组基

$\boldsymbol{\alpha}_1=(1,0,1)$, $\boldsymbol{\alpha}_2=(0,1,1)$, $\boldsymbol{\alpha}_3=(1,1,0)$;

$\boldsymbol{\beta}_1=(2,0,4)$, $\boldsymbol{\beta}_2=(-1,3,2)$, $\boldsymbol{\beta}_3=(5,-2,-1)$.

求基 $\boldsymbol{\alpha}_1,\boldsymbol{\alpha}_2,\boldsymbol{\alpha}_3$ 到基 $\boldsymbol{\beta}_1,\boldsymbol{\beta}_2,\boldsymbol{\beta}_3$ 的过渡矩阵.

6.3 线性变换及其矩阵表示

一、线性变换

线性空间中元素之间的联系可以用线性空间到其自身的映射来表现. 线性空间到其自身的映射通常称为变换. 线性变换是线性空间中最简单且最基本的一类变换.

定义 6.3.1 设 V 是数域 F 上的线性空间, T 是 V 的一个变换, 如果满足

(1) 对任意向量 $\boldsymbol{\alpha},\boldsymbol{\beta}\in V$, 有 $T(\boldsymbol{\alpha}+\boldsymbol{\beta})=T(\boldsymbol{\alpha})+T(\boldsymbol{\beta})$;

(2) 对任意 $\boldsymbol{\alpha}\in V$, $k\in F$, 有 $T(k\boldsymbol{\alpha})=kT(\boldsymbol{\alpha})$, 则称 T 是线性空间 V 的一个线性变换.

例如, 在线性空间 $P_n(x)$ 中, 由导数的线性运算性质可知, 求导数的运算

$$Df(x)=f'(x)$$

是一个线性变换.

再如, 在线性空间中, 把任意一个向量都映射为零向量的变换是一个线性变换, 称为零变换; 把任意一个向量 $\boldsymbol{\alpha}$ 都映射为 $\boldsymbol{\alpha}$ 的变换是一个线性变换, 称为恒等变换.

例 6.3.1 在 n 维线性空间 $\mathbf{R}^n$ 中, 定义变换

$$T(\boldsymbol{X})=\boldsymbol{A}\boldsymbol{X}$$

其中 $\boldsymbol{A}$ 为 n 阶方阵, $\boldsymbol{X}\in\mathbf{R}^n$. 验证 T 是 $\mathbf{R}^n$ 的一个线性变换.

解: 对任意 $\boldsymbol{X}$, $\boldsymbol{Y}\in\mathbf{R}^n$, $k\in\mathbf{R}$, 有

$$T(\boldsymbol{X}+\boldsymbol{Y})=\boldsymbol{A}(\boldsymbol{X}+\boldsymbol{Y})=\boldsymbol{A}\boldsymbol{X}+\boldsymbol{A}\boldsymbol{Y}=T(\boldsymbol{X})+T(\boldsymbol{Y});$$

$$T(k\boldsymbol{X})=\boldsymbol{A}(k\boldsymbol{X})=k\boldsymbol{A}\boldsymbol{X}=kT(\boldsymbol{X}),$$

因此, T 是 $\mathbf{R}^n$ 的一个线性变换.

例 6.3.2 在线性空间 $\mathbf{R}^3$ 中, 对任意向量 $\boldsymbol{\alpha}=(x_1, x_2, x_3)\in\mathbf{R}^3$, 定义两个变换

$$T_1(x_1,x_2,x_3)=(x_1+x_2,x_2,2x_3-x_1);$$

$$T_2(x_1,x_2,x_3)=(x_1^2,x_2^2,x_3^2),$$

证明: T_1 是 $\mathbf{R}^3$ 的一个线性变换, T_2 不是 $\mathbf{R}^3$ 的线性变换.

证明: 任取 $\boldsymbol{\alpha}=(x_1, x_2, x_3)\in\mathbf{R}^3$, $\boldsymbol{\beta}=(y_1, y_2, y_3)\in\mathbf{R}^3$, 及 $k\in\mathbf{R}$, 则有

$$\boldsymbol{\alpha}+\boldsymbol{\beta}=(x_1+y_1,x_2+y_2,x_3+y_3),k\boldsymbol{\alpha}=(kx_1,kx_2,kx_3).$$

对于变换 T_1，满足

$$\begin{aligned}T_1(\boldsymbol{\alpha}+\boldsymbol{\beta})&=(x_1+y_1+x_2+y_2,x_2+y_2,2(x_3+y_3)-(x_1+y_1))\\&=(x_1+x_2,x_2,2x_3-x_1)+(y_1+y_2,y_2,2y_3-y_1)\\&=T_1(\boldsymbol{\alpha})+T_1(\boldsymbol{\beta}),\end{aligned}$$

$$T_1(k\boldsymbol{\alpha})=(kx_1+kx_2,kx_2,2kx_3-kx_1)=k(x_1+x_2,x_2,2x_3-x_1)=kT_1(\boldsymbol{\alpha}),$$

因此，T_1 是 $\mathbf{R}^3$ 的一个线性变换.

对于变换 T_2，由于

$$T_2(k\boldsymbol{\alpha})=(k^2x_1^2,k^2x_2^2,k^2x_3^2)=k^2(x_1^2,x_2^2,x_3^2)=k^2T_2(\boldsymbol{\alpha})\neq kT_2(\boldsymbol{\alpha}),$$

所以，T_2 不是 $\mathbf{R}^3$ 的线性变换. 证毕.

二、线性变换的性质

设 T 是线性空间 V 的线性变换，则 T 具有下述性质.

性质 6.3.1　$T(\mathbf{0})=\mathbf{0}$，$T(-\boldsymbol{\alpha})=-T(\boldsymbol{\alpha})$.

证明：在线性变换的定义中，令 $k=0$，则 $\boldsymbol{T}(0\boldsymbol{\alpha})=0\boldsymbol{T}(\boldsymbol{\alpha})$，即有 $\boldsymbol{T}(\mathbf{0})=\mathbf{0}$；令 $k=-1$，则有 $\boldsymbol{T}(-1\boldsymbol{\alpha})=-1\boldsymbol{T}(\boldsymbol{\alpha})$，即 $\boldsymbol{T}(-\boldsymbol{\alpha})=-\boldsymbol{T}(\boldsymbol{\alpha})$. 证毕.

性质 6.3.2　$T(k_1\boldsymbol{\alpha}_1+k_2\boldsymbol{\alpha}_2+\cdots+k_r\boldsymbol{\alpha}_r)=k_1T(\boldsymbol{\alpha}_1)+k_2T(\boldsymbol{\alpha}_2)+\cdots+k_rT(\boldsymbol{\alpha}_r)$.

由线性变换的定义可证.

性质 6.3.3　设 $\boldsymbol{\alpha}_1,\boldsymbol{\alpha}_2,\cdots,\boldsymbol{\alpha}_r\in V$，且 $\boldsymbol{\alpha}_1,\boldsymbol{\alpha}_2,\cdots,\boldsymbol{\alpha}_r$ 线性相关，则 $T(\boldsymbol{\alpha}_1),T(\boldsymbol{\alpha}_2),\cdots,T(\boldsymbol{\alpha}_r)$也线性相关.

证明：由于 $\boldsymbol{\alpha}_1,\boldsymbol{\alpha}_2,\cdots,\boldsymbol{\alpha}_r$ 线性相关，则存在不全为零的数 $k_1,k_2,\cdots,k_r\in F$，使得

$$k_1\boldsymbol{\alpha}_1+k_2\boldsymbol{\alpha}_2+\cdots+k_r\boldsymbol{\alpha}_r=\mathbf{0}.$$

于是

$$T(k_1\boldsymbol{\alpha}_1+k_2\boldsymbol{\alpha}_2+\cdots+k_r\boldsymbol{\alpha}_r)=k_1T(\boldsymbol{\alpha}_1)+k_2T(\boldsymbol{\alpha}_2)+\cdots+k_rT(\boldsymbol{\alpha}_r)=\mathbf{0},$$

其中 $k_1,k_2,\cdots,k_r$ 不全为零. 因此 $T(\boldsymbol{\alpha}_1),T(\boldsymbol{\alpha}_2),\cdots,T(\boldsymbol{\alpha}_r)$线性相关. 证毕.

需要注意的是，如果 $\boldsymbol{\alpha}_1,\boldsymbol{\alpha}_2,\cdots,\boldsymbol{\alpha}_r$ 线性无关，没有 $T(\boldsymbol{\alpha}_1),T(\boldsymbol{\alpha}_2),\cdots,T(\boldsymbol{\alpha}_r)$一定线性无关的结论. 或者说，线性变换可以把线性无关的向量组变换成线性相关的向量组. 比如在例 6.3.1 中，取$n=3$，

$\boldsymbol{A}=\begin{pmatrix}1&0&0\\0&0&0\\0&0&0\end{pmatrix}$，对于线性无关的向量组 $\boldsymbol{\alpha}=\begin{pmatrix}1\\2\\3\end{pmatrix}$，$\boldsymbol{\beta}=\begin{pmatrix}2\\-2\\3\end{pmatrix}$，有

$$T(\boldsymbol{\alpha})=\begin{pmatrix}1&0&0\\0&0&0\\0&0&0\end{pmatrix}\begin{pmatrix}1\\2\\3\end{pmatrix}=\begin{pmatrix}1\\0\\0\end{pmatrix},T(\boldsymbol{\beta})=\begin{pmatrix}1&0&0\\0&0&0\\0&0&0\end{pmatrix}\begin{pmatrix}2\\-2\\3\end{pmatrix}=\begin{pmatrix}2\\0\\0\end{pmatrix}$$

显然，$T(\boldsymbol{\alpha}),T(\boldsymbol{\beta})$ 线性相关.

三、线性变换的矩阵表示

线性空间中，任意一个向量都可以在线性空间的一组基下用坐标表示，这样即使是抽象的向量问题也可以用数量来处理. 本节给出线性变换的矩阵表示，使得矩阵成为研究线性变换的有力工具.

定义 6.3.2　设 T 是线性空间 V 的线性变换，$\boldsymbol{\alpha}_1,\boldsymbol{\alpha}_2,\cdots,\boldsymbol{\alpha}_n$ 是 V 的一组基. 如果

$$\begin{cases}T(\boldsymbol{\alpha}_1)=a_{11}\boldsymbol{\alpha}_1+a_{21}\boldsymbol{\alpha}_2+\cdots+a_{n1}\boldsymbol{\alpha}_n,\\T(\boldsymbol{\alpha}_2)=a_{12}\boldsymbol{\alpha}_1+a_{22}\boldsymbol{\alpha}_2+\cdots+a_{n2}\boldsymbol{\alpha}_n,\\\qquad\vdots\\T(\boldsymbol{\alpha}_n)=a_{1n}\boldsymbol{\alpha}_1+a_{2n}\boldsymbol{\alpha}_2+\cdots+a_{nn}\boldsymbol{\alpha}_n,\end{cases}\tag{6.5}$$

则称矩阵

$$\boldsymbol{A}=\begin{pmatrix}a_{11}&a_{12}&\cdots&a_{1n}\\a_{21}&a_{22}&\cdots&a_{2n}\\\vdots&\vdots&&\vdots\\a_{n1}&a_{n2}&\cdots&a_{nn}\end{pmatrix}$$

为线性变换 T 在基 $\boldsymbol{\alpha}_1,\boldsymbol{\alpha}_2,\cdots,\boldsymbol{\alpha}_n$ 下的矩阵.

式(6.5)还可以写作

$$T(\boldsymbol{\alpha}_1,\boldsymbol{\alpha}_2,\cdots,\boldsymbol{\alpha}_n)=(T(\boldsymbol{\alpha}_1),T(\boldsymbol{\alpha}_2),\cdots,T(\boldsymbol{\alpha}_n))=(\boldsymbol{\alpha}_1,\boldsymbol{\alpha}_2,\cdots,\boldsymbol{\alpha}_n)\boldsymbol{A}.$$

显然，线性空间 V 中的零变换的对应矩阵是零矩阵，恒等变换的对应矩阵是单位矩阵.

由式(6.5)可知，矩阵 $\boldsymbol{A}$ 的第 j 列元素构成了向量 $T(\boldsymbol{\alpha}_j)$ 在基 $\boldsymbol{\alpha}_1,\boldsymbol{\alpha}_2,\cdots,\boldsymbol{\alpha}_n$ 下的坐标. 由于向量在确定的一组基下的坐标表示是唯一的，因此，线性变换在一组基下的矩阵表示也是唯一的，也就是说，线性变换在确定的基下对应唯一的矩阵. 反之，给出线性空间的一组基 $\boldsymbol{\alpha}_1,\boldsymbol{\alpha}_2,\cdots,\boldsymbol{\alpha}_n$，给定矩阵 $\boldsymbol{A}$，通过式(6.5)也可以唯一确定一个线性变换. 所以，在线性空间**一组确定的基下**，

线性变换与其矩阵之间是一一对应的关系.

例 6.3.3　在线性空间 $\mathbf{R}^3$ 中，求线性变换

$$T(x_1,x_2,x_3)=(x_1+x_2,x_2,2x_3-x_1)$$

在基 $\boldsymbol{\alpha}_1=(1,0,0),\boldsymbol{\alpha}_2=(0,1,0),\boldsymbol{\alpha}_3=(0,0,1)$ 下的矩阵.

解：

$$T(\boldsymbol{\alpha}_1)=(1,0,-1)=\boldsymbol{\alpha}_1-\boldsymbol{\alpha}_3,$$
$$T(\boldsymbol{\alpha}_2)=(1,1,0)=\boldsymbol{\alpha}_1+\boldsymbol{\alpha}_2,$$
$$T(\boldsymbol{\alpha}_3)=(0,0,2)=2\boldsymbol{\alpha}_3,$$

即有

$$T(\boldsymbol{\alpha}_1,\boldsymbol{\alpha}_2,\boldsymbol{\alpha}_3)=(\boldsymbol{\alpha}_1,\boldsymbol{\alpha}_2,\boldsymbol{\alpha}_3)\begin{pmatrix}1&1&0\\0&1&0\\-1&0&2\end{pmatrix}.$$

因此线性变换 T 在基 $\boldsymbol{\alpha}_1,\boldsymbol{\alpha}_2,\boldsymbol{\alpha}_3$ 下的矩阵为

$$\boldsymbol{A}=\begin{pmatrix}1&1&0\\0&1&0\\-1&0&2\end{pmatrix}.$$

下面我们讨论如何利用线性变换 T 的矩阵 $\boldsymbol{A}$ 将线性空间 V 中的一个向量 $\boldsymbol{\alpha}$ 在线性变换 T 下的像 $T(\boldsymbol{\alpha})$ 唯一地表示出来. 设 $\boldsymbol{\alpha}=x_1\boldsymbol{\alpha}_1+x_2\boldsymbol{\alpha}_2+\cdots+x_n\boldsymbol{\alpha}_n$ 是 V 中的任意一个向量，则

$$\begin{aligned}T(\boldsymbol{\alpha})&=x_1T(\boldsymbol{\alpha}_1)+x_2T(\boldsymbol{\alpha}_2)+\cdots+x_nT(\boldsymbol{\alpha}_n)\\&=(T(\boldsymbol{\alpha}_1),T(\boldsymbol{\alpha}_2),\cdots,T(\boldsymbol{\alpha}_n))\begin{pmatrix}x_1\\x_2\\\vdots\\x_n\end{pmatrix}\\&=(\boldsymbol{\alpha}_1,\boldsymbol{\alpha}_2,\cdots,\boldsymbol{\alpha}_n)\boldsymbol{A}\begin{pmatrix}x_1\\x_2\\\vdots\\x_n\end{pmatrix}\end{aligned}$$

例 6.3.4　在线性空间 $\mathbf{R}^3$ 中，T 表示将向量投影到 xOy 平面的线性变换，即

$$T(x\boldsymbol{i}+y\boldsymbol{j}+z\boldsymbol{k})=x\boldsymbol{i}+y\boldsymbol{j}.$$

(1) 求 T 在基 $\boldsymbol{i},\boldsymbol{j},\boldsymbol{k}$ 下的矩阵 $\boldsymbol{A}$；

(2) 求 T 在基 $\boldsymbol{\alpha}=\boldsymbol{i},\boldsymbol{\beta}=\boldsymbol{j},\boldsymbol{\gamma}=\boldsymbol{i}+\boldsymbol{j}+\boldsymbol{k}$ 下的矩阵 $\boldsymbol{B}$；

解：(1) $T(\boldsymbol{i})=\boldsymbol{i},T(\boldsymbol{j})=\boldsymbol{j},T(\boldsymbol{k})=\boldsymbol{0}$,

$$即\ T(\boldsymbol{i},\boldsymbol{j},\boldsymbol{k})=(\boldsymbol{i},\boldsymbol{j},\boldsymbol{k})\begin{pmatrix}1&0&0\\0&1&0\\0&0&0\end{pmatrix},$$

故所求矩阵为 $\boldsymbol{A}=\begin{pmatrix}1&0&0\\0&1&0\\0&0&0\end{pmatrix}$;

(2) $T(\boldsymbol{\alpha})=\boldsymbol{i}=\boldsymbol{\alpha}$, $T(\boldsymbol{\beta})=\boldsymbol{j}=\boldsymbol{\beta}$, $T(\boldsymbol{\gamma})=\boldsymbol{i}+\boldsymbol{j}=\boldsymbol{\alpha}+\boldsymbol{\beta}$, 即 $T(\boldsymbol{\alpha},\boldsymbol{\beta},\boldsymbol{\gamma})=(\boldsymbol{\alpha},\boldsymbol{\beta},\boldsymbol{\gamma})\begin{pmatrix}1&0&1\\0&1&1\\0&0&0\end{pmatrix}$, 所求矩阵为 $\boldsymbol{B}=\begin{pmatrix}1&0&1\\0&1&1\\0&0&0\end{pmatrix}$.

由例 6.3.4 可知，线性变换在不同的基下一般有不同的矩阵表示. 那么这些矩阵之间有什么关系呢? 我们有如下定理.

定理 6.3.1 设 $\boldsymbol{\alpha}_1,\boldsymbol{\alpha}_2,\cdots,\boldsymbol{\alpha}_n$ 和 $\boldsymbol{\beta}_1,\boldsymbol{\beta}_2,\cdots,\boldsymbol{\beta}_n$ 是线性空间 V^n 的两组基，由 $\boldsymbol{\alpha}_1,\boldsymbol{\alpha}_2,\cdots,\boldsymbol{\alpha}_n$ 到 $\boldsymbol{\beta}_1,\boldsymbol{\beta}_2,\cdots,\boldsymbol{\beta}_n$ 的过渡矩阵为 $\boldsymbol{P}$, V^n 中的线性变换 T 在两组基下的矩阵分别为 $\boldsymbol{A}$ 和 $\boldsymbol{B}$, 则 $\boldsymbol{B}=\boldsymbol{P}^{-1}\boldsymbol{AP}$.

证明: 由条件可知

$$(\boldsymbol{\beta}_1,\boldsymbol{\beta}_2,\cdots,\boldsymbol{\beta}_n)=(\boldsymbol{\alpha}_1,\boldsymbol{\alpha}_2,\cdots,\boldsymbol{\alpha}_n)\boldsymbol{P},$$
$$T(\boldsymbol{\alpha}_1,\boldsymbol{\alpha}_2,\cdots,\boldsymbol{\alpha}_n)=(\boldsymbol{\alpha}_1,\boldsymbol{\alpha}_2,\cdots,\boldsymbol{\alpha}_n)\boldsymbol{A},$$
$$T(\boldsymbol{\beta}_1,\boldsymbol{\beta}_2,\cdots,\boldsymbol{\beta}_n)=(\boldsymbol{\beta}_1,\boldsymbol{\beta}_2,\cdots,\boldsymbol{\beta}_n)\boldsymbol{B}.$$

则有

$$T(\boldsymbol{\beta}_1,\boldsymbol{\beta}_2,\cdots,\boldsymbol{\beta}_n)=(\boldsymbol{\beta}_1,\boldsymbol{\beta}_2,\cdots,\boldsymbol{\beta}_n)\boldsymbol{B}=(\boldsymbol{\alpha}_1,\boldsymbol{\alpha}_2,\cdots,\boldsymbol{\alpha}_n)\boldsymbol{PB},$$

另一方面,

$$T(\boldsymbol{\beta}_1,\boldsymbol{\beta}_2,\cdots,\boldsymbol{\beta}_n)=T(\boldsymbol{\alpha}_1,\boldsymbol{\alpha}_2,\cdots,\boldsymbol{\alpha}_n)\boldsymbol{P}=(\boldsymbol{\alpha}_1,\boldsymbol{\alpha}_2,\cdots,\boldsymbol{\alpha}_n)\boldsymbol{AP}.$$

由于向量组 $\boldsymbol{\alpha}_1,\boldsymbol{\alpha}_2,\cdots,\boldsymbol{\alpha}_n$ 线性无关，故 $\boldsymbol{PB}=\boldsymbol{AP}$, 其中过渡矩阵 $\boldsymbol{P}$ 是可逆矩阵，从而 $\boldsymbol{B}=\boldsymbol{P}^{-1}\boldsymbol{AP}$. 证毕.

此定理表明，一个线性变换在不同基下的矩阵是相似的，且两组基之间的过渡矩阵就是相似变换矩阵. 因此，利用矩阵研究线性变换时，我们可以适当地选取线性空间中的基，使线性变换在这组基下的矩阵尽可能简单，比如对角矩阵，这样，更能直接反映线性变换的性质.

例 6.3.5 在线性空间 $\mathbf{R}^{2\times 2}$ 中，取两组基

$$\boldsymbol{\alpha}_1=\begin{pmatrix}1&0\\0&0\end{pmatrix},\boldsymbol{\alpha}_2=\begin{pmatrix}0&1\\0&0\end{pmatrix},\boldsymbol{\alpha}_3=\begin{pmatrix}0&0\\1&0\end{pmatrix},\boldsymbol{\alpha}_4=\begin{pmatrix}0&0\\0&1\end{pmatrix},$$

$$\boldsymbol{\beta}_1=\begin{pmatrix}1&0\\0&0\end{pmatrix},\boldsymbol{\beta}_2=\begin{pmatrix}1&1\\0&0\end{pmatrix},\boldsymbol{\beta}_3=\begin{pmatrix}1&1\\1&0\end{pmatrix},\boldsymbol{\beta}_4=\begin{pmatrix}1&1\\1&1\end{pmatrix},$$

已知线性变换 T 在基 $\boldsymbol{\alpha}_1$, $\boldsymbol{\alpha}_2$, $\boldsymbol{\alpha}_3$, $\boldsymbol{\alpha}_4$ 下的矩阵为 $\boldsymbol{A}=\begin{pmatrix}1&0&-1&1\\1&1&0&0\\0&2&1&-1\\3&0&1&0\end{pmatrix}$，求线性变换 T 在基 $\boldsymbol{\beta}_1,\boldsymbol{\beta}_2,\boldsymbol{\beta}_3,\boldsymbol{\beta}_4$ 下的矩阵 $\boldsymbol{B}$.

解：先求基 $\boldsymbol{\alpha}_1,\boldsymbol{\alpha}_2,\boldsymbol{\alpha}_3,\boldsymbol{\alpha}_4$ 到 $\boldsymbol{\beta}_1,\boldsymbol{\beta}_2,\boldsymbol{\beta}_3,\boldsymbol{\beta}_4$ 的过渡矩阵 $\boldsymbol{P}$. 因为

$$(\boldsymbol{\beta}_1,\boldsymbol{\beta}_2,\boldsymbol{\beta}_3,\boldsymbol{\beta}_4)=(\boldsymbol{\alpha}_1,\boldsymbol{\alpha}_2,\boldsymbol{\alpha}_3,\boldsymbol{\alpha}_4)\begin{pmatrix}1&1&1&1\\0&1&1&1\\0&0&1&1\\0&0&0&1\end{pmatrix},$$

所以过渡矩阵为 $\boldsymbol{P}=\begin{pmatrix}1&1&1&1\\0&1&1&1\\0&0&1&1\\0&0&0&1\end{pmatrix}$. 可求得 $\boldsymbol{P}^{-1}=\begin{pmatrix}1&-1&0&0\\0&1&-1&0\\0&0&1&-1\\0&0&0&1\end{pmatrix}$,

由定理 6. 3. 1 可知，

$$\boldsymbol{B}=\boldsymbol{P}^{-1}\boldsymbol{A}\boldsymbol{P}=\begin{pmatrix}1&-1&0&0\\0&1&-1&0\\0&0&1&-1\\0&0&0&1\end{pmatrix}\begin{pmatrix}1&0&-1&1\\1&1&0&0\\0&2&1&-1\\3&0&1&0\end{pmatrix}\begin{pmatrix}1&1&1&1\\0&1&1&1\\0&0&1&1\\0&0&0&1\end{pmatrix}$$

$$=\begin{pmatrix}0&-1&-2&-1\\1&0&-1&0\\-3&-1&-1&-2\\3&3&4&4\end{pmatrix}.$$

习题 6. 3

1. 说明 xOy 平面上线性变换 $T\begin{pmatrix}x\\y\end{pmatrix}=\boldsymbol{A}\begin{pmatrix}x\\y\end{pmatrix}$ 的几何意义，其中 $\boldsymbol{A}=\begin{pmatrix}0&1\\-1&0\end{pmatrix}$.

2. 下列变换中，哪些是线性变换?

(1) 在线性空间 $\mathbf{R}^3$ 中，$T(x_1,x_2,x_3)=(x_1,x_1+3x_2,x_3-2x_1)$；

(2) 在线性空间 $\mathbf{R}^3$ 中，$T(x_1,x_2,x_3)=(x_1^2,x_2,x_3)$；

(3) 在线性空间 V 中，$T(\boldsymbol{\alpha})=\boldsymbol{\alpha}-\boldsymbol{\alpha}_0$（$\boldsymbol{\alpha}_0$ 为一个固定向量）.

3. 线性空间 $\mathbf{R}^3$ 中，求线性变换 $T(x_1,x_2,x_3)=(x_1+4x_2,x_2,x_3-x_1)$ 在基 $\boldsymbol{\alpha}_1=(1,0,0)$, $\boldsymbol{\alpha}_2=(0,1,0)$, $\boldsymbol{\alpha}_3=(0,0,1)$ 下的矩阵.

4. 在 $\mathbf{R}^3$ 中，线性变换 T 在基 $\boldsymbol{\beta}_1=(1,1,0)$, $\boldsymbol{\beta}_2=(1,1,1)$, $\boldsymbol{\beta}_3=(0,1,-1)$ 下的矩阵是

$$A=\begin{pmatrix}3&0&1\\-1&2&2\\2&1&-2\end{pmatrix}$$

求 T 在基 $\boldsymbol{\alpha}_1=(1,0,0),\boldsymbol{\alpha}_2=(0,1,0),\boldsymbol{\alpha}_3=(0,0,1)$ 下的矩阵.

总习题 6

1. 在集合 $V=\{(a,b)\mid a\in\mathbf{R},b\in\mathbf{R}\}$ 中定义运算

$$(a_1,b_1)\oplus(a_2,b_2)=(a_1+a_2,b_1+b_2),$$
$$k\circ(a,b)=(a,kb),$$

证明：集合 V 不构成实数域上的线性空间.

2. 判断下列 $\mathbf{R}^3$ 的子集是否构成 $\mathbf{R}^3$ 的子空间.

(1) 形如 (a,b,c) 的向量全体 $(a\geqslant 0)$；

(2) 形如 $(a,b,b+1)$ 的向量全体.

3. 在线性空间 $\mathbf{R}^3$ 中，取两组基

$$\boldsymbol{e}_1=(1,0,0),\boldsymbol{e}_2=(0,1,0),\boldsymbol{e}_3=(0,0,1);$$
$$\boldsymbol{\alpha}_1=(2,1,1),\boldsymbol{\alpha}_2=(-1,2,-1),\boldsymbol{\alpha}_3=(2,-3,3).$$

求一非零向量 $\boldsymbol{\alpha}\in\mathbf{R}^3$，使它在两组基下有相同的坐标.

4. 在线性空间 $P_3(x)$ 中取两组基

Ⅰ：$1,x,x^2,x^3$ 和 Ⅱ：$1,1+x,1+x+x^2,1+x+x^2+x^3$

(1) 求从基Ⅰ到基Ⅱ的过渡矩阵；

(2) 求 $p(x)=3+4x-2x^2+x^3$ 分别在基Ⅰ和基Ⅱ下的坐标.

5. 在线性空间 $\mathbf{R}^3$ 中定义一个线性变换：$T\begin{pmatrix}x_1\\x_2\\x_3\end{pmatrix}=A\begin{pmatrix}x_1\\x_2\\x_3\end{pmatrix}$，其中 A 为三阶矩阵，且

$$T\begin{pmatrix}1\\1\\1\end{pmatrix}=\begin{pmatrix}1\\2\\-1\end{pmatrix},T\begin{pmatrix}1\\0\\-1\end{pmatrix}=\begin{pmatrix}3\\0\\-1\end{pmatrix},T\begin{pmatrix}1\\-2\\1\end{pmatrix}=\begin{pmatrix}2\\-1\\1\end{pmatrix},$$

求矩阵 A.

6. 在 $\mathbf{R}^3$ 中线性变换 T 在基 $\boldsymbol{\alpha}_1=(1,0,0),\boldsymbol{\alpha}_2=(0,1,0),\boldsymbol{\alpha}_3=(0,0,1)$ 下的矩阵是

$$A=\begin{pmatrix}2&-1&5\\0&1&3\\1&-4&2\end{pmatrix}$$

求 T 在基 $\boldsymbol{\alpha}_1,\boldsymbol{\alpha}_1+\boldsymbol{\alpha}_2,\boldsymbol{\alpha}_1+\boldsymbol{\alpha}_2+\boldsymbol{\alpha}_3$ 下的矩阵.

课程思政小课堂：线性变换的实际应用

线性变换是一种非常强大和灵活的数学工具，在实际中有许多重要的作用，它们涉及多个学科和领域，常见的实际应用有：

图像处理方面：在计算机图像处理中，线性变换用于调整图像的对比度、亮度和色彩平衡. 例如灰度调整、直方图均衡化和颜色增强等都是线性变换的应用.

数据压缩方面：线性变换可以用于数据压缩和编码. 在信号处理和通信中，通过线性变换可以减少数据的冗余和信息损失，从而实现更高效的数据传输和存储.

机器学习方面：在机器学习和统计建模中，线性变换是一个常见的数据预处理步骤. 例如，主成分分析法(PCA)就是一种基于线性变换的降维技术，它可以将高维数据映射到低维空间，从而减少特征的维度并保留数据的主要信息.

控制系统方面：在控制系统中，线性变换被广泛用于描述和分析系统的动态行为. 线性控制理论中的状态空间模型就是通过

线性变换来描述系统状态和控制输入之间的关系.

金融分析方面：在金融学和风险管理中，线性变换用于构建投资组合、风险评估和资产定价模型. 例如，资本资产定价模型(CAPM)就是一个基于线性变换的重要模型.

信号处理方面：在信号处理中，线性变换被用于滤波、频谱分析和信号重构等任务. 例如，离散傅里叶变换(DFT)和离散余弦变换(DCT)等都是线性变换的常见形式.

知识拓展：使用 MATLAB 求线性变换在某组基下的矩阵

例 1

在 $\mathbf{R}^3$ 中线性变换 T 在基 $\boldsymbol{\beta}_1=(1,1,0)$，$\boldsymbol{\beta}_2=(1,1,1)$，$\boldsymbol{\beta}_3=(0,1,-1)$下的矩阵是

$$\boldsymbol{A}=\begin{pmatrix}3&0&1\\-1&2&2\\2&1&-2\end{pmatrix}$$

求 T 在基 $\boldsymbol{\alpha}_1=(1,0,0)$，$\boldsymbol{\alpha}_2=(0,1,0)$，$\boldsymbol{\alpha}_3=(0,0,1)$下的矩阵.

思路：先求基 $\boldsymbol{\beta}_1,\boldsymbol{\beta}_2,\boldsymbol{\beta}_3$ 到 $\boldsymbol{\alpha}_1,\boldsymbol{\alpha}_2,\boldsymbol{\alpha}_3$ 的过渡矩阵 $\boldsymbol{P}$. 再由 $\boldsymbol{B}=\boldsymbol{P}^{-1}\boldsymbol{A}\boldsymbol{P}$，可求出 T 在基 $\boldsymbol{\alpha}_1=(1,0,0)$，$\boldsymbol{\alpha}_2=(0,1,0)$，$\boldsymbol{\alpha}_3=(0,0,1)$下的矩阵 $\boldsymbol{B}$.

```
>> beta = [1, 1, 0; 1, 1, 1; 0, 1, -1]
beta =
    1  1   0
    1  1   1
    0  1  -1
>> alpha = [1, 0, 0; 0, 1, 0; 0, 0, 1]
alpha =
    1  0  0
    0  1  0
    0  0  1
>> P = inv(beta) * alpha
P =
     2  -1  -1
    -1   1   1
    -1   1   0
>> A = [3, 0, 1; -1, 2, 2; 2, 1, -2]
```

```
A =

     3   0    1
    -1   2    2
     2   1   -2

>> B = inv(P) * A * P
B =

     -1   3    0
      4   0   -1
    -11   8    4
```

参考答案

第 1 章　行列式

习题 1.1

1.（1）5.　（2）5.　（3）14.

2. $i=3$，$j=2$.

习题 1.2

1. 正.

2. 6.

3. -1.

4.（1）22.　（2）10.　（3）-80.

习题 1.3

1. 4.

2. 方程的根为 $x=-1$.

习题 1.4

1. 12.

2. $(-1)^{n+1}n!$.

3. $-2(x^3+y^3)$.

4. 4.

5. -14.

6. $(n-1)a(-a)^{n-1}$.

7. $a_2\cdots a_n\left(1+a_1+\frac{a_1}{a_2}+\cdots\frac{a_1}{a_n}\right)$.

习题 1.5

1.（1）$x_1=\frac{14}{5}$，$x_2=-\frac{2}{5}$，$x_3=-\frac{6}{5}$.　（2）$x_1=1$，$x_2=2$，$x_3=2$，$x_4=-1$.

2. $\lambda=1$ 或 $\lambda=-\frac{4}{5}$时方程组有非零解.

总习题 1

1. D.　2. B.　3. C.　4. D.

5. 0.　6. $-g(ad-he)$.　7. 0.　8.（1）$\frac{n(n-1)}{2}$.　（2）$n(n-1)$.　9. $-5x^3$，$10x^4$.

10. (1) $ab(a-1)(b-1)(b-a)$. (2) $d+a+b$. (3) $n!\ (n-1)!\ \cdots 2$.
(4) $(-1)^{n-1}2^{n-2}(n-1)$.

11. (1) $A_{51}+2A_{52}+3A_{53}+4A_{54}+5A_{55}=0$. (2) $A_{31}+A_{32}+A_{33}=0$, $A_{34}+A_{35}=0$.

12. 略.

第2章 矩阵

习题 2.1

1. 系数矩阵：$\boldsymbol{A}=\begin{pmatrix}3&5&8\\1&-2&3\\6&2&-5\end{pmatrix}$，增广矩阵：$\overline{\boldsymbol{A}}=\begin{pmatrix}3&5&8&6\\1&-2&3&3\\6&2&-5&7\end{pmatrix}$.

习题 2.2

1. $\boldsymbol{A}+2\boldsymbol{B}=\begin{pmatrix}8&7&12\\5&6&7\\3&14&4\end{pmatrix}$.

2. $\boldsymbol{AB}=\begin{pmatrix}6&-2&8\\15&-5&20\\3&-1&4\end{pmatrix}$, $\boldsymbol{BA}=(3\times2+(-1)\times5+4\times1)=5$.

3. $\boldsymbol{A}^{\mathrm{T}}=\begin{pmatrix}2&3\\1&4\end{pmatrix}$, $\boldsymbol{B}^{\mathrm{T}}=\begin{pmatrix}2&1\\0&-1\\3&5\end{pmatrix}$, $\boldsymbol{A}^{\mathrm{T}}\boldsymbol{B}=\begin{pmatrix}7&-3&21\\6&-4&23\end{pmatrix}$, $\boldsymbol{B}^{\mathrm{T}}\boldsymbol{A}=\begin{pmatrix}7&6\\-3&-4\\21&23\end{pmatrix}$, $|\boldsymbol{A}|=5$,
$|3\boldsymbol{A}|=45$.

4. $\frac{1}{2}$.

习题 2.3

1. $|\boldsymbol{A}|=6$, $\boldsymbol{A}^*=\begin{pmatrix}6&0&0\\-12&2&0\\3&-2&3\end{pmatrix}$, $\boldsymbol{A}^{-1}=\begin{pmatrix}1&0&0\\-2&\frac{1}{3}&0\\\frac{1}{2}&-\frac{1}{3}&\frac{1}{2}\end{pmatrix}$.

2. $|\boldsymbol{A}|=5$, $|2\boldsymbol{A}^{-1}|=\frac{8}{5}$, $|(2\boldsymbol{A})^{-1}|=\frac{1}{40}$, $|2\boldsymbol{A}^*|=200$.

3. $\boldsymbol{A}^{-1}=\begin{pmatrix}0&0&\frac{1}{2}\\1&-2&0\\-\frac{1}{2}&\frac{3}{2}&0\end{pmatrix}$, $(\boldsymbol{A}^*)^{-1}=\begin{pmatrix}0&\frac{3}{4}&1\\0&\frac{1}{4}&\frac{1}{2}\\\frac{1}{2}&0&0\end{pmatrix}$.

4. $\boldsymbol{A}^{-1}=\frac{\boldsymbol{A}-3\boldsymbol{E}}{2}$.

习题 2.4

1. $x_1=2$，$x_2=-6$，$x_3=3$.

2. 行阶梯形矩阵：$\begin{pmatrix}1&3&2&0\\0&7&7&14\\0&0&0&0\end{pmatrix}$；行最简形矩阵：$\begin{pmatrix}1&0&-1&-6\\0&1&1&2\\0&0&0&0\end{pmatrix}$；标准形矩阵：$\begin{pmatrix}1&0&0&0\\0&1&0&0\\0&0&0&0\end{pmatrix}$.

3. (1) $\begin{pmatrix}4&11&-8\\0&-3&2\\-2&-5&4\end{pmatrix}$.　(2) $\begin{pmatrix}3&12&-16\\-1&-6&10\end{pmatrix}$.

习题 2.5

1. 秩 $R(\boldsymbol{A})=2$.

习题 2.6

1. $\begin{pmatrix}\frac{1}{2}&0&0&0&0\\0&\frac{1}{3}&0&0&0\\0&0&3&2&-2\\0&0&-3&3&-1\\0&0&1&-2&1\end{pmatrix}$.

2. $\boldsymbol{AB}=\begin{pmatrix}\boldsymbol{A}_{11}\boldsymbol{B}_{11}+\boldsymbol{A}_{12}\boldsymbol{B}_{21}+\boldsymbol{A}_{13}\boldsymbol{B}_{31}&\boldsymbol{A}_{11}\boldsymbol{B}_{12}+\boldsymbol{A}_{12}\boldsymbol{B}_{22}+\boldsymbol{A}_{13}\boldsymbol{B}_{32}\\\boldsymbol{A}_{21}\boldsymbol{B}_{11}+\boldsymbol{A}_{22}\boldsymbol{B}_{21}+\boldsymbol{A}_{23}\boldsymbol{B}_{31}&\boldsymbol{A}_{21}\boldsymbol{B}_{12}+\boldsymbol{A}_{22}\boldsymbol{B}_{22}+\boldsymbol{A}_{23}\boldsymbol{B}_{32}\end{pmatrix}$,

$$\boldsymbol{BA}=\begin{pmatrix}\boldsymbol{B}_{11}\boldsymbol{A}_{11}+\boldsymbol{B}_{12}\boldsymbol{A}_{21}&\boldsymbol{B}_{11}\boldsymbol{A}_{12}+\boldsymbol{B}_{12}\boldsymbol{A}_{22}&\boldsymbol{B}_{11}\boldsymbol{A}_{13}+\boldsymbol{B}_{12}\boldsymbol{A}_{23}\\\boldsymbol{B}_{21}\boldsymbol{A}_{11}+\boldsymbol{B}_{22}\boldsymbol{A}_{21}&\boldsymbol{B}_{21}\boldsymbol{A}_{12}+\boldsymbol{B}_{22}\boldsymbol{A}_{22}&\boldsymbol{B}_{21}\boldsymbol{A}_{13}+\boldsymbol{B}_{22}\boldsymbol{A}_{23}\\\boldsymbol{B}_{31}\boldsymbol{A}_{11}+\boldsymbol{B}_{32}\boldsymbol{A}_{21}&\boldsymbol{B}_{31}\boldsymbol{A}_{12}+\boldsymbol{B}_{32}\boldsymbol{A}_{22}&\boldsymbol{B}_{31}\boldsymbol{A}_{13}+\boldsymbol{B}_{32}\boldsymbol{A}_{23}\end{pmatrix}.$$

总习题 2

1. (1) ×.　(2) √.　(3) √.　(4) √.　(5) √.

2. 2, $\begin{pmatrix}1&0&-1\\0&2&0\\-3&0&5\end{pmatrix}$, $\begin{pmatrix}\frac{1}{2}&0&-\frac{1}{2}\\0&1&0\\-\frac{3}{2}&0&\frac{5}{2}\end{pmatrix}$, $\begin{pmatrix}\frac{5}{2}&0&\frac{1}{2}\\0&\frac{1}{2}&0\\\frac{3}{2}&0&\frac{1}{2}\end{pmatrix}$, -4, $-\frac{1}{16}$, -32.

3. $-\frac{1}{6}$.

4. (1) $\boldsymbol{AB}=\begin{pmatrix}8&10\\6&27\end{pmatrix}$, $\boldsymbol{BA}=\begin{pmatrix}14&12&24\\1&6&2\\9&0&15\end{pmatrix}$.

(2) $AB=\begin{pmatrix}15 & 31\\ 19 & 14\\ 8 & 30\end{pmatrix}$, $B^{T}A=\begin{pmatrix}22 & 13 & 17\\ 27 & 14 & 30\end{pmatrix}$.

(3) $AB=\begin{pmatrix}2\\ 14\\ 39\end{pmatrix}$.

5. (1) $|A|=1$，伴随矩阵 $A^{*}=\begin{pmatrix}-1 & 1 & 1\\ -3 & 2 & 4\\ 3 & -2 & -3\end{pmatrix}$，逆矩阵 $A^{-1}=\frac{A^{*}}{|A|}=\begin{pmatrix}-1 & 1 & 1\\ -3 & 2 & 4\\ 3 & -2 & -3\end{pmatrix}$.

(2) $|A|=-2$，伴随矩阵 $A^{*}=\begin{pmatrix}-1 & 0 & 0\\ 0 & 2 & -2\\ 0 & -2 & 0\end{pmatrix}$，逆矩阵 $A^{-1}=\frac{A^{*}}{|A|}=\begin{pmatrix}\frac{1}{2} & 0 & 0\\ 0 & -1 & 1\\ 0 & 1 & 0\end{pmatrix}$.

6. $-\frac{8}{3}$.

7. 略.

8. (1) 一个行阶梯形矩阵 $\begin{pmatrix}1 & 1 & 1 & 4\\ 0 & 1 & -1 & 3\\ 0 & 0 & 0 & 0\\ 0 & 0 & 0 & 0\end{pmatrix}$；一个行最简形矩阵：$\begin{pmatrix}1 & 0 & 2 & 1\\ 0 & 1 & -1 & 3\\ 0 & 0 & 0 & 0\\ 0 & 0 & 0 & 0\end{pmatrix}$；标准形矩阵：$\begin{pmatrix}1 & 0 & 0 & 0\\ 0 & 1 & 0 & 0\\ 0 & 0 & 0 & 0\\ 0 & 0 & 0 & 0\end{pmatrix}$. 秩 $R(A)=2$.

(2) 行阶梯形矩阵：$\begin{pmatrix}1 & 0 & 3 & 1 & 2\\ 0 & 1 & 1 & 0 & 1\\ 0 & 0 & 0 & -1 & 0\\ 0 & 0 & 0 & 0 & 0\end{pmatrix}$；行最简形矩阵：$\begin{pmatrix}1 & 0 & 3 & 0 & 2\\ 0 & 1 & 1 & 0 & 1\\ 0 & 0 & 0 & 1 & 0\\ 0 & 0 & 0 & 0 & 0\end{pmatrix}$；标准形矩阵：$\begin{pmatrix}1 & 0 & 0 & 0 & 0\\ 0 & 1 & 0 & 0 & 0\\ 0 & 0 & 1 & 0 & 0\\ 0 & 0 & 0 & 0 & 0\end{pmatrix}$. 秩 $R(A)=3$.

9. (1) $X=\begin{pmatrix}3 & -1\\ 2 & 0\\ 1 & -1\end{pmatrix}$.

(2) $B=\begin{pmatrix}0 & 1 & -1\\ -1 & 0 & 1\\ 1 & -1 & 0\end{pmatrix}$.

10. $a=6$.

11. $\begin{pmatrix} \boldsymbol{O} & \boldsymbol{A} \\ \boldsymbol{B} & \boldsymbol{O} \end{pmatrix}^{-1} = \begin{pmatrix} \boldsymbol{O} & \boldsymbol{B}^{-1} \\ \boldsymbol{A}^{-1} & \boldsymbol{O} \end{pmatrix}$.

第 3 章 向量和向量空间

习题 3.1

1. $(-6, 0, 1, 3)$.
2. $a=-2$，$b=-3$.
3. $(-3, -2, -9)$.

习题 3.2

1. (1) √. (2) √. (3) ×.
2. (1) 线性相关. (2) 线性无关. (3) 线性相关.
   (4) 线性相关. (5) 线性无关.
3. (1) 线性无关. (2) 线性相关.
   (3) $\boldsymbol{\beta}$ 能由 $\boldsymbol{\alpha}_1$，$\boldsymbol{\alpha}_2$ 唯一地线性表示. 且 $\boldsymbol{\beta}=2\boldsymbol{\alpha}_1+\boldsymbol{\alpha}_2$.
4. $\boldsymbol{A}$ 的列向量组为 $\boldsymbol{\alpha}_1=\begin{pmatrix}1\\2\\4\end{pmatrix}$，$\boldsymbol{\alpha}_2=\begin{pmatrix}5\\0\\-2\end{pmatrix}$，$\boldsymbol{\alpha}_3=\begin{pmatrix}3\\4\\7\end{pmatrix}$. $\boldsymbol{\alpha}_1$，$\boldsymbol{\alpha}_2$，$\boldsymbol{\alpha}_3$ 线性无关.

习题 3.3

1. (1) √. (2) ×.
2. (1) $\boldsymbol{\alpha}_1,\boldsymbol{\alpha}_2,\boldsymbol{\alpha}_3$ 为一个极大线性无关组. (2) $\boldsymbol{\alpha}_1,\boldsymbol{\alpha}_2$ 为一个极大线性无关组.

习题 3.4

1. (1) √. (2) √. (3) √.
2. (1) $\boldsymbol{e}_1$，$\boldsymbol{e}_2$，$\boldsymbol{e}_3$ 为一个极大线性无关组. 秩为 3.
   (2) $\boldsymbol{\alpha}_1$ 为一个极大线性无关组. 秩为 1.
   (3) $\boldsymbol{\alpha}_1$，$\boldsymbol{\alpha}_2$ 为一个极大线性无关组. 秩为 2.
3. $t=-6$.
4. 秩为 2. $\boldsymbol{\alpha}_1$，$\boldsymbol{\alpha}_2$ 为一个极大线性无关组，且 $\boldsymbol{\alpha}_3=-\boldsymbol{\alpha}_1+2\boldsymbol{\alpha}_2$，$\boldsymbol{\alpha}_4=-2\boldsymbol{\alpha}_1+3\boldsymbol{\alpha}_2$.

总习题 3

1. 1，6.
2. -1，2.
3. 2，2，相关，相关.
4. 略
5. $m=2$，$n=0$.
6. (1) $\boldsymbol{\alpha}_1,\boldsymbol{\alpha}_2,\boldsymbol{\alpha}_3$ 线性无关. $\boldsymbol{\alpha}_1,\boldsymbol{\alpha}_2,\boldsymbol{\alpha}_3$ 为一个极大线性无关组.
   (2) $\boldsymbol{\alpha}_1,\boldsymbol{\alpha}_2,\boldsymbol{\alpha}_3,\boldsymbol{\alpha}_4$ 线性相关，$\boldsymbol{\alpha}_1,\boldsymbol{\alpha}_2$ 是一个极大线性无关组.
7. 略.
8. (1) $\boldsymbol{\alpha}_1,\boldsymbol{\alpha}_2$ 是一个极大线性无关组. 向量组的秩为 2，且

$$\boldsymbol{\alpha}_3=-7\boldsymbol{\alpha}_1+2\boldsymbol{\alpha}_2,\ \boldsymbol{\alpha}_4=-5\boldsymbol{\alpha}_1+3\boldsymbol{\alpha}_2.$$

（2）$\boldsymbol{\alpha}_1,\boldsymbol{\alpha}_2$ 是一个极大线性无关组．向量组的秩为 2，且

$$\boldsymbol{\alpha}_3=2\boldsymbol{\alpha}_1-\boldsymbol{\alpha}_2,\ \boldsymbol{\alpha}_4=\boldsymbol{\alpha}_1+3\boldsymbol{\alpha}_2,\ \boldsymbol{\alpha}_5=-2\boldsymbol{\alpha}_1-\boldsymbol{\alpha}_2.$$

9. 略.

10. 略.

11. （1）$m=5$.　　（2）$\boldsymbol{\beta}_1=2\boldsymbol{\alpha}_1+4\boldsymbol{\alpha}_2-\boldsymbol{\alpha}_3$，$\boldsymbol{\beta}_2=\boldsymbol{\alpha}_1+2\boldsymbol{\alpha}_2$，$\boldsymbol{\beta}_3=5\boldsymbol{\alpha}_1+10\boldsymbol{\alpha}_2-2\boldsymbol{\alpha}_3$.

12. 略.

第 4 章　线性方程组

习题 4.1

1. （1）$R(\overline{\boldsymbol{A}})\neq R(\boldsymbol{A})$，故该线性方程组无解.

（2）$R(\overline{\boldsymbol{A}})=R(\boldsymbol{A})=2<3$，故该线性方程组有无穷多解.

（3）$R(\overline{\boldsymbol{A}})=R(\boldsymbol{A})=4$，故该线性方程组有唯一解.

2. -2.

习题 4.2

1. 2.

2. D.

3. （1）该线性方程组有无穷解，

$$\text{通解为 } \boldsymbol{X}=k\begin{pmatrix}-3\\-1\\1\\1\end{pmatrix}.\ (k\text{ 为任意常数})$$

（2）$R(\boldsymbol{A})=3$ 该线性方程组有唯一零解.

（3）该线性方程组有无穷解．通解为 $\boldsymbol{X}=k_1\begin{pmatrix}-1\\-1\\1\\0\end{pmatrix}+k_2\begin{pmatrix}0\\-2\\0\\1\end{pmatrix}$，$k_1$，$k_2$ 为任意常数.

习题 4.3

1. B.

2. （1）$R(\boldsymbol{A})\neq R(\overline{\boldsymbol{A}})$，所以非齐次线性方程组无解.

（2）有无穷解，且该非齐次线性方程组的通解为

$$\boldsymbol{y}=\boldsymbol{\eta}^*+k_1\boldsymbol{\xi}_1+k_2\boldsymbol{\xi}_2=\begin{pmatrix}2\\3\\0\\0\end{pmatrix}+k_1\begin{pmatrix}-1\\-1\\1\\0\end{pmatrix}+k_2\begin{pmatrix}-2\\-3\\0\\1\end{pmatrix},\ k_1,\ k_2\text{ 为任意常数}.$$

3. 该线性方程组有唯一解为 $x_1=\dfrac{3}{2}$，$x_2=3$，$x_3=\dfrac{1}{2}$，$x_4=\dfrac{25}{6}$.

总习题 4

1. 2.

2. D.

3. C.

4. 略.

5. 略.

6. D.

7. （1）通解为 $\boldsymbol{x}=k_1\begin{pmatrix}0\\-1\\0\\1\\0\end{pmatrix}+k_2\begin{pmatrix}-4\\-7\\5\\0\\1\end{pmatrix}$，$k_1$，$k_2$ 为任意常数.

（2）该非齐次线性方程组的通解为 $\boldsymbol{x}=k_1\begin{pmatrix}-2\\2\\1\\1\end{pmatrix}+\begin{pmatrix}5\\-7\\-4\\0\end{pmatrix}$，$k_1$ 为任意常数.

8. 当 $k=-2$，$R(\boldsymbol{A})\neq R(\overline{\boldsymbol{A}})$，方程组无解.

当 $k=1$，$R(\boldsymbol{A})=R(\overline{\boldsymbol{A}})=1<3$，方程组有无穷多解. 其通解为 $\boldsymbol{x}=k_1\begin{pmatrix}-1\\1\\0\end{pmatrix}+k_2\begin{pmatrix}-1\\0\\1\end{pmatrix}+\begin{pmatrix}1\\0\\0\end{pmatrix}$，$k_1$，$k_2$ 为任意常数.

当 $k\neq-2$ 且 $k\neq1$ 时，$R(\boldsymbol{A})=R(\overline{\boldsymbol{A}})=3$，方程组有唯一解.

9. 略.

10. 当 $\lambda\neq-2$，则有 $R(\boldsymbol{A})\neq R(\overline{\boldsymbol{A}})$，此时线性方程组无解.

当 $\lambda=-2$，则有 $R(\boldsymbol{A})=R(\overline{\boldsymbol{A}})<4$，此时线性方程组有无穷解. 此时该非齐次线性方程组的通解为 $\boldsymbol{x}=k_1\begin{pmatrix}\frac{2}{3}\\-\frac{4}{3}\\1\\0\end{pmatrix}+k_2\begin{pmatrix}1\\-4\\0\\1\end{pmatrix}+\begin{pmatrix}-\frac{2}{3}\\\frac{7}{3}\\0\\0\end{pmatrix}$，$k_1$，$k_2$ 为任意常数.

第 5 章　矩阵的特征值与二次型

习题 5.1

1. $\boldsymbol{\xi}_1=\frac{1}{\sqrt{6}}(1,2-1)^{\mathrm{T}}$，$\boldsymbol{\xi}_2=\frac{1}{\sqrt{3}}(-1,1,1)^{\mathrm{T}}$，$\boldsymbol{\xi}_3=\frac{1}{\sqrt{2}}(1,0,1)^{\mathrm{T}}$.

2. b_2.

习题 5.2

1. （1）$\lambda_1=2$，全部特征向量为 $k_1(0,0,1)^{\mathrm{T}}(k_1\neq0)$，$\lambda_2=\lambda_3=1$，全部特征向量为

$k_2(-1,-2,1)^{\mathrm{T}}(k_2 \neq 0)$.

(2) $\lambda_1=-1$，全部特征向量为 $k_1(1,0,1)^{\mathrm{T}}(k_1 \neq 0)$，$\lambda_2=\lambda_3=2$，全部特征向量为 $k_2\left(\frac{1}{4},1,0\right)^{\mathrm{T}}+k_3\left(\frac{1}{4},0,1\right)^{\mathrm{T}}$（$k_2$，$k_3$ 不同时为零）.

(3) $\lambda_1=\lambda_2=-1$，全部特征向量为 $k_1(0,-1,1,0)^{\mathrm{T}}+k_2(-1,0,0,1)^{\mathrm{T}}$（$k_1$，$k_2$ 不同时为零）.

$\lambda_3=\lambda_4=1$，全部特征向量为 $k_3(0,1,1,0)^{\mathrm{T}}+k_4(1,0,0,1)^{\mathrm{T}}$（$k_3$，$k_4$ 不同时为零）.

2. 略.

3. (1) 特征值：-4，-6，-12.　(2) $|\boldsymbol{B}|=-288$，$|\boldsymbol{A}-5\boldsymbol{E}|=-72$.

习题 5.3

1. 略.

2. $\boldsymbol{A}$ 可以对角化. $\boldsymbol{C}=\begin{pmatrix}-2 & 0 & 1\\ 1 & 0 & -1\\ 0 & 1 & -1\end{pmatrix}$，$\boldsymbol{\Lambda}=\boldsymbol{C}^{-1}\boldsymbol{A}\boldsymbol{C}=\begin{pmatrix}1 & 0 & 0\\ 0 & 1 & 0\\ 0 & 0 & -2\end{pmatrix}$.

习题 5.4

1. $\boldsymbol{C}=\begin{pmatrix}\frac{2}{\sqrt5} & -\frac{2}{3\sqrt5} & \frac{1}{3}\\ \frac{1}{\sqrt5} & \frac{4}{3\sqrt5} & -\frac{2}{3}\\ 0 & \frac{5}{3\sqrt5} & \frac{2}{3}\end{pmatrix}$ 或 $\begin{pmatrix}\frac{-2}{3\sqrt5} & \frac{2}{\sqrt5} & \frac{1}{3}\\ \frac{4}{3\sqrt5} & \frac{1}{\sqrt5} & -\frac{2}{3}\\ \frac{5}{3\sqrt5} & 0 & \frac{2}{3}\end{pmatrix}$，$\boldsymbol{C}^{-1}\boldsymbol{A}\boldsymbol{C}=\boldsymbol{\Lambda}=\begin{pmatrix}0 & & \\ & 0 & \\ & & 9\end{pmatrix}$.

2. $a=2$. $\boldsymbol{P}=\begin{pmatrix}0 & 1 & 0\\ -\frac{1}{\sqrt2} & 0 & \frac{1}{\sqrt2}\\ \frac{1}{\sqrt2} & 0 & \frac{1}{\sqrt2}\end{pmatrix}$.

3. (1) 对应于特征值 $\lambda_1=1$ 的一个特征向量为 $\boldsymbol{\xi}_1=\begin{pmatrix}1\\0\\1\end{pmatrix}$.

(2) $\boldsymbol{A}=\begin{pmatrix}\frac{7}{3} & -\frac{2}{3} & -\frac{4}{3}\\ -\frac{2}{3} & \frac{13}{3} & \frac{2}{3}\\ -\frac{4}{3} & \frac{2}{3} & \frac{7}{3}\end{pmatrix}$.

4. 略.

5. 略.

习题 5.5

1. (1) $\boldsymbol{A}=\begin{pmatrix}1&4&2\\4&2&2\\2&2&1\end{pmatrix}$; (2) $\boldsymbol{A}=\begin{pmatrix}0&1&2&-1\\1&0&0&3\\2&0&0&-1\\-1&3&-1&0\end{pmatrix}$; (3) $\boldsymbol{A}=\begin{pmatrix}0&3&-2\\3&2&-3\\-2&-3&0\end{pmatrix}$.

2. $\boldsymbol{C}=\begin{pmatrix}0&0&1\\-\frac{\sqrt{2}}{2}&\frac{\sqrt{2}}{2}&0\\\frac{\sqrt{2}}{2}&\frac{\sqrt{2}}{2}&0\end{pmatrix}$，标准形为 $f=y_1^2+5y_2^2+2y_3^2$.

习题 5.6

1. 正惯性指数为 3，负惯性指数为 1，符号差为 2.
2. (1) 正定. (2) 正定. (3) 负定.

总习题 5

1. (1) ×. (2) ×. (3) √.
2. (1) C. (2) B.
3. (1) 3. (2) 0，n. (3) 24. (4) −1，4. (5) 2.
4. 正交化：$\boldsymbol{\beta}_1=(1,0,-1,1)^{\mathrm{T}}$，$\boldsymbol{\beta}_2=\left(\frac{1}{3},-1,\frac{2}{3},\frac{1}{3}\right)^{\mathrm{T}}$，$\boldsymbol{\beta}_3=\left(-\frac{1}{5},\frac{3}{5},\frac{3}{5},\frac{4}{5}\right)^{\mathrm{T}}$，单位化：$\boldsymbol{\xi}_1=\frac{1}{\sqrt{3}}(1,0,-1,1)^{\mathrm{T}}$，$\boldsymbol{\xi}_2=\frac{1}{\sqrt{15}}(1,-3,2,1)^{\mathrm{T}}$，$\boldsymbol{\xi}_3=\frac{1}{\sqrt{35}}(-1,3,3,4)^{\mathrm{T}}$.
5. (1) 不是. 因为第一个列向量不是单位向量. (2) 是. 因为每个列向量都是单位向量，且两两正交.
6. 略.
7. 18.
8. 126.
9. $x=0$，$y=1$.
10. 略.
11. (1) 特征值 $\lambda=-1$，$\boldsymbol{a}=-3$，$\boldsymbol{b}=0$.

    (2) 由 $|\boldsymbol{A}-\lambda\boldsymbol{E}|=0$ 解得 $\lambda=-1$(3 重). 线性方程组 $(\boldsymbol{A}+\boldsymbol{E})\boldsymbol{x}=\boldsymbol{0}$ 的基础解系为 $\begin{pmatrix}-1\\-1\\1\end{pmatrix}$，所以矩阵 $\boldsymbol{A}$ 线性无关的特征向量只有一个. 所以不能对角化.
12. $\boldsymbol{A}=\begin{pmatrix}1&-1&0\\-1&2&-1\\0&-1&1\end{pmatrix}$.

13. $A^{100}=\frac{1}{3}\begin{pmatrix}-2+5\times 2^{100} & 5-5\times 2^{100}\\ -2+2^{101} & 5-2^{101}\end{pmatrix}$.

14. 略.

15. $C=\begin{pmatrix}-\frac{1}{\sqrt{5}} & \frac{2}{3} & -\frac{4}{3\sqrt{5}}\\ \frac{2}{\sqrt{5}} & \frac{1}{3} & -\frac{2}{3\sqrt{5}}\\ 0 & \frac{2}{3} & \frac{\sqrt{5}}{3}\end{pmatrix}$或$\begin{pmatrix}-\frac{4}{3\sqrt{5}} & \frac{2}{3} & -\frac{1}{\sqrt{5}}\\ -\frac{2}{3\sqrt{5}} & \frac{1}{3} & \frac{2}{\sqrt{5}}\\ \frac{\sqrt{5}}{3} & \frac{2}{3} & 0\end{pmatrix}$.

16. $A=\begin{pmatrix}\frac{5}{3} & \frac{1}{3} & -\frac{1}{3}\\ \frac{1}{3} & \frac{5}{3} & \frac{1}{3}\\ -\frac{1}{3} & \frac{1}{3} & \frac{5}{3}\end{pmatrix}$.

17. $a=-1$. $C=\begin{pmatrix}\frac{1}{\sqrt{6}} & -\frac{1}{\sqrt{2}} & \frac{1}{\sqrt{3}}\\ \frac{2}{\sqrt{6}} & 0 & -\frac{1}{\sqrt{3}}\\ \frac{1}{\sqrt{6}} & \frac{1}{\sqrt{2}} & \frac{1}{\sqrt{3}}\end{pmatrix}$或$\begin{pmatrix}\frac{1}{\sqrt{6}} & \frac{1}{\sqrt{3}} & -\frac{1}{\sqrt{2}}\\ \frac{2}{\sqrt{6}} & -\frac{1}{\sqrt{3}} & 0\\ \frac{1}{\sqrt{6}} & \frac{1}{\sqrt{3}} & \frac{1}{\sqrt{2}}\end{pmatrix}$.

18. $C=\begin{pmatrix}\frac{1}{2} & -\frac{1}{2} & \frac{1}{2} & -\frac{1}{2}\\ \frac{1}{2} & -\frac{1}{2} & -\frac{1}{2} & \frac{1}{2}\\ \frac{1}{2} & \frac{1}{2} & -\frac{1}{2} & -\frac{1}{2}\\ \frac{1}{2} & \frac{1}{2} & \frac{1}{2} & \frac{1}{2}\end{pmatrix}$，标准形为$f=y_1^2-y_2^2-3y_3^2+7y_4^2$.

19. $k=2$. $C=\begin{pmatrix}0 & 1 & 0\\ -\frac{1}{\sqrt{2}} & 0 & \frac{1}{\sqrt{2}}\\ \frac{1}{\sqrt{2}} & 0 & \frac{1}{\sqrt{2}}\end{pmatrix}$.

20. $-1<t<\frac{1}{5}$.

21. 略.

22. 略.

第6章 线性空间与线性变换

习题 6.1

1. (1)是线性空间. (2)是线性空间. (3)不是线性空间.

2. (1)是线性空间. (2)不是线性空间.

3. (1)构成 $\mathbf{R}^3$ 的子空间. (2)不构成 $\mathbf{R}^3$ 的子空间.

习题 6.2

1. $\begin{pmatrix} 2 \\ 5 \\ -10 \end{pmatrix}$.

2. $\begin{pmatrix} -6 \\ -3 \\ 11 \end{pmatrix}$.

3. $\begin{pmatrix} 5 \\ -1 \\ -2 \\ -7 \end{pmatrix}$.

4. $\begin{pmatrix} 3 & -1 & 3 \\ 1 & 3 & -4 \\ -1 & 0 & 2 \end{pmatrix}$.

习题 6.3

1. 线性变换 T 把向量$\begin{pmatrix} x \\ y \end{pmatrix}$变换为向量$\begin{pmatrix} y \\ -x \end{pmatrix}$,即旋转 $-90°$,保持长度不变.

2. (1)是线性变换. (2)不是线性变换. (3)不是线性变换.

3. $\begin{pmatrix} 1 & 4 & 0 \\ 0 & 1 & 0 \\ -1 & 0 & 1 \end{pmatrix}$.

4. $\begin{pmatrix} -1 & 3 & 0 \\ 4 & 0 & -1 \\ -11 & 8 & 4 \end{pmatrix}$.

总习题 6

1. 略.

2. (1)不构成 $\mathbf{R}^3$ 的子空间;

   (2)不构成 $\mathbf{R}^3$ 的子空间.

3. $\boldsymbol{\alpha} = \begin{pmatrix} 1 \\ 5 \\ 2 \end{pmatrix}$.

4. (1) $\boldsymbol{P}=\begin{pmatrix}1&1&1&1\\0&1&1&1\\0&0&1&1\\0&0&0&1\end{pmatrix}$;

(2) 在基Ⅰ下的坐标为$\boldsymbol{A}=\begin{pmatrix}3\\4\\-2\\1\end{pmatrix}$; 在基Ⅱ下的坐标为$\boldsymbol{A}=\begin{pmatrix}-1\\6\\-3\\1\end{pmatrix}$.

5. $\begin{pmatrix}\frac{13}{6}&-\frac{1}{3}&-\frac{5}{6}\\\frac{1}{2}&1&\frac{1}{2}\\-\frac{2}{3}&-\frac{2}{3}&\frac{1}{3}\end{pmatrix}$.

6. $\begin{pmatrix}2&0&2\\-1&4&5\\1&-3&-1\end{pmatrix}$.

参 考 文 献

[1] 同济大学数学科学学院. 工程数学线性代数[M]. 7版. 北京：高等教育出版社，2023.

[2] 黄廷祝. 线性代数[M]. 北京：高等教育出版社，2021.

[3] 姜广峰，崔丽鸿. 线性代数[M]. 北京：高等教育出版社，2015.

[4] 孟昭为，孙锦萍，赵文玲，等. 线性代数[M]. 3版. 北京：科学出版社，2015.

[5] 张天德，王玮. 线性代数慕课版[M]. 北京：人民邮电大学出版社，2020.

[6] 戴斌祥. 线性代数[M]. 3版. 北京：北京邮电大学出版社，2018.

[7] 李坚. 工程数学[M]. 天津：南开大学出版社，2016.

[8] 孙健，王翠芳. 线性代数[M]. 北京：机械工业出版社，2023.